Systematische Ordnung der sachlichen Steuerbefreiungen des § 3 EStG

Bochumer Schriften zum Steuerrecht

Herausgegeben von Roman Seer

BAND 49

Stefan Wolff

Systematische Ordnung der sachlichen Steuerbefreiungen des § 3 EStG

PETER LANG
Berlin · Bruxelles · Chennai · Lausanne · New York · Oxford

Bibliografische Information der Deutschen Nationalbibliothek
Die Deutsche Nationalbibliothek verzeichnet diese Publikation in der Deutschen Nationalbibliografie; detaillierte bibliografische Daten sind im Internet über http://dnb.dnb.de abrufbar.

Zugl.: Bochum, Univ., Diss., 2025

Abbildung auf dem Umschlag: Siegel der Universität Bochum.
Abdruck mit freundlicher Genehmigung der Universität Bochum.

DE-294
ISSN 1613-933X
ISBN 978-3-631-95102-6 (Print)
ISBN 978-3-631-95107-1 (ePDF)
ISBN 978-3-631-95108-8 (ePUB)
DOI 10.3726/b23677

Verlegt durch Peter Lang GmbH, Berlin, Deutschland

info@peterlang.com

www.peterlang.com

Kontakt zur Verordnung über die allgemeine Produktsicherheit (GPSR): gpsr@peterlang.com

Inhalt

KAPITEL E

Sozialzweckbefreiungen

Vorwort

Die vorliegende Arbeit wurde im Wintersemester 2025/2026 von der Juristischen Fakultät der Ruhr-Universität Bochum als Dissertation angenommen. Das Manuskript wurde im Herbst 2024 fertiggestellt. Rechtsprechung und Literatur sind bis zu diesem Zeitpunkt berücksichtigt.

Mein besonderer Dank gilt meinem Doktorvater Prof. Dr. Roman Seer für die ausgezeichnete Betreuung. Er legte den Grundstein für diese Arbeit, als er mir eine Stelle als wissenschaftlicher Mitarbeiter an seinem Lehrstuhl für Steuerrecht anbot, meine wissenschaftlichen Ambitionen förderte und mir jederzeit mit seinem Rat zur Seite stand. Prof. Dr. Maria Gesina Marquardsen danke ich nicht nur für die zügige Erstellung des Zweitgutachtens, sondern auch für ihr stets offenes Ohr für Rückfragen. Darüber hinaus bin ich dem gesamten Team des Lehrstuhls zu großem Dank verpflichtet. Meine Zeit als wissenschaftlicher Mitarbeiter war von einer fachlichen Zusammenarbeit und einem zwischenmenschlichen Zusammenhalt geprägt, die bzw. der mir – aufgrund herausragender Qualitäten – meinen restlichen Werdegang in Erinnerung bleiben wird. Die Kolleginnen und Kollegen sind über die Zeit fachlich exzellent geblieben und zu Freunden geworden. Hervorzuheben sind Dr. Dominik Ortwald und Dr. Leon Wittling, die mich jeweils auf ihre ganz individuelle Art und Weise begeistert haben.

Ich widme diese Arbeit meinen Eltern, Monika und Josef. Diese Arbeit wäre ohne sie nicht zustande gekommen und zeigt, welch großes Privileg mir durch die bedingungslose Unterstützung meiner Eltern zuteilwurde.

Dortmund im Februar 2026
Stefan Wolff

Einführung

Der Befreiungskatalog des § 3 EStG[1] umfasst 79 Nummern. Die einzelnen Nummern sind häufig in weiteren Buchstaben gegliedert. Der Befreiungskatalog fächert sich zudem weiter auf, da einzelne Nummern mitunter auf mehrere Leistungsgesetze verweisen oder mehrere Befreiungsvarianten enthalten. So werden im Zuge dieser Arbeit 107 einzelne Befreiungstatbestände untersucht. Allein diese Fülle an sachlichen Steuerbefreiungen führt zu systematischer Skepsis, wenn man sich deren Wirkungsweise vor Augen führt. Auf dem Weg zu der Ermittlung des zu versteuernden Einkommens wirken die untersuchten Tatbestände in der Phase der Ermittlung der Einkünfte.[2] § 3 EStG spricht Erwerbseinnahmen[3], die zuvor einer der sieben Einkunftsarten unterfallen sind, im Ergebnis den Status wieder ab, ein Teil der einkommensteuerlichen Bemessungsgrundlage zu sein. Der Gesetzgeber beschneidet durch § 3 EStG also den enumerativen Katalog der Einkunftsarten im EStG bereitwillig in etlichen Fällen. Nimmt man zusätzlich in den Blick, dass die sieben Einkunftsarten in aller Regel Erwerbseinnahmen erfassen, die die wirtschaftliche Leistungsfähigkeit des Beziehers[4] erhöhen, stellt sich die Frage, warum der Gesetzgeber so häufig von § 3 EStG Gebrauch macht und damit regelmäßig von dem Leistungsfähigkeitsprinzip abweicht.

Die wegen der reinen Fülle von Befreiungen aufkommende Skepsis erhärtet sich durch die Kritik führender Kommentatoren und Lehrbuchautoren.

---

1 Zuletzt geändert durch G. v. 11.12.2023, BGBl. I, 354.

2 *v. Beckerath*, in: K/S/M, EStG, § 3, Rz. A 43 (Stand: Mai 2023).

3 Zur Vorzugswürdigkeit des Begriffs der „Erwerbseinnahmen" im Zusammenhang mit § 3 EStG: *v. Beckerath*, in: K/S/M, EStG, § 3, Rz. A 44 (Stand: Mai 2023).

4 Aus Gründen der besseren Lesbarkeit wird bei Personenbezeichnungen und personenbezogenen Hauptwörtern in dieser Arbeit die männliche Form verwendet. Die verkürzte Sprachform hat nur redaktionelle Gründe und beinhaltet keine Wertung.

V. Beckerath moniert insoweit unabgestimmte gesetzgeberische Wertungen und wirft dem Befreiungskatalog das Fehlen jeglicher Ordnung vor.[5] *Bergkemper* sieht in der fehlenden Systematik, dem ungeregelten Nebeneinander verschiedener Befreiungszwecke sowie der konzeptionslosen Änderungskultur gar ein sich im Befreiungskatalog manifestierendes „Elend“.[6] *Hey* nennt einen weiteren Mangel des Befreiungskataloges: Gewisse Befreiungstatbestände lassen sich keinem einzelnen Befreiungszweck zuordnen.[7] Auch in Aufsätzen sah sich das Regelungsgeflecht des § 3 EStG wiederholt Kritik und Reformappellen ausgesetzt. *Bergkemper* sah in der Norm bereits 1996 ein „Waisenkind“ der Gesetzgebung und forderte den Gesetzgeber dementsprechend auf, für Klarheit zu sorgen.[8] *Seer* begründete einen Reformappell im Jahr 2004 mit der ungerechtfertigten ausufernden Anhäufung von Sozialzwecknormen innerhalb des Befreiungskatalogs.[9] Zu grundlegenden Reformen des Normenkomplexes ist es dennoch nicht gekommen. Dies ist deswegen bemerkenswert, da es neben der Kritik bereits eine beachtliche Zahl an wissenschaftlich ausgearbeiteten Reformentwürfen[10] gegeben hat. *P. Kirchhof* beispielsweise verzichtet in seinen Entwürfen eines Einkommen- bzw. Bundessteuergesetzbuches auf Steuerbefreiungen.[11] Der sog. Kölner Entwurf sowie die Kommission Steuergesetzbuch der Stiftung Marktwirtschaft halten jeweils nur an einem geringen Restbestand von Befreiungstatbeständen fest.[12] Auch die sog. Petersberger Steuervorschläge sahen eine Verbreiterung der einkommensteuerlichen Bemessungsgrundlage durch das Streichen vieler Befreiungstatbestände des § 3 EStG vor.[13] Die Kommission hinter den Petersberger Steuervorschlägen wurde seitens der Bundesregierung

---

5 *v. Beckerath*, in: K/S/M, EStG, § 3, Rz. A 942 (Stand: Mai 2023).

6 *Bergkemper*, in: H/H/R, EStG, § 3, Rz. 6 (Stand: Mai 2023).

7 *Hey*, in Tipke/Lang, Steuerrecht, Rz. 8.137.

8 *Bergkemper*, FR 1996, 509 (513).

9 *Seer*, BB 2004, 2272 (2275).

10 Eine Auflistung der wesentlichsten Reformüberlegungen: *Bergkemper*, in: H/H/R, EStG, § 3, Rz. 3 (Stand: Mai 2023).

11 *P. Kirchhof*, Einkommensteuergesetzbuch, vor § 3 Rz. 99 f.; *P. Kirchhof*, Bundessteuergesetzbuch, Zu § 1 Rz. 44 u. Zu § 44 Rz. 100 ff.

12 *Lang u. a.*, Kölner Entwurf eines Einkommensteuergesetzes, Rz. 323 ff.; *Seer*, in: Strukturreform der deutschen Ertragsteuern, 181 (182).

13 Schriftenreihe des BMF, Heft 61, 15 ff. u. 31 ff.

unter dem Vorsitz des damaligen Finanzministers *Theodor Waigel* eingesetzt.[14] Mithin hat es auch unmittelbar aus der Steuerpolitik selbst initiierte Reformansätze gegeben. Dieser Tatsache zum Trotz scheiterten auch die Petersberger Steuervorschläge im Gesetzgebungsverfahren an Opposition und Interessensverbänden.[15]

Das BVerfG musste über die Notwendigkeit solch einer umfassenden Reform bisher nicht entscheiden. Bisherige Entscheidungen lassen aber erkennen, dass das BVerfG dem Steuergesetzgeber einen weiten Einschätzungsspielraum sowohl für wirtschaftspolitische Lenkung[16] als auch Typisierungen[17] einräumt. Mit dieser ständigen BVerfG-Rechtsprechung geht folgende Wertung aus Karlsruhe einher: Eine bedingungslose Systematik im Steuerrecht lässt sich nicht verfassungsrechtlich begründen und es ist hinzunehmen, wenn der Steuergesetzgeber Ausnahmen von seinen Grundsatzentscheidungen macht. Diese Wertung gilt aber nicht als zwingende Zukunftsvorgabe für den Gesetzgeber. Vielmehr zieht das BVerfG auch eine Grenze für Abweichungen von der einmal getroffenen Belastungsentscheidung. Für solche Abweichungen fordert das Gericht nicht nur einen willkürlichen, sondern einen besonderen sachlichen Grund, der hinreichend ist, um die Abweichung zu rechtfertigen.[18] Nach *Hey* sollte der Gesetzgeber die eingeräumten Gestaltungsspielräume des BVerfG in der Einkommensteuer zusätzlich aus rein politischer Sicht systematisch konsistent nutzen, um die wünschenswerte Chancengleichheit der betroffenen Steuerpflichtigen zu fördern, auch wenn dies nicht verfassungsrechtlich geboten ist.[19] Die auszumachende Lücke zwischen systematischen Reformgedanken auf der einen und dem unsystematischen gesetzlichen Status Quo auf der anderen Seite ist also auch unabhängig von verfassungsrechtlichen Vorgaben aus gesellschaftlicher Sicht bedenklich, weil es ohne System kaum möglich ist, ein ausgewogenes Verhältnis von Belastungen und Begünstigungen herzustellen. Auf sachliche Steuerbefreiungen bezogen führt dies dazu, dass Forderungen aus

---

14 *Waigel*, in: FS Offerhaus, 983 (984).

15 Aufgearbeitet von: *Tipke*, Ein Ende dem Einkommensteuerwirrwarr!?, 49 ff.

16 Siehe nur: BVerfG, Beschluss v. 21.06.2006 – 2 BvL 2/99, BVerfGE 116, 164 (182); für die ErbSt: BVerfG, Urteil v. 17.12.2014 – 1 BvL 21/12, BVerfGE 138, 136 (181 f.).

17 Siehe nur: BVerfG, Beschluss v. 19.11.2019 – 2 BvL 22/14 u. a., BVerfGE 152, 274 (314 f.).

18 Zuletzt: BVerfG, Beschluss v. 29.03.2017 – 2 BvL 6/11, BVerfGE 145, 106 (144 f.).

19 *Hey*, FR 2020, 578 (585).

Tipkes Steuerrechtsordnung aus dem Jahr 2003 auch heute noch unverändert gestellt werden können. *Tipke* formuliert:

„§ 3 EStG müsste dringend darauf durchforstet werden, inwieweit die aufgelisteten Befreiungen nötig sind oder sich erübrigen, sodann darauf, inwieweit Durchbrechungen des Leistungsfähigkeitsprinzips sich aus Gründen der Steuervereinfachung oder mit Sozialzwecken rechtfertigen lassen. Die verbleibende Vorschrift müsste sachlich geordnet und so klar und verständlich wie möglich formuliert werden."[20]

Diese Forderungen sind für das Anliegen dieser Arbeit richtungsweisend. Gleichwohl können sie nur schrittweise umgesetzt werden. So hat sich die Herstellung einer systematischen Ordnung im § 3 EStG de lege lata als Hauptaufgabe entwickelt. Aufbauend auf dieser Ordnung wird die systematische Inkonsistenz des Befreiungskatalogs als Normenkomplex veranschaulicht. Zusätzlich orientieren sich die ordnenden Kategorien an verfassungsrechtlichen Wertungen. Die Zuordnung der einzelnen Befreiungstatbestände stellt aber keine verfassungsrechtliche Prüfung dar. Stattdessen spiegelt das Ergebnis der Arbeit einen systematisch geordneten Befreiungskatalog wider, der als Ausgangspunkt für weitere kürzende oder gar sinnvoll erweiternde Reformüberlegungen dienen kann. Dahinter verbirgt sich die Hoffnung, dass es dem Steuergesetzgeber leichter fällt, sachliche Steuerbefreiungen systematisch konsistent zu streichen bzw. einzufügen, wenn er sich de lege ferenda an einer schlüssigen Ordnung der bisherigen Befreiungen orientieren kann. Dem Befreiungskatalog eine systematische Ordnung zu verleihen, wird damit als das Hauptanliegen dieser Arbeit verstanden. Bei der Definition der einzelnen Ordnungskategorien sowie bei der entsprechenden Zuordnung der einzelnen Befreiungstatbestände werden allerdings teils verfassungsrechtliche Wertungen berücksichtigt. Ein reflexartiger Nebeneffekt der Berücksichtigung dieser Wertungen ist, dass die entwickelte systematische Ordnung künftig auch als Basis für eine verfassungsrechtliche Prüfung einzelner Befreiungen herangezogen werden könnte. Im Zuge der Zuordnung wird nämlich nach dem Zweck eines Befreiungstatbestandes gefragt, was der Feststellung eines legitimen Zwecks gleicht, der als Rechtfertigungsgrund für eine Ungleichbehandlung in Frage kommt. Ob die Ungleichbehandlung im Ergebnis auch verhältnismäßig ist, wäre erst darauf aufbauend abschließend zu erörtern.

---

20 *Tipke*, Steuerrechtsordnung, Bd. II, 748.

Eine abschließende verfassungsrechtliche Prüfung für alle Befreiungstatbestände kann diese Arbeit nicht leisten. Diese Arbeit teilt sich also nicht in einen systematisch ordnenden und einen verfassungsrechtlich bereinigenden Teil auf, eröffnet als Nebeneffekt aber eine Arbeitsgrundlage für künftige verfassungsrechtliche Prüfungen.

Bevor auf das Hauptanliegen der systematischen Ordnung eingegangen wird, sollen noch grundlegende Einordnungen für den Befreiungskatalog gemacht werden, die einen unmittelbaren Zusammenhang zu den späteren Ordnungskategorien aufweisen. Wer die Wirkungsweise der zu untersuchenden Befreiungstatbestände im sog. Steuertatbestand[21] versteht, erkennt eine prinzipielle Einteilung von steuerlichen Befreiungsnormen in systemfördernd und systemwidrig. Dieser Befund erhärtet sich durch das Verorten der Stelle, an der Steuerbefreiungen im System der Ermittlung der einkommensteuerrechtlichen Bemessungsgrundlage ihre Wirkung entfalten. Ausgehend von dem steuerartbegründenden Prinzip der Einkommensteuer wird so die prinzipielle Einteilung in systemkonform und systemwidrig einkommensteuerlich konkretisiert. Mithilfe dieser grundsätzlichen Einordnungen können dann die einzelnen Gliederungsebenen der systematischen Ordnung entwickelt werden.

Anhand der Lehre des Steuertatbestandes[22] erschließt sich das gesetzgeberische Instrument einer Steuerbefreiung als Element des Steuertatbestandes einschließlich der Rechtsfolgeseite. Die Rechtsfolge der Steuerschuld wird aus einem positiven sowie negativen Entstehungstatbestand begründet.[23] Die positive Seite erfasst steuerbegründend alle für die Besteuerung maßgeblichen abstrakten Voraussetzungen, während die negative Seite steuermindernde Anordnungen trifft.[24] Sowohl steuererhöhende als auch steuermindernde Anordnungen ergeben sich allein aus den Einzelsteuergesetzen. Dies ist der Leitgedanke des vermeintlich simplen Wortlautes der sog. Blankettnorm § 38 AO zur Entstehung der Ansprüche aus

---

21 Dazu vertiefend: *Seer*, in: Tipke/Lang, Steuerrecht, Rz. 6.27 ff.

22 Vgl. zu den Anfängen der sog. Lehre des Steuertatbestands: *Hensel*, Steuerrecht, 58 ff.

23 *Lang*, Systematisierung der Steuervergünstigungen, 29; vertiefend: *Jochum*, in: FS BFH, 2018, 341.

24 *Lang*, Systematisierung der Steuervergünstigungen, 63; *Seer*, in: Tipke/Lang, Steuerrecht, Rz. 6.27.

dem Steuerschuldverhältnis.[25] Das Abstecken dieser steuerbegründenden Anordnungen darf nicht willkürlich erfolgen. Vielmehr hat der Gesetzgeber bei der Konstruktion des Steuertatbestands nach dem Folgerichtigkeitsgebot eine einmal getroffene Belastungsentscheidung folgerichtig im Sinne der Belastungsgleichheit umzusetzen.[26] Diese Erkenntnis hat für die Betrachtung von *sachlichen Steuerbefreiungen* im Steuertatbestand einen systematischen Mehrwert, um Systembrüche – in Form von Abweichungen von der getroffenen Belastungsentscheidung – ausfindig zu machen. Sachliche Steuerbefreiungen nehmen besondere Vorgänge aus dem Steuertatbestand aus, so dass die angeordnete Rechtsfolge für einen Teil des Besteuerungsguts nicht eintritt.[27] Sachliche Steuerbefreiungen treffen also steuermindernde Anordnungen und sind folglich der negativen Seite des Steuertatbestandes zuzuordnen. Zusammenfassend begrenzen sachliche Steuerbefreiungen in ihrer Rechtsfolge den positiven Steuertatbestand und damit auch die ursprüngliche Belastungsentscheidung des Gesetzgebers. Übersetzt man die ursprüngliche Belastungsentscheidung mit dem sog. steuerartbegründenden Prinzip[28], sind sachliche Steuerbefreiungen durch ihre Begrenzungswirkung dieses Prinzips also als *systemwidrig* einzustufen. Betrachtet man die positive Seite näher, ergeben sich aber auch dort Anknüpfungspunkte für sachliche Steuerbefreiungen. Schließlich sind auch Fälle denkbar, in denen eine sachliche Steuerbefreiung das steuerartbegründende Prinzip gerade fördert. Beispielsweise wenn die gesetzgeberische Konstruktion des Grundtatbestands auch Vorgänge erfasst, die über das steuerartbegründende Prinzip hinausgehen. Durch solche sachlichen Steuerbefreiungen ist keine Begrenzung des steuerartbegründenden Prinzips gegeben. Vielmehr sind diese durch das steuerartbegründende Prinzip selbst geboten, um ausufernde Grundtatbestände systemgerecht zu kanalisieren. In diesen Fällen können sachliche Steuerbefreiungen als *systemkonform* bezeichnet werden. Zu undifferenziert ist es demnach, wenn *Bilgery* sachliche Steuerbefreiungen pauschal als „Vergünstigungsnormen

---

[25] *Drüen*, in: Tipke/Kruse, AO, § 38, Rz. 1 (Stand: Oktober 2020); *Crezelius*, FR 2009, 881 (886).

[26] Zuletzt: BVerfG, Beschluss v. 29.03.2017 – 2 BvL 6/11, BVerfGE 145, 106 (144 f.); vgl. auch: BVerfG, Urteil v. 10.04.2018 – 1 BvR 1236/11, BVerfGE 148, 217 (243), m.w.N.

[27] *Seer*, in: Tipke/Lang, Steuerrecht, Rz. 6.41.

[28] *Tipke*, Steuerrechtsordnung, Bd. III, 1265 f.

des Steuergrundtatbestandes"[29] bezeichnet. Das Verständnis von *Bilgery* ist insofern unpräzise, als er die Einordnung von Normen anhand ihres Verhältnisses zum steuerartbegründenden Prinzip ablehnt[30]. Wer so vorgeht, verkennt als Folgefehler die Tatsache, dass Normen derselben Kategorie – z. B. sachliche Steuerbefreiungen – in Bezug auf den Steuertatbestand sowohl systemwidrig als auch systemkonform wirken können. Genauso präzise wie ausgehend vom steuerartbegründenden Prinzip lassen sich Steuerbefreiungen jedoch teleologisch in den Steuertatbestand einordnen. Dies verdeutlicht *Babrowskis* Begriffsbestimmung für Steuerbefreiungen anhand des Befreiungszwecks.[31] Im Ergebnis differenziert *Babrowski* zwischen Steuerbefreiungen, die die Belastungsentscheidung konkretisieren und solchen, die die Belastungsentscheidung zu Lenkungszwecken begrenzen. Erstere sind mit den hier als *systemkonform* und letztere mit hier als *systemwidrig* bezeichneten Befreiungstatbeständen gleichzusetzen. Die Einordnung anhand des steuerartbegründenden Prinzips ist mit der teleologischen Herangehensweise des Weiteren vergleichbar, weil sich die spätere Suche nach dem Befreiungszweck einzelner Tatbestände daran orientiert, ob und warum Abweichungen von dem steuerartbegründenden Prinzip vorliegen.

Bis hierher ist vorausgesetzt worden, dass im Zuge dieser Arbeit *sachliche Steuerbefreiungen* untersucht werden. Diese These soll durch die folgende Einordnung der Wirkungsweise des Befreiungskataloges in den *einkommensteuerlichen* Tatbestand begründet werden. § 3 EStG ist Bestandteil des EStG, sodass das generelle Verständnis von systemwidrigen und systemkonformen sachlichen Steuerbefreiungen anhand einer Betrachtung des Einkommensteuertatbestands präzisiert werden soll. Sachliche Steuerbefreiungen wirken auf der Ebene des Steuerobjekts.[32] Die persönliche Seite des Steuertatbestandes (also das Steuersubjekt) bestimmt § 1 EStG, während § 2 EStG die sachliche Seite des Steuertatbestandes (also das Steuerobjekt) bestimmt.[33] Das Gesetz bezeichnet die einkommensteuerrechtliche Bemessungsgrundlage ausdrücklich in § 2 V 1 EStG als das zu versteuernde Einkommen (im Folgenden

---

29 *Bilgery*, Die steuerrechtliche Vergünstigungsnorm, 47 ff., 50.
30 *Bilgery*, Die steuerrechtliche Vergünstigungsnorm, 18 f.
31 *Babrowski*, Die Steuerbefreiung als Rechtsform der Subvention, 29 ff., 48.
32 *Seer*, in Tipke/Lang, Steuerrecht, Rz. 6.41.
33 *Lang*, Die Bemessungsgrundlage der Einkommensteuer, 33.

auch: „zvE"). Damit ist die Bezeichnung der finalen Ermittlungsstufe per Gesetz definiert. Ausgangsgröße – also die erste Ermittlungsstufe – ist nach § 2 III EStG die sog. Summe der Einkünfte. Das Gesetz legt damit fest, dass die Ausgangsgröße aus verschiedenen Einkunftsarten zusammenzurechnen ist.[34] Die sieben Einkunftsarten sind in § 2 I EStG abschließend aufgezählt und § 2 II EStG benennt im Gewinn oder Überschuss die Zielgröße der Einkünfteermittlung. Einkünfteermittlung bedeutet, alle Vermögenszugänge innerhalb einer Einkunftsart zu addieren und davon alle Vermögensabgänge innerhalb derselben Einkunftsart zu subtrahieren. Juristisch formuliert ergibt sich: Eine Einkunftsart stellt einen Grundtatbestand dar, der in seiner Rechtsfolge Zu- und Abgänge des Vermögens zum Besteuerungsgut macht.[35] Der Gesetzgeber hat durch seine Wahl der Einkunftsarten gewisse Erwirtschaftungssachverhalte zur Quelle steuerlicher Zahlungsfähigkeit erklärt.[36] An dieser Stelle setzen die Tatbestände des § 3 EStG samt ihrer Rechtsfolge an. Einzelne Vermögenszugänge, die zunächst einem Grundtatbestand unterfallen würden, werden aus diesem wieder herausgenommen. So wird einem Teilbereich eines Erwirtschaftungssachverhalts abgesprochen, eine Quelle steuerlicher Zahlungsfähigkeit zu sein. Diese Wirkung entspricht der Definition von sachlichen Steuerbefreiungen.[37] Da § 3 EStG auf die vorgenannte Weise wirkt, beinhaltet er folglich sachliche Steuerbefreiungen.[38] Die pauschale Einordung aller hier untersuchten Tatbestände als sachliche Steuerbefreiungen ist allerdings zu präzisieren.

Erstens finden sich in § 3 EStG auch Tatbestände, die ihre steuerbefreiende Wirkung an Eigenschaften des Steuersubjektes knüpfen. Beispielsweise ist die Befreiungswirkung vieler Tatbestände an die Eigenschaft gekoppelt, dass der Bezieher der Erwerbseinnahmen als Arbeitnehmer einzustufen ist. Dies kann

---

34 *Musil*, in: H/H/R, EStG, § 2, Rz. 8 (Stand: Januar 2019).

35 Angelehnt an: *Seer*, in: Tipke/Lang, Steuerrecht, Rz. 6.41.

36 *Burmeister*, StuW 1993, 221 f.; vertiefend: *Lang*, Systematisierung der Steuervergünstigungen, 32 ff.

37 Sachliche Steuerbefreiung definierend: *Lang*, Systematisierung der Steuervergünstigungen, 101 ff.

38 Im Ergebnis ebenso, für § 3 EStG: *v. Beckerath*, in: K/S/M, EStG, § 3, Rz. A 41 (Stand: Mai 2023); *Bergkemper*, in: H/H/R, EStG, § 3, Rz. 6 (Stand: Mai 2023).

als Merkmal persönlicher Steuerbefreiungen verstanden werden[39], lässt aber die grundsätzliche Einordnung der Tatbestände als sachliche Steuerbefreiung unberührt. Keiner dieser Tatbestände stellt ein bestimmtes Steuersubjekt – z. B. Arbeitnehmer – gänzlich von der Steuer frei. Vielmehr werden weiterhin bestimmte Bezüge als Teil des Steuerobjekts freigestellt, was mithilfe eines persönlichen Anknüpfungspunktes ermittelt wird. In der Rechtsfolge stellen aber auch diese Normen einen bestimmten Vermögensbezug von der Steuer frei. Demnach bleibt die Qualifikation als sachliche Steuerbefreiung dem Grunde nach bestehen.

Zweitens werden durch manche Tatbestände des § 3 EStG Vermögenszugänge erfasst, die von vornherein keinem Grundtatbestand bzw. keiner Einkunftsart unterfallen. Solche Vermögenszugänge sind bereits nicht steuerbar und können demnach nicht steuerfrei gestellt werden. Diese Tatbestände wirken somit nicht freistellend als sachliche Steuerbefreiung, sondern als klarstellendes Instrument hinsichtlich der nicht vorhandenen Steuerbarkeit.[40]

Drittens könnte die Bezeichnung als sachliche Steuerbefreiungen im Zusammenhang mit der Überschrift „Steuerfreie Einnahmen" in diesem Abschnitt des EStG so interpretiert werden, dass sich alle sachlichen Steuerbefreiungen des EStG nur in diesem Abschnitt befinden. Dem ist aber nicht so, da sich sachliche Steuerbefreiungen auch in allgemeinen Vorschriften zur Einkünfteermittlung (z. B. § 8 III 2 EStG) oder im Einkunftsartenrecht (z. B. § 19 I Nr. 1a S. 3 EStG) finden lassen.[41]

Für die Einordnung in das stufenartige System der Ermittlung der Bemessungsgrundlage lässt sich festhalten, dass § 3 EStG – wie auch alle weiteren sachlichen Steuerbefreiungen – ihre Wirkung auf der Ebene der ersten Ermittlungsstufe im Rahmen der Einkünfteermittlung entfalten.[42] Um das generelle Verständnis von *systemwidrig* und *systemkonform* nun für sachliche Steuerbefreiungen des EStG zu konkretisieren, muss das steuerartbegründende Prinzip für die Einkommensteuer benannt werden. Diese Arbeit

---

39 Zu Merkmalen persönlicher Steuerbefreiungen: *Lang*, Systematisierung der Steuervergünstigungen, 91 ff.

40 *v. Beckerath*, in: K/S/M, EStG, § 3, Rz. A 956 (Stand: Mai 2023).; *Bergkemper*, in H/H/R, EStG, § 3, Rz. 9 (Stand: Mai 2023).; *Handzik*, in: L/B/P, EStG, § 3, Rz. 9c f. (Stand: Juni 2018).

41 Diesen Zustand kritisierend: *Hey*, StuW 2019, 3 (17).

42 Feststellend: *v. Beckerath*, in: K/S/M, EStG, § 3 Rz. A 42.

soll keine Grundsatzentscheidungen zum steuerartbegründenden Prinzip hinterfragen. Folglich kann auf dem überzeugendsten und gemeinhin[43] anerkannten Lösungsansatz zum steuerartbegründenden Prinzip aufgebaut werden: Das steuerartbegründende Prinzip der Einkommensteuer ist das Leistungsfähigkeitsprinzip.[44] Sachliche Steuerbefreiungen des EStG sind demnach systemwidrig, wenn sie von der Besteuerung nach der wirtschaftlichen Leistungsfähigkeit abweichen und systemkonform, wenn sie Vorgänge aus dem Steuerobjekt herausnehmen, die zu keiner erhöhten Leistungsfähigkeit führen. Nach diesem Grundverständnis wirken sachliche Steuerbefreiungen im Rahmen des objektiven Nettoprinzips. Schließlich verwirklicht das objektive Nettoprinzip das Leistungsfähigkeitsprinzip, indem die Einkünfte nur als Nettogrößen in Form von einem Gewinn bzw. Überschuss von leistungsfähigkeitssteigernden Erwerbseinnahmen über leistungsfähigkeitsmindernde Erwerbsaufwendungen erfasst werden dürfen.[45] Um „Leistungsfähigkeit" näher zu definieren, wird dem sog. Ist-Prinzip gefolgt, wonach nur der tatsächliche Zuerwerb von geldwertem Vermögen zu einer gesteigerten Leistungsfähigkeit führt.[46] Zusätzlich kann nur besteuert werden, was für die Steuerzahlung überhaupt verfügbar („disponibel") ist.[47] Demnach führt ein Bezug in Geld oder Geldeswert nur zu einer gesteigerten Leistungsfähigkeit, wenn dieser den Steuerpflichtigen dazu befähigt Steuern zu zahlen. Negativ formuliert muss also das indisponible Einkommen von der Steuer freigestellt werden. Im Einkommensteuerrecht wird dies neben der Abzugsfähigkeit von existenznotwendigen Aufwendungen vor allem durch die Verschonung des Existenzminimums gewährleistet.[48] Aus diesen Gründen ist auch das subjektive Nettoprinzip ein Ausfluss des Leistungsfähigkeitsprinzips. Das

---

[43] Das Leistungsfähigkeitsprinzip wird neben der herrschenden Lehre auch seitens des Gesetzgebers (BT Drs. 7/1470, 210 ff.) sowie des Bundesverfassungsgerichts anerkannt (BVerfG, Beschluss v. 29.05.1990 – 1 BvL 20/84, 1 BvL 26/84, 1 BvL 4/86, BVerfGE 82, 60 [86]).

[44] *Tipke*, Steuerrechtsordnung, Bd. II, 619; *G. Kirchhof*, in: H/H/R, EStG, Einführung, Rz. 231 (Stand: April 2020), m.w.N.

[45] *Seer*, in: Kirchhof/Seer, EStG, § 2, Rz. 4, m.w.N.

[46] Dazu vertiefend: *Birk*, Das Leistungsfähigkeitsprinzip, 165–169; siehe auch: *Lang*, Die Bemessungsgrundlage der Einkommensteuer, 167–176; jüngst auch: *Desens*, in: DStJG 43 (2020), 73 (81), m.w.N.

[47] BVerfG, Beschluss v. 30.9.1998 – 2 BvR 1818/91, BVerfGE 99, 88 (96).

[48] *Wernsmann*, StuW 1998, 317 (323 f.).

BVerfG hat für existenznotwendige Aufwendungen folgerichtig hergeleitet, dass diese bei der Berechnung der einkommensteuerlichen Bemessungsgrundlage Berücksichtigung finden müssen.[49]

Für sachliche Steuerbefreiungen stellt sich die Frage, ob diese auch durch das subjektive Nettoprinzip geboten sein können. Dafür sind die weiteren Ermittlungsstufen zu betrachten, die bis zur finalen Stufe des zvE nach der Summe der Einkünfte folgen: Von der Summe der Einkünfte sind gem. § 2 III EStG Freibeträge in Abzug zu bringen, die zum Teil der Besteuerungsharmonisierung[50], zum Teil Förderungszwecken[51] dienen und zum Teil einkünftespezifisch[52] gewährt werden. Der so ermittelte Gesamtbetrag der Einkünfte ist nach § 2 IV EStG um private Abzüge zu kürzen, die die subjektive Leistungsfähigkeit berücksichtigen sollen.[53] Die nächste Stufe wird vom Gesetz schlicht als „Einkommen" bezeichnet und von dieser werden gem. § 2 V EStG weitere privat veranlasste Abzüge[54] gemacht. Sodann ist die finale Stufe des zvE erreicht. In seltenen Fällen kann es zu Hinzurechnungen zwischen den Ermittlungsstufen kommen.[55] Um die Ermittlung der Bemessungsgrundlage vollumfänglich abzubilden, muss schließlich der Einfluss des sog. Grundfreibetrages ergänzt werden. Dieser stellt den existenznotwendigen Bedarf eines jeden Steuerpflichtigen frei, was verfassungsrechtlich durch soziale Fürsorgepflichten des Staates verpflichtend ist.[56] Sowohl der Grundfreibetrag als auch die privaten Abzüge des § 2 III–V EStG verwirklichen also das subjektive Nettoprinzip. Dieser Aufgabenbereiche des EStG kann alternativ durch sachlichen Steuerbefreiungen verwirklicht werden. Dies ist beispielsweise der Fall, wenn sachliche Steuerbefreiungen Zuflüsse von der

---

[49] BVerfG, Beschluss v. 13.02.2008 – 2 BvL 1/06, BVerfGE 120, 125; BVerfG, Beschluss v. 13.02.2008 – 2 BvR 1220/04, 2 BvR 410/05, BVerfGE 120, 169.

[50] Zum Altersentlastungsbetrag: *Mellinghoff*, in: Kirchhof/Seer, EStG § 24a, Rz. 1.

[51] Zum Entlastungsbetrag für Alleinerziehende: *Paus*, EStB 2014, 100.

[52] Nämlich: § 13 III EStG.

[53] *Musil*, in: H/H/R, EStG, § 2, Rz. 8 (Stand: Januar 2019).

[54] Freibetrag für Kinder gem. §§ 31, 32 VI EStG und Härteausgleich nach § 43 III EStG, § 70 EStDV.

[55] Bspw.: Erstattungsüberhänge gem. § 10 IVb 3 EStG oder zuzurechnendes Einkommen gem. § 15 I AStG; siehe zu der Ermittlung des zvE ab der Summe der Einkünfte auch vertiefend: *Seer*, in: Kirchhof/Seer, EStG, § 2, Rz. 98 ff.

[56] Wegweisend diesbezüglich: BVerfG, Beschluss v. 25.09.1992 – 2 BvL 5/91, BVerfGE 87, 153, 169 ff.

Besteuerung ausnehmen, die im Wege eines abgekürzten Zahlungswegs existenznotwendige Aufwendungen des Empfängers kompensieren oder bezuschussen. In diesem Fall könnte der Gesetzgeber die Einnahme besteuern und die Ausgabe zum Abzug als Sonderausgabe zulassen. Alternativ kann der Gesetzgeber Anordnungen treffen, die den Vorgang auf Einnahmen- und Ausgabenseite unberücksichtigt lassen. Auf der Einnahmenseite erfolgt dies durch eine sachliche Steuerbefreiung. Solch eine sachliche Steuerbefreiung hat demnach einen Anknüpfungspunkt zum subjektiven Nettoprinzip, wird aber in erster Linie, durch die mit ihr einhergehende Vereinfachung geboten sein, dass Zuschuss und Aufwand nicht als sog. durchlaufender Posten in der Einkommensteuererklärung deklariert werden müssen. Solche Tatbestände lassen sich also teilweise auf das Leistungsfähigkeitsprinzip zurückführen, obwohl ihre Hauptaufgabe darin besteht, eine Vereinfachung herbeizuführen.

Zuletzt ergibt sich die Steuerlast der Einkommensteuer nur aus dem Zusammenspiel der Bemessungsgrundlage mit dem Tarif. Zwar wirkt sich der geltende Tarif auch auf Einzelfragen der Bemessungsgrundlage aus,[57] allerdings sind Entscheidungen zum Tarif Ausdruck einer bestimmten Gesellschaftspolitik[58] und der „richtige“ Tarif ist weder rechts- noch finanzwissenschaftlich eindeutig bestimmbar[59]. *Tipke* beschreibt diesbezüglich, dass sich die Bemessungsgrundlage nicht an einem gewünschten Tarif zu orientieren hat, sondern der Tarif auf einer sachgerechten Bemessungsgrundlage aufbaut.[60] Die hier behandelten Fragen im Bereich der Bemessungsgrundlage können also getrennt von dem Tarif erörtert werden.

Ausgehend vom steuerartbegründenden Prinzip lässt sich für sachliche Steuerbefreiung ein gewisser Kaskadeneffekt feststellen. Das steuerartbegründende Prinzip manifestiert sich im Steuertatbestand. Auf dieser Ebene wirken systemkonforme sachliche Steuerbefreiungen, die den Steuertatbestand prinzipiengerecht eingrenzen. Das Zwischenergebnis dieser Eingrenzung ist der positive Steuertatbestand. Dieser wird durch den negativen Steuertatbestand begrenzt. An dieser Stelle entfalten systemwidrige sachliche Steuerbefreiungen ihre Wirkung. Das Ergebnis dieser Eingrenzung ist die

---

57 *Hey*, in: Tipke/Lang, Steuerrecht, Rz. 8.43.

58 *Hey*, in: Tipke/Lang, Steuerrecht, Rz. 8.2.

59 *Lang u. a.*, Kölner Entwurf eines Einkommensteuergesetzes, Rz. 29.

60 *Tipke*, Steuerrechtsordnung, Bd. II, 749.

steuerliche Bemessungsgrundlage. Aus dieser kann – in der Regel durch Anwendung eines Steuersatzes – die Rechtsfolge der Steuerschuld gezogen werden. Die einkommensteuerrechtliche Betrachtung zeigt, dass sachliche Steuerbefreiungen im EStG regelmäßig auf der Ebene der Ermittlung der Summe der Einkünfte wirken. Je nachdem ob sie auf dieser objektiven Ebene das Leistungsfähigkeitsprinzip begrenzen oder fördern, sind sie als systemwidrig oder systemkonform einzuordnen. Die Betrachtung der gesamten Ermittlung des zvE hat darüber hinaus die Bedeutung des subjektiven Nettoprinzips für das Einkommensteuerrecht gezeigt und dass sachliche Steuerbefreiungen auch durch das subjektive Nettoprinzip mitveranlasst sein können. Es hat also eine einkommensteuerliche Konkretisierung der allgemeinen Begriffe systemkonform und systemwidrig stattgefunden. Der Befreiungskatalog könnte nun anhand der einkommensteuerlich konkretisierten Kategorien systemkonform und systemwidrig geordnet werden. Allerdings haben verfassungsrechtliche Prüfungen von steuerlichen Ausnahmetatbeständen dazu geführt, dass die Begriffe systemkonform und systemwidrig verfassungsrechtlich präzisiert werden können. Eine Orientierung am bisherigen Gesetz hilft diesbezüglich indes nicht weiter. Die Reihenfolge der einzelnen Befreiungstatbestände lässt vielmehr jegliche Systematik vermissen.[61] Soweit der Gesetzgeber neue Befreiungen erlässt, werden diese entweder nicht mehr besetzten Nummern zugeordnet oder am Ende des Katalogs mit einer neuen Nummer hinzugefügt.[62] Dieses „Auffüllen“ bzw. „Anheften“ neuer Befreiungstatbestände erfolgt naturgemäß rein zufällig und ist mitverantwortlich für das unsystematische Dasein dieses Normenkomplexes. Die Ursprünge des heutigen § 3 EStG[63] waren schon deshalb systematisch geordneter, da es nur eine überschaubare Anzahl an Befreiungstatbeständen gab. *V. Beckerath* erkennt für die Auswahl einer Ordnungskategorie, dass sich die Auswahl nach dem Anspruch der Untersuchung richten sollte.[64] Damit die verfassungsrechtliche Präzisierung von systemkonformen und systemwidrigen Tatbeständen gelingt, muss die Zugehörigkeit eines Befreiungstatbestandes zu einer

---

61 *v. Beckerath*, in: K/S/M, EStG, § 3, Rz. A 1 und A 942 ff.

62 *Bergkemper*, in: H/H/R, EStG, § 3, Rz. 3.

63 § 6 des Preuß. EStG v. 24.06.1891 hatte 5 Nummern, Ges. Slg. für die königlichen Preußischen Staaten 1891, 177; § 12 des EStG v. 29.03.1920, RGBl. I 1920, 359 (363) hatte 13 Nummern.

64 *v. Beckerath*, in: K/S/M, EStG, § 3, Rz. A 98 (Stand: Mai 2023).

Normengruppe einen Einfluss auf die Ordnungskategorie haben. Schließlich unterliegt die verfassungsrechtliche Prüfung einer Vereinfachungszwecknorm beispielsweise anderen Abwägungskriterien als die einer Sozialzwecknorm.[65] Die sachliche Ordnung erhält ihre systematische Trennschärfe also erst durch die Normengruppenzugehörigkeit des zu prüfenden Tatbestandes. Im Befreiungskatalog existieren die folgenden Normengruppen, deren Erkennungsmerkmale vorab erläutert werden, um sie als Erkenntnisquelle für die konkrete Zuordnung folgerichtig anwenden zu können.[66]

---

65 *Hey*, in: Tipke/Lang, Steuerrecht, zu Sozialzwecknormen: Rz. 3.131 ff. und zu Vereinfachungszwecknormen Rz. 3.145 ff., jeweils m.w.N.

66 Ebenso *P. Kirchhof* über den Ansatz des Lehrbuchs Tipke/Lang, Steuerrecht: *Kirchhof*, StuW 2021, 190 (194).

Normengruppen als Ordnungskriterien

I. Systemimmanente Befreiungen

1. Fiskalzweckbefreiungen

Die systemimmanenten Befreiungen umfassen die bisher als systemkonform bezeichneten sachlichen Steuerbefreiungen. Systemimmanent wirken in erster Linie sog. Fiskalzweckbefreiungen. Fiskalzweckbefreiungen nehmen solche Bezüge vom Steuergegenstand aus, die gerade für keine Steigerung der individuellen Leistungsfähigkeit sorgen, und fördern mithin die prinzipientreue Besteuerung nach der wirtschaftlichen Leistungsfähigkeit.[1] *Seer* skizziert den Charakter von Fiskalzweckbefreiungen folgendermaßen: Sie reduzieren die Besteuerung systemgerecht auf den eigentlichen Fiskalzweck.[2] Der Gedanke lässt sich für die Behandlung von Erwerbseinnahmen wie folgt veranschaulichen. Bilanzielle „Scheingewinne" führen beispielsweise nicht zu einer erhöhten Zahlungsfähigkeit des Steuerpflichtigen und sind damit aus Fiskalzwecken von der Steuer freizustellen.[3]

Unter den untersuchten Befreiungen des § 3 EStG treten Fiskalzweckbefreiungen in der Gestalt auf, dass eine Doppelbesteuerung vermieden werden soll. Teils soll die internationale Doppelbesteuerung verhindert werden[4], während andere Normen eine Doppelbesteuerung im System der nachgelagerten Besteuerung verhindern sollen.[5] Darüber hinaus wirkt auch das sog. Teileinkünfteverfahren des § 3 Nr. 40 EStG grundsätzlich im Sinne

1 *Tipke*, Steuerrechtsordnung, Bd. I, 77; *Hey*, in: Tipke/Lang, Steuerrecht, Rz. 3.20.
2 *Seer*, FR 2010, 306 (308); siehe auch: Vogel, StuW 1977, 97 (107).
3 In Bezug auf Sanierungsgewinne: *Seer*, FR 2014, 721 (727).
4 Dieses Ziel verfolgt § 3 Nr. 29 EStG.
5 Dieses Ziel verfolgen in erster Linie: § 3 Nr. 56 und Nr. 63 EStG.

des Leistungsfähigkeitsprinzips. Bezüge, die mehrere Beteiligungsebenen durchlaufen, sollen genauso hoch belastet werden wie alle übrigen Bezüge (sog. Belastungsgleichheit). Die steuerliche Vorbelastung auf der Ebene der Gesellschaft soll durch die pauschale (anteilige) Freistellung der Dividende beim Gesellschafter berücksichtigt und im Ergebnis eine Doppelbelastung der ausgeschütteten Gewinne vermieden werden. Eine weitere Fiskalzweckbefreiung des § 3 EStG befreit einen gewährten Kaufkraftausgleich, der die wirtschaftliche Leistungsfähigkeit des Empfängers nur nominell und nicht tatsächlich erhöht.[6]

Bei dem Leistungsfähigkeitsprinzip handelt es sich um den bereichsspezifischen Vergleichsmaßstab für die Anwendung von Art. 3 I GG im Steuerrecht[7], sodass Fiskalzweckbefreiungen in der Regel die Besteuerungsgleichheit fördern. Die Untersuchung einzelner Befreiungen wird jedoch zeigen, dass teils auch Fiskalzweckbefreiung in ihrer konkreten Ausgestaltung anpassungsbedürftig sind.

2. Befreiungen im Sinne der Markteinkommenstheorie

Dass hier der Begriff systemimmanent, statt systemkonform verwendet wird, erklärt sich indes wie folgt: Das „innere System"[8] des EStG soll hier nicht nur ausgehend vom Leistungsfähigkeitsprinzip, sondern auch im Sinne der Markteinkommenstheorie gedacht werden. Wie die folgenden Erläuterungen zeigen sollen, sorgt die konsequente Verwirklichung der Markteinkommenstheorie für mehr Besteuerungsgleichheit. Es ist also folgerichtig, wenn neben Befreiungen, die das Leistungsfähigkeitsprinzip verwirklichen, auch solche als systemimmanent verstanden werden, die im Sinne der Markteinkommenstheorie wirken.

Die Markteinkommenstheorie beschränkt das Besteuerungsgut auf das erwirtschaftete, am Markt realisierte Einkommen.[9] Dies beugt Ungleichbehandlungen vor, weil so Nutzungen und Wertschöpfungen außerhalb der Erwerbssphäre ausgegrenzt werden, die nicht vollständig erfassbar sind. Durch ihre Ausgrenzung wird die Gefahr der Ungleichbewertung von Einkommen

---

6 Dieses Ziel verfolgt § 3 Nr. 64 EStG.

7 *Hey*, in: Tipke/Lang, Steuerrecht, Rz. 3.121.

8 Diesen Begriff für das Steuerrecht prägend: *Tipke*, StuW 1971, 2 (5 f.), gestützt auf: *Canaris*, Systemdenken und Systembegriff in der Jurisprudenz, 46 ff.

9 *Hey*, in: H/H/R, EStG, Einführung, Rz. 13 (Stand: April 2020).

gemindert.[10] Nach diesem Verständnis grenzt sich die Einkommensteuer von übrigen Steuerarten ab.[11] So wirkt eine sachliche Steuerbefreiung systemimmanent, wenn sie Bezüge aus der steuerlichen Bemessungsgrundlage herausnimmt, die kein Ausfluss einer mit Gewinnerzielungsabsicht ausgeübten Tätigkeit am Markt sind. Solche Befreiungen sind notwendig, da der enumerative Einkünftekatalog des EStG Bezüge erfasst, die nicht mit Gewinnerzielungsabsicht am Markt erwirtschaftet wurden[12], obwohl allgemein anerkannt ist, dass das EStG die Markteinkommenstheorie umsetzen sollte.[13] Für diesen Konsens muss die Markteinkommenstheorie indes kein unmittelbarer Ausfluss der Verfassung sein.[14] Entscheidender ist vielmehr, dass sich weniger Ungleichbehandlungen ergeben, wenn das EStG folgerichtig an dieser Theorie orientiert. Vor diesem Hintergrund sollten Befreiungen im Befreiungskatalog erhalten bleiben, wenn sie die Markteinkommenstheorie folgerichtig umsetzen.

Die untersuchten Befreiungstatbestände wirken im Wesentlichen im Bereich der sonstigen Einkünfte nach § 22 Nr. 1 S. 1 Hs. 1 EStG im Sinne der Markteinkommenstheorie. Der Wortlaut von § 22 Nr. 1 S. 1 Hs. 1 EStG auf *alle* wiederkehrenden Bezüge ist zu weit formuliert. Durch die entsprechenden Befreiungen wird der Grundtatbestand der sonstigen Einkünfte systemgerecht auf solche Bezüge beschränkt, die Ausfluss einer am Markt ausgeübten Erwerbstätigkeit sind. Die Befreiungen sorgen dafür, dass sich diese Beschränkung der sonstigen Einkünfte positiv im Gesetz abzeichnet und nicht in § 22 Nr. 1 S. 1 Hs. 1 EStG hineininterpretiert werden muss.

II. Klarstellende Befreiungen

1. Klarstellung der nicht gegebenen Steuerbarkeit

Eine weitere Normengruppe ergibt sich für den Normenkomplex des § 3 EStG durch rein klarstellende Befreiungen. Diese sind auf den ersten Blick obsolet,

---

10 *Hey*, in: Tipke/Lang, Steuerrecht, Rz. 3.68.

11 *Hey*, in: Tipke/Lang, Steuerrecht, Rz. 8.52.

12 *Seer*, in: Kirchhof/Seer, EStG, § 2, Rz. 16; *Hey*, in: Tipke/Lang, Steuerrecht, Rz. 8.124.

13 *Lang u. a.*, Kölner Entwurf eines Einkommensteuergesetzes, Begründung, Rz. 133 f.; *Hey*, in: Tipke/Lang, Steuerrecht, Rz. 8.123; siehe auch *Seer*, in: Kirchhof/Seer, EStG, § 2, Rz. 1 u. 56, m.w.N.

14 Siehe zu dieser Frage: *Hey*, in: Tipke/Lang, Steuerrecht, Rz. 7.31, m.w.N.

da solche Bezüge von der Steuer freigestellt werden, die ohnehin von keiner der sieben Einkunftsarten im EStG (i. F. auch Grundtatbestände) erfasst werden. Mit den Worten *Bergkempers* werden so Bezüge von der Steuer befreit, die gar nicht besteuerbar sind.[15] Auf den zweiten Blick ergibt sich jedoch häufig die Notwendigkeit einer Klarstellung, um die Diskussion über die Steuerbarkeit zu beenden. Die Klarstellung dient in diesen Fällen der Rechtssicherheit. Solange sich – ohne die Klarstellung im § 3 EStG – vertreten ließe, dass der etwaige Bezug einem Grundtatbestand unterfällt, ist an der Klarstellung festzuhalten. Denn sobald der Sinn einer klarstellenden Befreiung darin besteht, einen Streit über die Steuerbarkeit eines Bezuges zu beenden, hat die Befreiungsnorm stets die angesprochene Daseinsberechtigung, da sie für Rechtssicherheit sorgt. Normen, die Bezüge von der Steuer freistellen, die auch ohne die Befreiung offenkundig keinem Grundtatbestand unterfallen würden, sind jedoch überflüssig und könnten gestrichen werden.[16] Bei klarstellenden Befreiungen besteht indes nahezu kein Risiko für Gleichheitswidrigkeiten, da diese keine konstitutive Rechtsfolge setzen, die eine diskriminierende Wirkung haben könnte.

Im Befreiungskatalog des § 3 EStG treten klarstellende Befreiungen besonders häufig im Zusammenhang mit Einkünften aus nichtselbständiger Arbeit gem. § 19 I Nr. 1 EStG und der Frage auf, ob in dem befreiten Bezug Arbeitslohn vorliegt oder nicht. Ein entscheidendes Kriterium für das Vorliegen von Arbeitslohn ist, ob ein Bezug mit Belohnungscharakter für den Arbeitnehmer oder ganz überwiegend im Eigeninteresse des Arbeitgebers gewährt wird.[17] Diese Frage beantworten einige Befreiungen für ausgewählte Bezüge im Sinne der Rechtssicherheit. Ohne diese Klarstellungen bestünden erhebliche Abgrenzungsschwierigkeiten, ob die befreiten Bezüge mit oder ohne Belohnungscharakter gezahlt werden. Mehrere andere Befreiungen treffen die Klarstellung, dass die betroffenen Bezüge dem Arbeitnehmer (noch) nicht im Sinne des § 11 I EStG zugeflossen sind. Mit der Klarstellung des nicht gegebenen Zuflusses steht folgender Effekt im Zusammenhang: Diese Klarstellungen beziehen sich auf das Entstehen von Anwartschaften (i. d. R. auf Versicherungsleistungen) durch Beitragszahlungen des Arbeitgebers bzw.

---

15 *Bergkemper*, in: H/H/R, EStG, § 3, Rz. 8 (Stand: April 2019).

16 Ebenso: *v. Beckerath*, in: K/S/M, EStG, § 3, Rz. A 980 (Stand: Mai 2023).

17 Dazu eingehend: *Schneider*, FR 2015, 791.

solche Anwartschaften werden übertragen. Auch diesbezüglich käme es ohne die (klarstellenden) Befreiungen zu erheblichen Abgrenzungsschwierigkeiten, ob schon das Entstehen der Anwartschaft zu einem Zufluss beim Steuerpflichtigen führt oder nicht.

2. Abgrenzung zu den übrigen Befreiungen

Die Frage, ob ein Befreiungstatbestand lediglich klarstellend oder doch konstitutiv wirkt, ist häufig schwierig zu beantworten. Wie erläutert, soll die Einführung eines Befreiungstatbestandes nicht selten die Diskussion um die Steuerbarkeit des entsprechenden Bezugs beenden.[18] Dieser Streit ist praktisch irrelevant geworden, weil die Befreiung existiert.[19] Der Streit ist für die Zwecke der systematischen Ordnung dennoch häufig zu entscheiden, um einen Tatbestand den klarstellenden Befreiungen präzise zuordnen zu können. Mit anderen Worten muss für jeden Befreiungstatbestand vorgeschaltet festgestellt werden, ob der befreite Lebenssachverhalt ohne die Befreiung einer Einkunftsart des EStG unterfiele. So ergibt sich entweder ein konstitutiver Wirkungsbereich der untersuchten Befreiung oder es wird deutlich, dass eine Befreiung eine rein klarstellende Wirkung hat.

Die vorgenannte Problematik wird insbesondere durch das spezielle Verhältnis von klarstellenden Befreiungen zu systemimmanenten Befreiungen verkörpert. Soweit ein steuerbefreiter Bezug einem steuerlichen Grundtatbestand unterfällt, aber nicht die Leistungsfähigkeit des Steuerpflichtigen erhöht bzw. kein Ausfluss einer Erwerbstätigkeit ist, gibt es zwei Lösungsmöglichkeiten. Zunächst könnte der steuerliche Grundtatbestand einschränkend ausgelegt werden, sodass der Bezug bereits nicht steuerbar und damit die Befreiungsnorm klarstellend wirkt. Alternativ könnte man den steuerlichen Grundtatbestand uneingeschränkt auslegen und die Befreiungsnorm dann „auf der nächsten Ebene" konstitutiv wirken lassen. Welcher dieser beiden Lösungswege gewählt wird, hängt u. a. davon ab, inwieweit eine einschränkende Auslegung des Grundtatbestands möglich ist. Da es keine steuerrechtsspezifischen Auslegungsmethoden gibt, finden die grundlegenden

---

18 *v. Beckerath*, in: K/S/M, EStG, § 3, Rz. A 980 (Stand: Mai 2023).

19 Diesen Effekt für das Verhältnis von § 3 EStG zu § 22 EStG andeutend: *Fischer*, in: Kirchhof/Seer, EStG, § 22, Rz. 9.

Erkenntnisse[20] zur Methodenlehre auch im Steuerrecht Anwendung.[21] *Tipke* arbeitet heraus, dass eine zu strikte grammatikalische Auslegung dem terminologisch schwer zugänglichen Steuerrecht nicht gerecht wird.[22] Des Weiteren sind die formal-systematische sowie die historische Auslegung letztlich nur Erkenntnisquellen für den Gesetzeszweck und arbeiten der teleologischen Auslegungsmethode demnach zu.[23] Folgerichtigerweise sind alle Auslegungsmethoden so einzusetzen, dass der Gesetzeszweck ermittelt wird.[24] Im Rahmen dieser Zweckermittlung existiert die sog. systemkonforme Auslegung als Deutungsmethode, wonach Gesetze so auszulegen sind, dass Systembrüche vermieden werden.[25] Wer diese systemkonforme Auslegung unbegrenzt anwendet, müsste das vorgenannte Problem so lösen, dass bereits die steuerlichen Grundtatbestände systemkonform ausgelegt werden und nachgeschaltete Befreiungen rein klarstellend wirken. So erklärt es sich, dass systemkonforme Befreiungen teilweise auch begrifflich als klarstellend bezeichnet werden.[26] Allerdings sind auch der systemkonformen Auslegung Grenzen gesetzt. Zunächst kann ihr die allgemeine Auslegungsgrenze des weitesten noch möglichen Wortsinnes des Gesetzestextes entgegengehalten werden.[27] Wenn ein steuerlicher Grundtatbestand nach seinem Wortlaut unmissverständlich Bezüge erfasst, die nicht zu einer erhöhten Leistungsfähigkeit führen, könnte der Tatbestand lediglich teleologisch reduzierend systemkonform ausgelegt werden. Teleologische Reduzierungen sind von hohem Aufwand geprägt und zeichnen sich nicht positiv im Gesetz ab. Demnach sollte die Notwendigkeit für teleologische Reduzierungen so gering wie möglich gehalten und stattdessen wie folgt vorgegangen werden: Führt ein Bezug nicht zu einer erhöhten Leistungsfähigkeit bzw. ist nicht am Markt erwirtschaftet, aber unterfällt einem steuerlichen Grundtatbestand, so bedarf

---

20 Prägend: *Larenz*, Methodenlehre der Rechtswissenschaft, 312 ff.; *Bydlinski*, Juristische Methodenlehre und Rechtsbegriff, 428 ff.

21 *Drüen*, in: Tipke/Kruse, AO, § 4, Rz. 219 (Stand: Oktober 2020).

22 *Tipke*, Steuerrechtsordnung, Bd. III, 1611 f.

23 *Tipke*, Steuerrechtsordnung, Bd. III, 1614.

24 *Tipke*, Steuerrechtsordnung, Bd. III, 1623.

25 *Tipke*, Steuerrechtsordnung, Bd. III, 1615.

26 So z. B.: *Lang u. a.*, Kölner Entwurf eines Einkommensteuergesetzes, Begründung, Rz. 141.

27 *Bydlinski*, Juristische Methodenlehre und Rechtsbegriff, 467 f.

es keiner (komplizierten) systemkonformen Begrenzung des Grundtatbestandes, wenn eine sachliche Steuerbefreiung (systemimmanent) greift. Die Befreiung wirkt dann konstitutiv und beugt komplexen sowie wenig greifbaren Beschneidungen des Grundtatbestandes vor. Aus ähnlichen – allerdings durch sozialhilferechtliche Aspekte ergänzte – Erwägungen kommt *Lehner* zu dem Befund, dass der Befreiungskatalog im § 3 EStG die steuerliche Einkommensentstehung sozial modifiziert, soweit er Bezüge freistellt, die von vornherein keine Fähigkeit zur Steuerzahlung auslösen.[28]

Der hier eingeschlagene Lösungsweg hat also den Vorteil, dass sich die systemkonforme Ausnahme eines Bezuges aus der Besteuerung in Form der Befreiungsnorm positiv im Gesetz abzeichnet und nicht einschränkend in einen Grundtatbestand hineininterpretiert werden muss. Letzteres würde zu unnötigen Rechtsunsicherheiten führen, zumal steuerfreie Bezüge oftmals Grenzbereiche der Einkunftsarten[29] betreffen. Entgegen der Auffassung *Beckers* ist dieses Vorgehen auch nicht *unsystematisch*[30] oder führt zu *Lücken im Einkommensbegriff*[31]. Das Leistungsfähigkeitsprinzip wird durch den hier verfolgten Ansatz auf der Ebene des Steuertatbestandes nicht negiert, wenn ein Bezug, der nicht die Leistungsfähigkeit erhöht, zunächst unter einer Einkunftsart erfasst wird und erst durch eine Steuerbefreiung ausgenommen wird. Der Steuertatbestand ist gerade ganzheitlich zu betrachten. Konkret wird er erst durch die Wirkung der Befreiung komplementiert. *Ruppe* beschreibt Fiskalzweckbefreiungen des österreichischen EStG als Ausnahmebestimmungen, die „die ursprüngliche Belastungsentscheidung verfeinern, präzisieren und differenzieren, ohne den durch sie gezogenen Rahmen zu überschreiten“[32]. Im Ergebnis bedarf es damit keiner Begrenzung des Grundtatbestandes, wenn eine sachliche Steuerbefreiung für einen Bezug greift, der nicht zu einer erhöhten Leistungsfähigkeit führt oder kein Ausfluss einer Erwerbstätigkeit ist. Diese sachlichen Steuerbefreiungen wirken auf diese Weise als konstitutive systemimmanente Befreiungen.

---

28 *Lehner*, Einkommensteuerrecht und Sozialhilferecht, 140 ff. (145).

29 *v. Beckerath* spricht zu Recht von einer „schwierigen Abgrenzung“: *v. Beckerath*, in: K/S/M, EStG, § 3, Rz. A 52 (Stand: Mai 2023).

30 *Becker*, FR 2001, 231 (238).

31 *Becker*, FR 2001, 231 (238).

32 *Ruppe*, Die Ausnahmebestimmungen, 3 u. 87.

Daraus lässt sich folgende Prämisse für die Zuordnungsmethodik ableiten. Grundsätzlich zählt ein Bezug zu den steuerbaren Einkünften, wenn dieser erstens die wirtschaftliche Leistungsfähigkeit erhöht, zweitens als Markteinkommen zu beurteilen ist und drittens die einzelnen Merkmale einer Einkunftsart erfüllt sind. Von dem kumulativen Vorliegen dieser Voraussetzungen ist eine Ausnahme zu machen, wenn ein Bezug nur die einzelnen Merkmale einer Einkunftsart erfüllt, aber nicht die wirtschaftliche Leistungsfähigkeit erhöht oder kein Markteinkommen darstellt. In diesem Fall muss auf der Ebene der Steuerbefreiungen ein systemimmanenter Tatbestand greifen, um den einkommensteuerlichen Steuertatbestand systemimmanent abzubilden.

III. Sozialzweckbefreiungen

1. Nettobetrachtung sozialer Leistungen

Unter der Nettobetrachtung von sozialen Leistungen ist die folgende Wirkung von Steuerbefreiung zu verstehen: Die Steuerbefreiung soll die Gewährung der eigentlichen Leistung unterstützen. Hinsichtlich des Befreiungszwecks färben also die Motive der Leistungsgewährung auf die Motive der Steuerbefreiung ab. Dem Leistenden wird durch die Steuerbefreiung eine Erreichung des Leistungszwecks mit einem geringeren Mittelaufwand ermöglicht.[33] Wenn die Leistung aus öffentlichen Kassen gewährt wird, verwendet *v. Beckerath* in diesem Zusammenhang den Begriff der „vereinfachten Nettorechnung“[34]: Der Staat kann sich bei der Bemessung der Leistungshöhe allein daran orientieren, was dem Bezieher zur Verfügung stehen soll, und muss diese nicht um Mittel erhöhen, die den Bezieher durch Besteuerung der gewährten Leistung belasten würden.[35] Dieser Mechanismus verwirklich zunächst einen Vereinfachungsgedanken, da steuerliche Belastungen des Empfängers bei der Kalkulation der Leistungshöhe ausgeklammert werden können.[36] Der tragende Zweck der Befreiung solcher staatlichen Transferleistungen besteht aber in der Förderung der eigentlichen Leistungsgewährung,

---

[33] *v. Beckerath*, in: K/S/M, EStG, § 3, Rz. A 777 (Stand: Mai 2023).
[34] *v. Beckerath*, in: K/S/M, EStG, § 3, Rz. A 714 (Stand: Mai 2023).
[35] *v. Beckerath*, in: K/S/M, EStG, § 3, Rz. A 714, m.w.N. (Stand: Mai 2023).
[36] *v. Beckerath*, in: K/S/M, EStG, § 3, Rz. A 714 (Stand: Mai 2023).

sodass auch in diesen Fällen das sozialpolitische Motiv der Transferleistung auf den Befreiungszweck abfärbt. Dies liegt auch daran, dass viele der betroffenen Sozialleistungen nach § 32b I Nr. 1 EStG dem Progressionsvorbehalt unterliegen und somit für das Besteuerungsverfahren in Gänze betrachtet erfasst werden müssen. Als leitendes Befreiungsmotiv verbleiben nur die Sozialwecke der eigentlichen Leistungsgewährung.

Soweit sich eine Befreiung auf eine staatliche Transferleistung bezieht, die aus sozialpolitischen Gründen gewährt wird, muss die Zuordnung zu dieser Normengruppe jedoch von den systemimmanenten Befreiungen abgegrenzt werden. In einigen Fällen greift vorgeschaltet bereits die Normengruppe, der systemimmanenten Befreiungen, die im Sinne der Markteinkommenstheorie wirken. Manche sozialen Transferleistungen – wie z. B. das Kindergeld – werden nicht am Markt erwirtschaftet und unterliegen nur wegen des zu weit gefassten Tatbestandes § 22 Nr. 1 S. 1 Hs. 1 EStG als sonstige Einkünfte der Einkommensteuer.[37] Folglich ist die Befreiung des Kindergelds (§ 3 Nr. 24 EStG) den systemimmanenten Befreiungen zuzuordnen, die im Sinne der Markteinkommenstheorie wirken. Anders liegt der Fall beispielsweise bei dem von § 3 Nr. 67 EStG befreiten Elterngeld. Dieses wird nämlich zur Kompensation einer ursprünglich am Markt ausgeübten Tätigkeit gewährt, weshalb ein direkter Zusammenhang zu einer am Markt ausgeübten Erwerbstätigkeit besteht. Über § 24 Nr. 1 lit. a) EStG i. V. m. der betroffenen Einkunftsart liegt im Elterngeld damit als „Entschädigung" grundsätzlich eine steuerbare Leistung vor.[38] Die entsprechende Befreiung hat damit keinen systemimmanenten Zweck im Sinne der Markteinkommenstheorie, sondern soll den sozialpolitischen Leistungsgedanken des Elterngeldes unterstützen.

Des Weiteren existiert eine modifizierte Form der Nettobetrachtung sozialer Leistungen, wenn eine Steuerbefreiung die Förderung des sog. Beitrags-Leistungs-Verhältnisses[39] bewirken soll. In diesen Fällen beruhen die befreiten Leistungen teils auf eigenen Beiträgen des Steuerpflichtigen. Der Besteuerungsverzicht auf die Versicherungsleistungen ermöglicht dann nicht

---

[37] Die Steuerbarkeit bejahend: *Bergkemper*, in: H/H/R, EStG, § 3 Nr. 24, Rz. 1 (Stand: August 2019); *Handzik*, in: L/B/P, EStG, § 3, Rz. 920a (Stand August 2018); *Levedag*, in: Schmidt, EStG, § 3, Rz. 87.

[38] Siehe dazu unter E.I.2. dieser Arbeit.

[39] Diesen Mechanismus für spezielle Versicherungsbeträge beschreibend: *v. Beckerath*, in: K/S/M, EStG, § 3 Nr. 1, Rz. B 1/55 (Stand: Mai 2015).

nur die Nettobetrachtung der Leistungsseite, sondern auch einen Versicherungsschutz auf der Beitragsseite mit geringerem Mittelaufwand.[40] Die Nettobetrachtung bezieht sich in diesen Fällen also auf das gesamte Versicherungsverhältnis. Dies kann sozialpolitisch förderungswürdig sein, wenn das Versicherungsgut einen gesamtgesellschaftlichen Wert hat.[41]

Der Gedanke der Nettobetrachtung von Sozialleistungen führt indes zu finanzverfassungsrechtlichen Bedenken, wenn die auszahlende Stelle nur dem Bund angehört. Schließlich würde eine Besteuerung der Bezüge dazu führen, dass das entsprechende Aufkommen teilweise dem Bund und teilweise den Ländern zustünde, weil die Einkommensteuer gem. Art. 106 III 1 GG eine sog. Gemeinschaftssteuer[42] ist. Die Nichtbesteuerung sorgt in diesen Fällen jedoch nur für eine Entlastung des Bundes, der die Leistungen nach Nettogrößen berechnen kann und benachteiligt die Länder, die keine Vorteile aus dieser Nettobetrachtung ziehen können. *Höfling* kritisiert in diesem Zusammenhang, dass der Zustimmungsvorbehalt aus Art. 105 III GG die einzelnen Länder nicht genügend vor Steuervergünstigungen des Bundes schütze.[43] Wenn der Bund durch Steuervergünstigungen im EStG das Aufkommen einer Gemeinschaftssteuer reduziert, finanzieren dies die Länder teils unfreiwillig mit.[44] Im Ergebnis ist diese Kritik als gerechtfertigter Vorwurf gegen das Instrument des Zustimmungsvorbehaltes an sich zu verstehen, welches die Länder zu wenig schützt. *Höflings* Kritik führt also nicht dazu, dass sachliche Steuerbefreiungen per se auf ungerechtfertigte Weise den Finanzausgleich unterwandern. Im Bereich der Nettobetrachtung von sozialen Leistungen erhält dieses Argument aber eine andere Tragweite, da der Bund nicht nur die Reduzierung des Aufkommens einer Gemeinschaftssteuer bestimmt, sondern auch als auszahlende Stelle auf Kosten der Länder profitiert. *Kube* kritisiert in einem ähnlichen Zusammenhang indes, dass Besteuerungsausnahmen stets eine Mittelbereitstellung implizieren würden, die gem. Art. 110 I 1 GG im Haushaltsplan eigentlich als Ausgabe abzubilden wären.[45] Da solch eine Abbildung jedoch nicht erfolgt, moniert *Kube*,

---

40 *v. Beckerath*, in: K/S/M, EStG, § 3, Rz. A 780 (Stand: Mai 2023).
41 FG Freiburg, Urt. v. 25.07.1957 – I 117/56, EFG 1957, 359 (360).
42 Dazu: *Seer*, in Tipke/Lang, Steuerrecht, Rz. 2.61.
43 *Höfling*, StuW 1992, 242 (246).
44 *Höfling*, StuW 1992, 242 (246 f.).
45 *Kube*, Kompetenzordnung, 310.

dass Steuervergünstigungen – zu denen sachliche Steuerbefreiungen zählen können – das im Haushaltsplan abzubildende Verhältnis von Einnahmen zu Ausgaben auf nicht nachvollziehbare Art verzerrt und so sachgerechte Entscheidungen über die staatliche Mittelverwendung gefährdet werden.[46] Obwohl die Haushaltsgrundsätze stets Ausnahmen zulassen, ist auch der von *Kube* beschriebene Verzerrungseffekt nicht von der Hand zu weisen, der verstärkt wird, wenn sich die soziale Nettobetrachtung auf öffentliche Kassen bezieht. Über die von *Höfling* und *Kube* aufgeworfenen Kritikpunkte muss allerdings hinweggesehen werden, wenn die befreite Leistung besonders tragende soziale Motive verfolgt und damit auch deren steuerliche Begünstigung schwerer wiegt als die strikte Einhaltung des Finanzausgleichs bzw. der Haushaltsgrundsätze. Darüber hinaus können politische Entscheidungsträger den Finanzausgleich über die Verteilung der Umsatzsteuer per Finanzausgleichsgesetz feinjustieren[47], sodass auf diese Weise Ungenauigkeiten im Finanzausgleich bereinigt werden können.

2. Lenkungsnormen

a) Wirtschaftspolitische Lenkung

Sozialzwecknormen in Form von Lenkungsnormen weichen in der Regel gezielt von der Besteuerung nach der wirtschaftlichen Leistungsfähigkeit ab.[48] Mit Lenkungsnormen[49] verfolgt der Gesetzgeber mit Hilfe des Steuerrechts außerfiskalische Förder- und Lenkungsziele.[50] Der Gesetzgeber will entweder das Gemeinwohl direkt fördern oder ein das Gemeinwohl förderndes Verhalten steuerlich entlasten.[51] Insoweit hat sich für bestimmte Formen von steuerentlastenden Sozialzwecknormen – zu denen Sozialzweck*befreiungen* zählen – auch der Begriff der steuerlichen Lenkungsnorm[52] oder der Steuervergünstigung[53] etabliert. Innerhalb dieser Normengruppe greift der Gesetz-

---

[46] *Kube*, Kompetenzordnung, 313 f. u. 318.

[47] *Seer*, in: Tipke/Lang, Steuerrecht, Rz. 2.61.

[48] *Hey*, in: Tipke/Lang, Steuerrecht, Rz. 3.131.

[49] Zum Begriff der „Lenkungsbefreiung" siehe: *v. Beckerath*, in: K/S/M, EStG, § 3, Rz. A 753 (Stand: Mai 2023).

[50] BVerfG, Urteil v. 17.12.2014 – 1 BvL 21/12, BVerfGE 138, 136 (181 f.).

[51] *Tipke*, Steuerrechtsordnung, Bd. I, 78 u. 340.

[52] *Tipke*, Steuerrechtsordnung, Bd. I, 337.

[53] *Seer*, Ubg 2012, 376 (379).

geber häufig auf Normen zurück, die einen (vermeintlich) wünschenswerten Effekt auf die wirtschaftliche Entwicklung von Steuersubjekten nehmen sollen.

b) Umwelt- und gesundheitspolitische Lenkung

Der Gesetzgeber nutzt sachliche Steuerbefreiungen des Weiteren dafür, um das Verhalten der Steuersubjekte hin zu einem umwelt- und gesundheitsfördernden Verhalten zu lenken. § 3 Nr. 15 EStG stellt beispielsweise Zuschüsse des Arbeitgebers für Fahrten des Arbeitnehmers mit öffentlichen Verkehrsmitteln von der Einkommensteuer frei und damit sollen Umwelt- und Verkehrsbelastungen durch den motorisierten Individualverkehr vermindert und der Energieverbrauch gesenkt werden.[54]

c) Arbeitsmarktpolitische Lenkung

Durch die Befreiung von Förderungsleistungen des Altersteilzeitmodells (§ 3 Nr. 28 EStG) sollte ursprünglich ein steuerlicher Anreiz für den Arbeitsmarkt gesetzt werden, von der Altersteilzeit Gebrauch zu machen.[55] Ob sich diese Förderung auch in der aktuellen Zeit des Fachkräftemangels noch gesamtgesellschaftlich positiv auswirkt, wird in der Einzelbetrachtung der Norm jedoch zu bezweifeln sein. Wie § 3 Nr. 34 EStG zeigt, existieren jedoch auch Befreiungen, die einen aktuellen Anreiz für den Arbeitsmarkt setzen, indem Leistungen des Arbeitgebers zur Gesundheitsförderung und zur Prävention von Krankheiten befreit werden, die laut dem Wortlaut „zusätzlich zum ohnehin geschuldeten Arbeitslohn erbracht" werden müssen. Das Merkmal, dass die Leistung „zusätzlich zum geschuldeten Arbeitslohn erbracht" werden muss, unterstreicht den sozialen Charakter solcher Befreiungen. Schließlich beugt dieses Merkmal vor, dass Arbeitslohn nur unter dem Deckmantel der Bezeichnung als Gesundheitsförderung in Gestalt einer rein formalen „Lohnumwandlung" der Steuerbefreiung unterfällt. Stattdessen muss die gezahlte Leistung beim Empfänger tatsächlich einen sozialen Zweck in Form der Gesundheitsförderung bewirken, damit dieser in den Genuss der Befreiung kommt. Die Befreiung der Leistungen des Arbeitgebers zur Gesundheitsförderung zeigt des Weiteren, dass sich mehrere Lenkungszwecke

---

54 BT Drs. 19/5595, 75.

55 *Offerhaus*, FR 1989, 138 (139).

überschneiden können, da nicht nur der Arbeitsmarkt, sondern auch ganz allgemein die Gesundheit der Begünstigten gefördert werden soll. Da sich der Wirkungsbereich von § 3 Nr. 34 EStG jedoch auf die Einkünfte aus nichtselbstständiger Arbeit bezieht und damit nur die Gesundheit von Arbeitnehmern gefördert wird, überwiegt für die Zuordnung die arbeitsmarktpolitische Wirkung.

d) Gemeinnützige Lenkung

Insbesondere mit den Nummern 26 und 26a liegen zwei Befreiungstatbestände vor, die das Ehrenamt stärken sollen und damit ein positiver Effekt auf das gesamtgesellschaftliche Zusammenleben erzielt werden soll.[56] Naturgemäß wirken auch die Lenkungsnormen der vorgenannten Arten gesamtgesellschaftspolitisch und damit im untechnischen Sinne „gemeinnützig". Es ließen sich jedoch stets noch speziellere Wirkungskreise wie z. B. die Wirtschafts- oder Gesundheitspolitik finden, auf die sich die entsprechenden Normen beziehen. Dies war für die Befreiungen der Nummern 26, 26a und 9 nicht möglich, weshalb die gesamtgesellschaftlich verstandene „gemeinnützige" Lenkung als weitere Kategorie der Lenkungsnormen existiert.

e) Besondere Rechtfertigungsbedürftigkeit von Lenkungsnormen

Das BVerfG erlaubt dem Steuergesetzgeber Maßnahmen zur Verhaltenslenkung der Wirtschaft bzw. der Gesellschaft.[57] Es darf folglich privilegiert werden, wenn sich dadurch ein entsprechender Förderungseffekt ergibt. Die Privilegierung Einzelner führt aber zu einer Schlechterstellung der Übrigen (Ungleichbehandlung). Dem Gesetzgeber steht folglich nur für die Wahl des Steuergegenstandes ein weitreichender Spielraum zu, während die Ausgestaltung der einzelnen Steuerart dann folgerichtig und systemkonsequent ausgehend von der einmal getroffenen Belastungsentscheidung erfolgen muss.[58] Der Zweck von Lenkungsnormen besteht darin, das Gemeinwohl zu fördern, wofür im EStG bewusst von der Belastungsentscheidung abgewichen

---

56 Für Nr. 26: BT Drs. 8/3898, 8; BT Drs. 11/ 5582, 27; BT Drs. 14/2070, 16.

57 Siehe nur: BVerfG, Beschluss v. 21.06.2006 – 2 BvL 2/99, BVerfGE 116, 164 (182).

58 Siehe exemplarisch: BVerfG, Beschluss v. 22.06.1995 – 2 BvL 37/91, BVerfGE 93, 121 (136); anschaulich auch: *Seer*, Ubg 2012, 376 (377).

wird folgerichtig nach dem Leistungsfähigkeitsprinzip zu besteuern.[59] Die Abweichung vom Leistungsfähigkeitsprinzip wohnt Lenkungsbefreiungen also inne und macht diese besonders rechtfertigungsbedürftig. *Tipke* kommt in diesem Zusammenhang gar zu der Erkenntnis, dass Lenkungsnormen lediglich äußerlich in das Steuerrecht eingebettet sind, sie wegen ihres Lenkungszwecks aber eigentlich Subventionen sind.[60] Folglich sollte man diese auch wie Subventionen auf Verstöße gegen den Gleichheitssatz prüfen. Ungleichbehandlungen durch Lenkungsnormen im EStG wären somit nicht ausgehend vom Leistungsfähigkeitsprinzip zu ermitteln.[61] Es ist stattdessen danach zu fragen, ob die Norm zu der Erreichung der verfolgten Zwecke des Gemeinwohls geeignet, erforderlich und angemessen ist.[62] Lenkungsnormen werden also nach dem Gemeinwohl- oder Verdienstprinzip gerechtfertigt.[63] So lassen sich Aussagen – wie die von *Traxel* – verstehen, dass sozialzweckfördernde Lenkungsnormen nicht am Leistungsfähigkeitsprinzip gemessen werden können[64]. Solche Aussagen sind aber relativierungsbedürftig, da das Leistungsfähigkeitsprinzip auch für Sozialzwecknormen im Ergebnis der entscheidende Abwägungsfaktor ist. Eine Sozialzwecknorm ist nur zur Erreichung der verfolgten Gemeinwohlzwecke *angemessen*, wenn das Gewicht dieses Zwecks dem Gewicht der leistungsfähigkeitsgerechten Besteuerung überwiegt.[65] In dieser Abwägung ist zu beachten, dass der leistungsfähigkeitsgerechten Besteuerung ihrerseits ein hohes Gemeinwohlinteresse zukommt: Sie bewirkt schließlich eine gleichheitsrechtlich konform ausgestaltete Steuerlast.[66] Folgende überzeugende Kriterien sind in einer entsprechenden Abwägung heranzuziehen: Das quantitative Ausmaß der Wirkung zu Gunsten

---

[59] *Hey*, in: Tipke/Lang, Steuerrecht, Rz. 3.131; generell zu Lenkungsnormen so auch: *Seer*, Ubg 2012, 376 (379).

[60] *Tipke*, Steuerrechtsordnung, Bd. I, 340.

[61] *Tipke*, Steuerrechtsordnung, Bd. I, 340.

[62] *Tipke*, Steuerrechtsordnung, Bd. I, 342; auch das BVerfG rechtfertigt Sozialzwecknormen gemeinwohlbezogen, u.a.: BVerfG, Beschluss v. 22.06.1995 – 2 BvL 37/91, BVerfGE 93, 121 (148).

[63] *Seer*, Ubg 2012, 376 (379).

[64] *Traxel*, Die Freibeträge des Einkommensteuergesetzes, 14.

[65] *Tipke*, Steuerrechtsordnung, Bd. I, 345 f; *Seer*, Ubg 2012, 376 (377); im Rahmen der Diskussion zur Verankerung des Leistungsfähigkeitsprinzips im GG so ebenfalls zu verstehen: *Schemmel*, StuW 1995, 39 (45).

[66] *Tipke*, Steuerrechtsordnung, Bd. I, 346.

des Gemeinwohls ist zu berücksichtigen. Dieses ist anhand des Anteils der begünstigten Personen an der Gesamtheit der Steuerpflichtigen zu ermitteln.[67] Verfassungsrechtlich indizierte Gründe des Gemeinwohls wiegen schwerer als andere.[68] Der Sozialzweck muss im Gesetzgebungsverfahren klar zum Ausdruck kommen.[69] Es muss klar erkennbar sein, für welchen Teil des Steuergegenstands die Rechtsfolge der Steuerschuld nicht eintreten soll und für welchen (begrenzten) Personenkreis die Sozialzweckbefreiung gilt; zudem muss dieser Personenkreis nach sachgerechten Gesichtspunkten ausgewählt sein.[70] Maßstab dieser Verständlichkeit ist die Sicht eines Steuerbürgers in Abhängigkeit von der Komplexität des verwirklichten wirtschaftlichen Sachverhalts. Je komplexer der Sachverhalt, umso komplexer darf die Norm sein.[71] Verhaltenslenkende Normen sind also besonders kritisch zu hinterfragen, wenn sich ihr Lenkungszweck nur erahnen lässt. Der Gesetzgeber bezeichnet die gewünschte Verhaltenslenkung teils weder im Gesetzgebungsverfahren, noch lässt sie sich aus dem Gesetzestext selbst herleiten.[72] In diesen Fällen muss der objektivierte Wille des Gesetzgebers außerhalb der Gesetzesmaterialien erörtert werden, um die Zuordnung zu einer Normengruppe zu vollenden. Auch wenn dies teils gelingt, sollte der Gesetzgeber künftig nicht von seiner Begründungspflicht entbunden werden. Stattdessen sind auch bestehende Befreiungen verfassungsrechtlich bedenklich, wenn der Gesetzgeber die gewünschte Verhaltenslenkung nicht zum Ausdruck gebracht hat.[73] Im Zuge der systematischen Zuordnung werden die einzelnen Lenkungsbefreiungen keiner vollumfänglichen verfassungsrechtlichen Prüfung unterzogen. Teils nehmen Verstoße gegen die ausgeführten Maßstäbe jedoch eine besonders auffällige Gestalt an, sodass diese benannt werden.

Die vorgenannten Maßstäbe gelten für alle bereits bestehenden Lenkungsbefreiungen. Darüber hinaus sollte künftig für bestehende oder neu geschaffene Lenkungsbefreiungen in regelmäßigen Abständen überprüft werden, ob die gewünschte Verhaltenslenkung auch erreicht werden konnte. Diesen

67 *Schön*, in: FS Spindler, 189 (201).
68 *Schön*, in: FS Spindler, 189 (201).
69 *Seer*, Ubg 2012, 376 (380).
70 *Seer*, Ubg 2012, 376 (380).
71 *Ortwald*, Steuererklärungspflicht und Verfahrensleistungsfähigkeit, 334 ff. u. 338.
72 Dies als verfassungsrechtlich bedenklich einstufend: *Seer*, Ubg 2012, 376 (380).
73 Siehe nur: *Seer*, Ubg 2012, 376 (380).

Nachweis ermöglichen sog. Ex-post-Evaluierungen, die die Effekte einer Norm nach einer bestimmten Zeit ihres Daseins anhand des tatsächlich Stattgefundenen überprüfen.[74] Für die angestrebten Ziele sollte der Gesetzgeber solch eine Selbstkontrolle durchführen und sich im Idealfall im Gesetz selbst dazu verpflichten. Kommt die Evaluierung zu dem Ergebnis, dass eine Norm ihre gewünschte Wirkung erreicht hat, folgt daraus nicht zwingend, dass diese dauerhaft zu erhalten ist. Vielmehr ist die Folgefrage zu stellen, ob die gewünschte und eingetretene Wirkung an situationsbedingte vorübergehende oder dauerhafte Umstände geknüpft war. Soweit beispielsweise eine Vergünstigung nur situationsbedingt für einen vorübergehenden Zeitraum gerechtfertigt war, kann diese aufgrund geänderter Umstände im Laufe der Zeit nutzlos werden, obwohl sie für einen gewissen Zeitraum wirksam und damit gerechtfertigt war. Die spätere Einzelbetrachtung soll zeigen, dass gesetzgeberische Maßnahmen zur Wirtschaftslenkung im § 3 EStG teils nicht die gewünschten Effekte erzielen konnten. Lenkende Einschätzungen des Gesetzgebers werden umso ungenauer, je enger der Förderzweck definiert ist.[75] Mit § 3 Nr. 70 EStG sollte beispielsweise gezielt das Anlagevehikel REIT (Real-Estate-Investment-Trust) gefördert werden[76], indem die Erträge aus der Veräußerung von Grund und Boden sowie Gebäuden zur Hälfte von der Steuer freigestellt werden, wenn die Veräußerung an eine REIT-AG oder einen sog. Vor-Reit erfolgt. Studien aus dem Jahr 2018 zeigen, dass die besondere Rechtsform REIT in Deutschland kaum praktische Bedeutung erlangt hat.[77] § 3 Nr. 70 EStG hat damit offensichtlich nicht zu dem gewünschten Effekt geführt, dass REIT-Modelle im deutschen Investmentmarkt angenommen werden. Solche Beispiele zeigen, dass die vom BVerfG gewährte Einschätzungsprärogative des Steuergesetzgebers bezüglich Lenkungsnormen nicht zu weit verstanden werden darf. Darüber hinaus kann nicht jede gewünschte und eingetretene Wirkung eine Ungleichbehandlung rechtfertigen, da die Evaluation die verfassungsrechtliche Abwägung nicht ersetzt. Für die steuerliche Begünstigung sog. Jobtickets nach § 3 Nr. 15 EStG müsste in diesem Sinne beispielsweise zukünftig in regelmäßigen Abständen gefragt werden,

---

74 *Hey*, FR 2021, 293 (299).

75 Abstrakt so bereits: *Hey*, in: Tipke/Lang, Steuerrecht, Rz. 19.3.

76 BT Drs. 850/10, 152.

77 *Kovermann*, AG 2018, 22; *Kühnberger*, DStR 2018, 1832.

ob die gewünschte Verhaltenslenkung noch ein ausreichend wichtiges Gut des Gemeinwohls darstellt. Die steuerliche Förderung von Jobtickets wird nämlich dann obsolet, wenn umweltschützendes Verhalten so selbstverständlich geworden ist, dass dafür keine steuerlichen Anreize mehr gesetzt zu werden brauchen. Was an dieser Stelle fehlt, ist der konkrete Auftrag an den Gesetzgeber, eine empirische Evaluation durchzuführen, obwohl dies nach dem heutigen Stand der datenbasierten Methoden möglich wäre. Dafür müsste der Staat aber die ihm zur Verfügung stehenden Daten für entsprechende Auswertungen nutzbar machen und eine gewisse intrinsische Evaluierungskultur entwickeln.[78]

IV. Vereinfachungszweckbefreiungen

1. Ersatz von Erwerbsaufwendungen

Vereinfachungsnormen sollen die Überkompliziertheit und Undurchführbarkeit der Gesetze verhindern, indem typisierende, pauschalierende oder betragsmäßige Ausnahmen von der Regel zugelassen werden.[79] Eine sachliche Steuerbefreiung zählt zu dieser Normengruppe also in der Regel dann, wenn sie einen Bezug von der Steuer freistellt, um das Besteuerungsverfahren praktikabler oder ökonomischer zu machen.[80]

Vereinfachungszwecknormen wirken häufig in der Weise, dass sie Erwerbseinnahmen von der Steuer freistellen, weil diesen in identischer Höhe Erwerbsaufwendungen gegenüberstehen. Solche Normen erleichtern das Besteuerungsverfahren auf nachvollziehbare Weise, da weder die Einnahme noch der Aufwand erklärt werden müssen. Die Befreiung von Aufwendungsersatz weist in ihrem Grundgedanken wenig verfassungsrechtliche Probleme auf. Verfassungsrechtliche Bedenken können sich für solche Befreiungen allerdings ergeben, wenn sie tatsächliche Begünstigungen enthalten. Dies ist der Fall, wenn die Befreiungshöhe nicht auf die tatsächlich gegenüberstehenden Aufwendungen begrenzt ist oder die Begünstigten zusätzlich in den Genuss des Werbungskostenpauschbetrages nach § 9a S. 1 Nr. 1 lit. a) EStG kommen. Sollten einzelne Befreiungen von Aufwendungsersatz solch

---

78 *Hey*, FR 2021, 293 (300).

79 *Tipke*, Steuerrechtsordnung, Bd. I, 80; *Hey*, in: Tipke/Lang, Steuerrecht, Rz. 3.23.

80 *v. Beckerath*, in: K/S/M, EStG, § 3, Rz. A 690 (Stand: Mai 2023).

eine echte Begünstigungswirkung enthalten, wird im Zuge der Zuordnung der einzelnen Befreiungen darauf hingewiesen.

2. Ersatz von Sonderausgaben

Befreiungen wie z. B. § 3 Nr. 57 EStG oder § 3 Nr. 62 S. 2 EStG befreien Zuschüsse oder Erstattungen zu Aufwendungen, die für den Steuerpflichtigen Sonderausgaben gem. § 10 EStG darstellen. Insoweit könnte es als systemwidrig betrachtet werden, dass diese Zuschüsse und Erstattungen überhaupt von einem Grundtatbestand in Form einer Einkunftsart erfasst werden. Das weite Verständnis bestimmter Einkunftsarten lässt diese Erfassung jedoch zu. So befreit § 3 Nr. 62 S. 2 EStG beispielsweise Zuschüsse, die der Arbeitgeber ohne gesetzliche Verpflichtung – also freiwillig – zu bestimmten Versicherungen des Arbeitnehmers leistet.[81] Für den Arbeitnehmer muss also eine eigene Beitragspflicht zu einer Versicherung bestehen, die der Arbeitgeber bezuschusst.[82] In diesem Fall übernimmt der Arbeitgeber eine Schuld des Arbeitnehmers im Sinne des abgekürzten Zahlungswegs.[83] Der Arbeitgeber könnte dem Arbeitnehmer den Zuschuss auch als Teil des Arbeitslohns auszahlen und dieser verwendet diesen dann für die von § 3 Nr. 62 S. 2 EStG genannten Versicherungen. Die freiwillig geleisteten Zuschüsse wären also ohne die Befreiung steuerpflichtiger Arbeitslohn.[84] Dann müssten aber die bezuschussten Aufwendungen unter den Vorgaben der §§ 10 ff. EStG zum Abzug zugelassen werden. Dies würde eine Doppelerfassung bedeuten, die umgangen wird, wenn der Zuschuss bzw. die Erstattung direkt von der Steuer freigestellt wird. Folgerichtig wird der Abzug der Aufwendungen als Sonderausgabe dann gem. § 10 II Nr. 1 EStG in Höhe des Zuschusses bzw. der Erstattung untersagt. Die Steuerbefreiung vermeidet also die Erfassung

---

[81] *Tormöhlen*, in: Korn, EStG, § 3 Nr. 62, Rz. 23 (Stand: Januar 2023); *Bergkemper*, in: H/H/R, EStG, § 3 Nr. 62, Rz. 6 (Stand: Oktober 2019).

[82] BFH, Urteil v. 02.12.2014 – VIII R 40/11, BStBl. II 2016, 675 (680); *Niklaus*, in: K/K/R, EStG, § 3 Nr. 62, Rz. 96.

[83] Darin besteht der entscheidende Unterschied zur Befreiungswirkung des § 3 Nr. 62 S. 1 EStG. Nr. 62 S. 1 bezieht sich auf Fälle, in denen der Arbeitgeber seine eigene Beitragspflicht erfüllt, was einkommensteuerlich anders zu beurteilen ist, vgl. unter D. II. 8. dieser Arbeit.

[84] Mit derselben Begründung *v. Beckerath*, in: K/S/M, EStG, § 3, Rz. B 62/12 (Stand: März 2018); im Ergebnis ebenso *Bergkemper*, in: H/H/R, EStG, § 3 Nr. 62, Rz. 3 (Stand: Oktober 2019), m.w.N.

des Zuschusses auf Einnahme- und die der Aufwendungen als Sonderausgaben als sog. durchlaufenden Posten auf dem Weg zu der Ermittlung der einkommensteuerlichen Bemessungsgrundlage. Dies hat für die Erstellung von Einkommensteuererklärungen einen vereinfachenden Effekt. Des Weiteren lässt sich für diese Befreiung ein gewisser Zusammenhang zu dem Leistungsfähigkeitsprinzip herstellen. Das BVerfG hat für existenznotwendige Aufwendungen folgerichtig hergeleitet, dass diese bei der Berechnung der einkommensteuerlichen Bemessungsgrundlage Berücksichtigung finden müssen.[85] Demnach weist die Steuerbefreiung vorgenannter Erstattungen und Zuschüsse einen Bezugspunkt zu dem subjektiven Nettoprinzip auf. Diese systemimmanenten Gedanken lassen sich aber nicht vollumfänglich auf die entsprechenden Befreiungstatbestände übertragen, da sich die Befreiungen teils auch auf Erstattungen und Zuschüsse beziehen, die nicht als existenznotwendig eingestuft werden können. In den Abzugsgrößen des § 10 EStG wird dies durch Höchstbeträge oder andere Begrenzungen der Abzugsfähigkeit gewürdigt. Die Befreiungen lassen diesen Effekt unberücksichtigt, da deren Wirkung nicht an die Abzugsmechanismen des § 10 EStG angepasst ist.[86] Mithin überwiegt in diesen Fällen der Vereinfachungsgedanke.

3. Reduzierung des Ermittlungsaufwands

Andere Normen sollen schlicht den Ermittlungsaufwand eindämmen, der mit der Erfassung eines steuerpflichtigen Bezuges verbunden wäre. Solche Befreiungen sind verfassungsrechtlich nicht zu beanstanden, wenn unverhaltnismäßigem Ermittlungsaufwand vorgebeugt wird. Dies ist in der Regel der Fall, wenn die befreite Bezugsquelle besonders unergiebig ist und dem hohen Ermittlungsaufwand damit ein Ermittlungsergebnis von nur sehr geringen Erwerbseinnahmen gegenüberstünde.[87]

4. Typisierungen

Der Gesetzgeber nutzt seit der Einführung einer Befreiung für den Betrieb bestimmter PV-Anlagen (§ 3 Nr. 72 EStG) auch Typisierungen im Bereich

---

85 BVerfG, Beschluss v. 13.02.2008 – 2 BvL 1/06, BVerfGE 120, 125; BVerfG, Beschluss v. 13.02.2008 – 2 BvR 1220/04, 2 BvR 410/05, BVerfGE 120, 169.

86 *v. Beckerath*, in: K/S/M, EStG, § 3, Rz. B 62/26 (Stand: März 2018).

87 *v. Beckerath*, in: K/S/M, EStG, § 3, Rz. A 725 ff. (Stand: Mai 2024).

der sachlichen Steuerbefreiungen. Dies ist nicht per se zu verurteilen, da sich eine Notwendigkeit für steuervereinfachende Typisierungen ergibt, um den reibungslosen Ablauf des Besteuerungsverfahrens zu gewährleisten.[88] Vor diesem Hintergrund ist ein „Postulat zur Steuervereinfachung“[89] entwickelt worden, welches zur Förderung der Gesamtgerechtigkeit verfassungsrechtlich indiziert ist.[90] Da die Einkommensbesteuerung nahezu jeden betrifft, ist deren Abwicklung eine sog. Massenerscheinung[91], welche nur durch vereinfachende Regelungen gleichheitsgerecht vollzogen werden kann. Der sich so ergebende Spielraum des Gesetzgebers für typisierende Steuervereinfachung ist jedoch nicht grenzenlos zu verstehen. Vielmehr ist für vereinfachende Typisierungen die ebenfalls verfassungsrechtlich fundierte Einzelfallgerechtigkeit ausreichend zu würdigen. Die Besonderheit des Einzelfalls kann nicht in Gänze von einer verallgemeinernden Vereinfachungsnorm erfasst werden.[92] Eine Typisierung muss also dem „Spannungsverhältnis zwischen Einzelfall- und Gesamtgerechtigkeit“[93] gerecht werden. Das BVerfG hat spezielle Anforderungen in Bezug auf einkommensteuerrechtliche Typisierungen entwickelt, denen aktuelle oder künftige Vereinfachungszweckbefreiungen genügen müssen, die auf typisierende Weise wirken. Laut BVerfG sind folgende Prüfungsparameter zu berücksichtigen: Eine typisierende Vereinfachungszweckbefreiung muss realitätsgerecht auf den Regelfall ausgerichtet sein und der Gesetzgeber darf keinen atypischen Fall als Leitbild wählen.[94] Der Gesetzgeber hat auf Beobachtungen aufzubauen, die möglichst breit angelegt sind und hat alle betroffenen Gruppen und Regelungsgegenstände einzuschließen.[95] Die Belastungsentscheidung der leistungsfähigkeitsgerechten Besteuerung darf durch die Vereinfachungszweckbefreiung nicht in ihrem Wesen umgekehrt werden, indem sie zur Ausnahme wird.[96] Zuletzt müssen die steuerlichen Vorteile

---

[88] *Heidner*, DStZ 2021, 454 (460).
[89] Dazu: *Seer*, BB 2021, 1433 (1439).
[90] *Seer*, BB 2021, 1433.
[91] Siehe nur: *G. Kirchhof*, in: H/H/R, EStG, Einführung, Rz. 266 (Stand: April 2020).
[92] *P. Kirchhof*, in: Kirchhof/Seer, EStG, Einleitung, Rz. 39.
[93] Diese Formulierung für die Typisierungsbefugnis des Gesetzgebers verwendend: *Seer*, BB 2021, 1433 (1435).
[94] u.a.: BVerfG, Beschluss v. 29.3.2017 – 2 BvL 6/11, BVerfGE 145, 106, Rz. 106 f.
[95] u.a.: BVerfG, Beschluss v. 12.10.2010 – 1 BvL 12/07, BVerfGE 127, 224 (246).
[96] u.a.: BVerfG, Urteil v. 17.12.2014 – 1 BvL 21/12, BVerfGE 138, 136, Rz. 227.

der Vereinfachung in Abwägung zu der damit verbundenen Ungleichheit der steuerlichen Belastung überwiegen.[97] Diese Vorgaben sind stets anhand der aktuell geltenden Umstände anzuwenden. Veränderte Umstände können nämlich dazu führen, dass ursprünglich gleichheitskonforme Tatbestände zeitlich „aus der Gleichheit herauswachsen"[98]. Diese verfassungsrechtlichen Maßstäbe bedeuten für die Gesetzgebungspraxis, dass Typisierungen auf empirischen Daten beruhen müssen. Nur unter diesen Voraussetzungen kann ein Regelfall realitätsgerecht abgebildet werden. Wegen dieser Umstände können typisierende Befreiungen indes nicht per se als systemkonform oder systemwidrig im Sinne des Leistungsfähigkeitsprinzips eingestuft werden. Ein Wirken im Sinne der Gesamtgerechtigkeit führt zu weniger Ungleichbehandlungen, während dies in das Gegenteil kippt, wenn die Einzelfallgerechtigkeit nicht realitätsgerecht berücksichtigt wird. Typisierungen nehmen also eine Stellung zwischen systemkonform und systemwidrig ein und kippen je nach Herleitung der Typisierung in die eine oder andere Richtung. Entscheidend ist, ob es sich um eine realitätsgerechte Typisierung (systemkonform) oder eine realitätsfremde Typisierung handelt (systemwidrig). Folglich soll für § 3 Nr. 72 EStG u. a. beurteilt werden, ob die Typisierung auf ausreichenden empirischen Daten beruht und damit einen Regelfall realitätsgerecht abbildet, ohne dass dies eine abschließende verfassungsrechtliche Beurteilung darstellt.

V. Befreiungszweck zeitlich überholt

Einige Befreiungstatbestände sind mit der Zeit zwecklos geworden. Dies erklärt sich in der Regel so, dass sich diese Befreiungen auf Leistungen beziehen, die nicht mehr gezahlt werden. Der konstitutive Wirkungsbereich dieser Normen ist ausgelaufen, und zwar unabhängig davon, ob sie ursprünglich gerechtfertigt waren oder nicht. Auch ein etwaig klarstellender Zweck dieser Befreiungen hat keinen Nutzen mehr für die Praxis, da die befreite Leistung nicht mehr gezahlt wird. Diese Befreiungen können folglich bedenkenlos aus dem Gesetz entfernt werden, was zusätzlich zu weniger Befreiungstatbeständen und damit zu mehr Übersichtlichkeit des Befreiungskataloges führt.

---

97 u.a.: BVerfG, Beschluss v. 15.1.2008 – 1 BvL 2/04, BVerfGE 120 (30).

98 *P. Kirchhof*, in: Kirchhof/Seer, EStG, Einleitung, Rz. 39.

VI. Befreiungszweck seit Einführung nicht ersichtlich

Darüber hinaus lassen sich manche Befreiungsnormen von Beginn an überhaupt keinem Befreiungszweck zuordnen. *Bergkemper* kommt zu dem Ergebnis, dass Befreiungszwecke teilweise im Dunkeln liegen und eine entsprechende Zuordnung demnach praktisch kaum durchführbar sei.[99] Diesem Befund soll wie folgt begegnet werden: Wegen des Zusammenhangs zwischen der Normengruppenzugehörigkeit und der verfassungsrechtlichen Prüfmaßstäbe sind zwecklose Befreiungen nicht hinnehmbar. Sollte sich ein Befreiungstatbestand demnach tatsächlich keinem Befreiungszweck zuordnen lassen, sind solche Tatbestände einer weiteren Normengruppe zuzuordnen, nämlich den Befreiungen, deren Befreiungszweck seit Einführung nicht ersichtlich ist. Die Gemeinsamkeit dieser Befreiungen besteht darin, dass sie einen konstitutiven Wirkungsbereich haben, für den kein rechtfertigender Grund ersichtlich ist. In allen anderen Fällen findet oder fand sich stets ein Motiv für die Steuerbefreiung. Bei von Beginn an zwecklosen Befreiungstatbeständen fehlt auch für eine etwaige verfassungsrechtliche Prüfung bereits der Ausgangspunkt. Schließlich fehlt diesen Befreiungen ein sachlicher Grund, der eine Abweichung von dem Leistungsfähigkeitsprinzip rechtfertigen könnte. Solche Befreiungen sind zu streichen.

VII. Umgang mit hybriden Befreiungszwecken

Abgrenzungsprobleme bereitet die genaue Zuordnung zu einer Normengruppe dann, wenn sich in einem Befreiungstatbestand mehrere Wertungen niederschlagen. Mit einer Rechtsnorm können schließlich mehrere Zwecke verfolgt werden.[100] Im Bereich der sachlichen Steuerbefreiungen treten beispielsweise Vereinfachungszwecknormen auf, die neben der vereinfachenden Wirkung auch eine Steuerbegünstigung enthalten. Die Vereinfachungswirkung besteht häufig darin, dass Bezüge von der Steuer freigestellt werden, denen ohnehin abzugsfähige Aufwendungen in identischer Höhe gegenüberstehen

---

99 In Bezug auf Sozialzweckbefreiungen sei z. B. eine Ordnung nach dem Zweck „kaum durchführbar“, *Bergkemper*, in H/H/R, EStG, § 3, Rz. 9 (Stand: Mai 2023).

100 *Tipke*, Steuerrechtsordnung, Bd. III, 1604.

würden.[101] Ermöglicht ein Tatbestand jedoch die volle Freistellung des Bezuges auch dann, wenn die gegenüberstehenden Aufwendungen geringer sind, besteht in dieser überschießenden Wirkung eine sog. „echte Befreiung“[102], die den Betroffenen gegenüber anderen begünstigt. Andere müssten den Bezug voll als steuerpflichtige Erwerbseinnahme erklären und könnten nur die tatsächlichen Erwerbsaufwendungen absetzen. Soweit die Einnahme die tatsächlichen Aufwendungen übersteigt, erhöht sich dann die einkommensteuerliche Bemessungsgrundlage. Zusätzlich ist zu berücksichtigen, dass für bestimmte Arbeitnehmer im Falle der Freistellung von Werbungskostenersatz selbst dann ein Begünstigungseffekt und damit eine „echte Steuerbefreiung“ besteht, wenn die Freistellung auf die tatsächliche Höhe der Werbungskosten begrenzt ist. Der Begünstigungseffekt besteht dann in der zusätzlichen Freistellung des Werbungskostenpauschbetrages. Diese Möglichkeit entfällt für nicht begünstigte Arbeitnehmer, wenn deren tatsächlichen Werbungskosten ebendiesen übersteigen.[103] Aus dieser „echten Befreiung“ bzw. Begünstigung ergeben sich demnach Ungleichbehandlungen. Diese Ungleichbehandlungen könnten sowohl aus Vereinfachungsgründen als auch aus Gründen des Gemeinwohls gerechtfertigt sein. So prüfte auch das BVerfG für § 3 Nr. 12 S. 1 EStG, ob eine überschießende Begünstigungswirkung erstens durch vereinfachende Zwecke oder zweitens durch Gemeinwohlgründe gerechtfertigt sein könnte.[104] Das BVerfG prüft also für die überschießende Begünstigungswirkung einer Befreiungsnorm erstens, ob diese als Vereinfachungszweck- und zweitens, ob diese als Sozialzweckbefreiung gerechtfertigt ist. Es stellt sich die Frage, welcher Normengruppe ein solcher Befreiungstatbestand zuzuordnen ist. Das Vorgehen des BVerfG für solche Normen zeigt: Die verfassungsrechtliche Rechtfertigung muss sowohl anhand der Kriterien für eine Vereinfachungszweck- als auch der für eine Sozialzweckbefreiung geprüft werden. Diese Arbeit verfolgt nicht das Ziel, verfassungsrechtliche Prüfungen vollständig mitabzubilden, sondern es soll eine möglichst systematische Ordnung der Befreiungstatbestände geschaffen

---

[101] „Auslagenersatz und Aufwandsentschädigungen“, *Hey*, in: Tipke/Lang, Steuerrecht, Rz. 8.139.

[102] *v. Beckerath*, in: K/S/M, EStG, § 3, Rz. A 692 (Stand: Mai 2023).

[103] Diesen Effekt für § 3 Nr. 12 EStG beschreibend, *v. Beckerath*, in: K/S/M, EStG, § 3, Rz. B 12/22 (Stand: August 2019).

[104] BVerfG, Beschluss v. 11.11.1998 – 2 BvL 10/95, BStBl II 1999, 502 (507).

werden. Wenn Befreiungen durch mehrere Wertungen gekennzeichnet sind, sind diese also zunächst zu benennen. Allerdings führt dies nicht dazu, dass jede Norm, in der sich unterschiedliche Wertungen erkennen lassen, einer weiteren (hybriden) Normengruppe zugeordnet wird. In der Regel nimmt ein bestimmter Zweck die prägende Rolle ein. Auch unter gleichheitsrechtlichen Gesichtspunkten hebt sich in der Regel ein bestimmter sachlicher Grund von anderen ab, der eine Ungleichbehandlung an vorderster Stelle rechtfertigen könnte. Dieser prägende Grund einer Befreiung bestimmt dann die Zuordnung zu einer Normengruppe.

Im Zusammenhang mit hybriden Befreiungszwecken soll auf eine weitere Besonderheit des Befreiungskatalogs hingewiesen werden: Einzelne Nummern des § 3 EStG gliedern sich in unterschiedliche Varianten oder Alternativen auf. Diese verweisen teils auf unterschiedliche Leistungsgesetze. Dies gilt in extremer Ausprägung für § 3 Nr. 1 bis 3 EStG. In Gänze betrachtet, kann für diese Tatbestände keine Zuordnung erfolgen. Folglich werden die einzelnen Varianten für sich betrachtet und getrennt zugeordnet. So haben sich aus den Nummern 1–3 des Befreiungskataloges insgesamt 24 einzelne Varianten – und damit separat zu beurteilende Befreiungstatbestände – ergeben. Auch einige andere Nummern enthalten mehrere Sätze, denen für sich betrachtet eine unterschiedliche steuersystematische Bedeutung zukommt. Auch in diesen Fällen werden die Sätze separat gewürdigt.

VIII. Relevanz der betroffenen Einkunftsart

Das Beispiel der speziellen Begünstigungswirkung durch den Werbungskostenpauschbetrag für Arbeitnehmer[105] im Zuge der vorigen Ausführungen zeigt, dass es nur wegen besonderer Umstände innerhalb einzelner Einkunftsarten zu Ungleichbehandlungen kommen kann. Wenn die konstitutive Wirkung einer Befreiungsnorm untersucht wird, liegt es in der Natur der Sache, auch die Frage zu beantworten, ob sich ein Befreiungstatbestand nur innerhalb einer bestimmten Einkunftsart oder für mehrere Einkunftsarten auswirkt. So zeigt sich, dass auch unabhängig von gleichheitsrechtlichen Aspekten, manche Befreiungstatbestände ihre Wirkung nur für einzelne Einkunftsarten entfalten. Die betroffenen Einkunftsarten

[105] Nach § 9a S. 1 Nr. 1 lit. a) EStG.

werden je Befreiungstatbestand genannt, führen aber aus Gründen der Übersichtlichkeit nicht zu einer eigenen Gliederungsebene in der systematischen Ordnung.[106]

IX. Ermittlung des Befreiungszwecks

Die Definitionen der einzelnen Normengruppen und deren Überschneidungen veranschaulichen außerdem, dass sich die entsprechende Gruppenzugehörigkeit einer Norm danach richtet, welchen Zweck der Befreiungstatbestand verfolgt. Für die Zuordnung ist also zu ergründen, welche Wirkung mit der Steuerbefreiung erzielt werden soll, und es ist die Frage zu beantworten: Warum wird eine Befreiung überhaupt gewährt? Die Antwort auf diese Frage hat sich nach einem einheitlichen Ansatz zu orientieren. Es besteht die Möglichkeit, den Gesetzeszweck anhand des Willens des historischen Gesetzgebers herzuleiten. Diesbezügliche Erkenntnisquellen sind die Entwürfe, Beratungsprotokolle sowie Begründungen zu einem Gesetz, in denen der Gesetzgeber widerstandslos seine Vorstellungen zum Gesetzeszweck preisgibt.[107] Die überschießende Wirkung von beispielsweise Vereinfachungszweckbefreiungen zeigt aber auf, dass sich der historische Wille des Gesetzgebers als unzutreffend herausstellen kann: Nur weil der historische Gesetzgeber einer Norm eine rein vereinfachende Wirkung zuspricht, sind begünstigende Wirkungen nicht ausgeschlossen, die sich nur durch eine weitere Wertung rechtfertigen ließen. Statt den historischen Willen des Gesetzgebers ist der objektivierte Wille des Gesetzgebers zu ergründen.[108] Auch *Larenz* zieht aus „vom Gesetzgeber nicht vorausgesehenen Umständen"[109] den Schluss, dass die Zwecksetzungen des historischen Gesetzgebers durch Anpassungen und Ergänzungen weiter zu durchdenken sind.[110] Objektive Kriterien dieser ergänzenden Methode sind insbesondere rechtsethische Prinzipien,

[106] In einem anderen Zusammenhang wurde bereits dazu aufgefordert, die sachlichen Steuerbefreiungen nach den betroffenen Einkunftsarten zu sortieren, *Tipke*, StuW 1980, 1 (2).

[107] *Larenz*, Methodenlehre der Rechtswissenschaft, 329 f., zur Anwendung im Steuerrecht: *Englisch*, in: Tipke/Lang, Steuerrecht, Rz. 5.50.

[108] Für das Steuerrecht in Gänze so auch: *Englisch*, in: Tipke/Lang, Steuerrecht, Rz. 5.52.

[109] *Larenz*, Methodenlehre der Rechtswissenschaft, 328.

[110] *Larenz*, Methodenlehre der Rechtswissenschaft, 328 u. 332.

wozu der Gleichbehandlungsgrundsatz zählt.[111] Zusätzlich sind kollidierende rechtsethische Prinzipien abwägend in einen Einklang zu bringen.[112] Diesen Grundsätzen entspricht es, die Zweckermittlung auch – aber nicht nur – anhand des Leistungsfähigkeitsprinzips vorzunehmen.[113] Diese gleichheitsrechtliche Komponente der Zweckermittlung ergänzt sowohl *Larenz* generell[114] als auch *Tipke* speziell für die Steuerrechtsordnung[115] um die Erkenntnis, dass auch die subjektive Normvorstellung des historischen Gesetzgebers zeitgemäß zu berücksichtigen ist.

Für die Zweckermittlung ist also nicht nur entscheidend, ob ein Befreiungstatbestand von dem Leistungsfähigkeitsprinzip abweicht. Die Zweckermittlung ist stattdessen erst abgeschlossen, wenn klar ist, aus welchen Gründen die Abweichung erfolgt. Darauf aufbauend könnte dann untersucht werden, ob diese Gründe auch etwaige Ungleichbehandlungen rechtfertigen können. Diese beiden Schritte sollten aber nicht künstlich miteinander verflochten werden. Die Ermittlung des Normzwecks ist noch keine verfassungsrechtliche Gleichheitsprüfung.[116] Vielmehr bereitet die Zweckermittlung erst auf entsprechende Verfassungsfragen vor; sie kann aber auch für sich stehen. So wird in der Folge der Fokus auf die vollumfängliche Zuordnung zu Normengruppen inklusive der Zweckermittlung gelegt.

X. Zwischenergebnis

Die systematische Ordnung ergibt sich durch die Zuordnung der Befreiungstatbestände zu den vorgestellten Normengruppen. Greift man die Oberbegriffe der systemkonformen und systemwidrigen Befreiungen aus der Einführung erneut auf, konkretisieren die systemimmanenten sowie die klarstellenden Befreiungen die systemkonformen Normen und die übrigen Befreiungen sind in der Regel Untergruppen der systemwidrigen Normen. Die genaue Untersuchung einzelner Vereinfachungszweckbefreiungen soll

---

[111] *Larenz*, Methodenlehre der Rechtswissenschaft, 333 f.
[112] *Larenz*, Methodenlehre der Rechtswissenschaft, 336.
[113] *Tipke*, Steuerrechtsordnung, Bd. III, 1620.
[114] *Larenz*, Methodenlehre der Rechtswissenschaft, 318.
[115] *Tipke*, Steuerrechtsordnung, Bd. III, 1604.
[116] *Tipke*, Steuerrechtsordnung, Bd. III, 1619 f.

aber zeigen, dass diese bei korrekter Ausgestaltung ebenfalls im Sinne der Steuergerechtigkeit und damit systemimmanent wirken können.

Für die Zuordnung ist der objektivierte Wille des Gesetzgebers zu ermitteln, wobei auch die subjektive Normvorstellung des historischen Gesetzgebers zeitgemäß zu berücksichtigen ist. Zuerst ist zu überprüfen, ob ein befreiter Bezug überhaupt dem einkommensteuerlichen Grundtatbestand unterfällt. § 24 EStG stellt keine eigene Einkunftsart dar[117] und wirkt an dieser Stelle demnach nur in Verbindung mit einer anderen Einkunftsart. Wenn der befreite Bezug keiner Einkunftsart unterfällt, liegt eine rein klarstellende Befreiung vor. Für konstitutive Befreiungen ist hingegen die Zuordnung zu den übrigen Normengruppen vorzunehmen. Da die sieben Einkunftsarten nicht systemkonform eng ausgelegt werden, ist zunächst festzustellen, ob der Bezug die Leistungsfähigkeit erhöht oder Ausfluss einer Erwerbstätigkeit am Markt ist. Ist dies nicht so, liegt eine systemimmanente Befreiung vor. Erhöht der Bezug hingegen die Leistungsfähigkeit und entspringt einer Erwerbstätigkeit am Markt, kommen Vereinfachungs- oder Sozialzwecke als Grund für die Befreiung in Betracht. Soweit in einem Befreiungszweck – ggf. abweichend vom historischen Willen des Gesetzgebers – mehrere Wertungen enthalten sind, ist der prägende Grund für den Befreiungstatbestand zu ermitteln. Wenn ein Befreiungszweck ausgelaufen ist, liegt eine Befreiung vor, die im Laufe der Zeit zwecklos geworden ist. Lässt sich hingegen überhaupt kein Zweck ermitteln, ergeben sich Befreiungen, die seit Einführung zwecklos sind. Diese grundlegenden Einordnungen führen zu einer einheitlichen Zuordnungsmethodik, die in der Folge auf jeden Befreiungstatbestand des § 3 EStG angewendet wird. Vorgeschaltet werden jeweils die Befreiungsvoraussetzungen kurz erläutert. Auf diese Weise soll veranschaulicht werden, welche tatsächlichen Lebenssachverhalte durch eine einzelne Befreiung von der Einkommensteuer freigestellt werden.

---

117 *Mellinghoff*, in: Kirchhof/Seer, EStG, § 24, Rz. 1 (Stand: März 2023); *Horn*, in: H/H/R, EStG, § 24, Rz. 3 (Stand: April 2019); *Füssenich*, in: K/S/M, EStG, § 24, Rz. 1, m.w.N. (Stand: März 2022).

Systemimmanente Befreiungen

I. Fiskalzweckbefreiungen

1. Vermeidung einer Doppelbesteuerung

a) Bezüge von Diplomaten und Konsulatsangehörigen (§ 3 Nr. 29)

§ 3 Nr. 29 EStG[1] befreit das Gehalt und die Bezüge von ausländischen Diplomaten und Konsulatsangehörigen. Unter welchen Voraussetzungen eine Person als Diplomat bzw. Konsulatsangehöriger im Sinne der Befreiung gilt, ergibt sich aus dem Wiener Übereinkommen über diplomatische Beziehungen (WÜD) bzw. dem Wiener Übereinkommen über konsularische Beziehungen (WÜK). Der Tatbestand schließt die Befreiung für im Inland ständig ansässige Personen aus.[2] Für Konsulatsangehörige gilt nach § 3 Nr. 29 lit. b) EStG die weitere Einschränkung, dass diese außerhalb ihres Dienstes keine gewinnbringende Tätigkeit ausüben dürfen.

Der Tatbestand geht von Diplomaten oder Konsulatsangehörigen aus, die in den Diensten eines anderen Staates nach Deutschland entsendet wurden. Mithin wären die Begünstigten nach deutschem Steuerrecht als Arbeitnehmer – vergleichbar mit einem Beamten – zu beurteilen. Dies ergibt sich insbesondere aus Art. 1 WÜD sowie Art. 1 WÜK, die die Eigenschaft als Diplomat bzw. Konsulatsangehöriger sinngemäß von einer Weisungsgebundenheit des Entsendeten von dem entsendenden Staat abhängig machen. Diese Personen würden demnach ohne die Befreiung Einkünfte aus nichtselbstständiger Arbeit gem. § 19 I Nr. 1 EStG bzw. § 49 I Nr. 4 EStG i. V. m. § 19 I Nr. 1 EStG erzielen, je nachdem ob sie der unbeschränkten oder beschränkten Steuerpflicht

---

1 In der Fassung des EStG v. 08.10.2009, BGBl. I, 3366 (3374 ff.).

2 *v. Beckerath*, in: K/S/M, EStG, § 3, Rz. B 29/44 u. 56 f. (Stand: September 2002).

unterliegen.[3] Die Steuerbefreiung wirkt damit nur im Bereich der Einkünfte aus nichtselbständiger Arbeit. Eine Befreiung von der Einkommensteuer ergibt sich grundsätzlich zwar bereits aus dem WÜD bzw. WÜK selbst, aber die Voraussetzungen überschneiden sich nicht vollumfänglich mit denen des § 3 Nr. 29 EStG.[4] Einige Staaten sind bisher nicht den WÜD und WÜK beigetreten, sodass § 3 Nr. 29 EStG nicht nur eine klarstellende Bedeutung zukommt.[5]

Mit der Steuerbefreiung bedient der Gesetzgeber aus seiner Sicht das „international übliche"[6] Maß an der Freistellung von entsprechenden Bezügen. Jedenfalls ist die Befreiung dem Grunde nach auf das internationale Entgegenkommen zurückzuführen.[7] Dies besteht darin, dass für Diplomaten stets dem entsendenden Staat das Besteuerungsrecht zugesprochen werden soll.[8] § 3 Nr. 29 EStG vermeidet demnach eine Doppelbesteuerung und ist mit Regelungen eines DBA vergleichbar. Dies beruht auf dem Prinzip der Besteuerung nach der wirtschaftlichen Leistungsfähigkeit, dem eine Doppelbesteuerung zuwiderliefe. Folgerichtig handelt es sich bei § 3 Nr. 29 EStG um eine systemimmanente Fiskalzweckbefreiung.[9] Der Gesetzgeber könnte und sollte die Befreiung aber an die Voraussetzungen des WÜD und WÜK angleichen[10] bzw. sich auf die WÜD und WÜK als einzige konstitutive Befreiung verlassen. Da WÜD und WÜK sich inzwischen zu allgemeinen Regeln des Völkerrechts entwickelt haben, würden diese auch gegenüber nicht beigetretenen Staaten gelten.[11]

b) Beiträge des Arbeitgebers zur umlagefinanzierten Altersvorsorge (§ 3 Nr. 56)

§ 3 Nr. 56 EStG[12] befreit Beiträge des Arbeitgebers zu der umlagefinanzierten Altersvorsorge des Arbeitnehmers. Im Umlageverfahren werden die

---

3 *Bergkemper*, in: H/H/R, EStG, § 3 Nr. 29, Rz. 1 (Stand: Oktober 2019).
4 *Ross*, in: Frotscher/Geurts, EStG, § 3 Nr. 29, Rz. 3 (Stand: Januar 2020).
5 *Ross*, in: Frotscher/Geurts, EStG, § 3 Nr. 29, Rz. 3 (Stand: Januar 2020).
6 BR Drs. 612/93, 58.
7 *v. Beckerath*, in: Kirchhof/Seer, EStG, § 3, Rz. 58.
8 Vgl. dazu *Schaumburg* in: Schaumburg, Internationales Steuerrecht, Rz. 6.33a ff.
9 *Hey*, in: Tipke/Lang, Steuerrecht, Rz. 8.138.
10 *v. Beckerath*, in: K/S/M, EStG, § 3, Rz. B 29/26 f. u. 30 (Stand: September 2002).
11 *v. Beckerath*, in: K/S/M, EStG, § 3, Rz. B 29/25 u. 31, m.w.N. (Stand: September 2002).
12 Zuletzt geändert durch G. v. 11.12.2018, BGBl. I, 2338 (2339).

Versorgungsleistungen aus den Beiträgen refinanziert, die im selben Zeitabschnitt von anderen Versicherten geleistet werden.[13] Zu Beginn des Jahres 2002 ist im öffentlichen Dienst das System der zusätzlichen Altersversorgung von der umlagefinanzierten auf eine kapitalgedeckte betriebliche Altersversorgung umgestellt worden.[14] Beiträge des Arbeitgebers für Arbeitnehmer zu einer kapitalgedeckten betrieblichen Altersversorgung stellt Nummer 63 des Befreiungskataloges frei. Eine vollständige Systemumstellung auf eine kapitalgedeckte betriebliche Altersversorgung hat aber noch nicht stattgefunden.[15] Daraus lässt sich ableiten, dass die verbliebenen umlagefinanzierten Altersvorsorgemodelle dem Bereich der zusätzlichen Altersvorsorge des öffentlichen Dienstes zuzuordnen sind.[16] Die Befreiung bezieht sich damit im Wesentlichen auf Beiträge, die der Dienstherr als Arbeitgeber an die umlagefinanzierten Pensionskassen leistet. Der Arbeitnehmer erhält dadurch eine Anwartschaft auf künftige Rentenleistungen.

Fraglich ist, ob das Entstehen dieser Anwartschaft zu Einkünften aus nichtselbständiger Arbeit gem. § 19 I Nr. 1 EStG führt. Dafür müsste dem Arbeitnehmer ein geldwerter Vorteil im Sinne des § 11 I EStG zugeflossen sein. Dies ist der Fall, wenn der Empfänger die wirtschaftliche Verfügungsmacht über die in Geld oder Geldeswert bestehenden Güter erlangt hat.[17] Der Übergang der wirtschaftlichen Verfügungsmacht richtet sich nach den Umständen des Einzelfalls.[18] Das Innehaben von Ansprüchen oder Rechten führt den Zufluss regelmäßig noch nicht herbei, denn dieser ist grundsätzlich erst mit der Erfüllung des Anspruchs gegeben.[19] Nach diesen Grundsätzen kommt es zum Zeitpunkt der Beitragszahlung des Arbeitgebers noch zu keiner bezifferbaren Bereicherung des Arbeitnehmers im Sinne des Zuflussprinzips.[20] Die Erfüllung des zugesagten Anspruchs in Form der Versorgungsleistungen

13 *De Groot*, in: Handbuch der betrieblichen Altersversorgung Teil I, Rz. 110.7 (Stand: August 2018).

14 *Sieben*, in: Figge, Sozialversicherungs-Handbuch, Rz. 6.11.2.1 (Stand: August 2023).

15 *Sieben*, in: Figge, Sozialversicherungs-Handbuch, Rz. 6.11.2.1 (Stand: August 2023).

16 *Grün/Myßen*, in: Handbuch der betrieblichen Altersversorgung Teil I, Rz. 150.121 (Stand: Juni 2014).

17 BFH, Urteil v. 02.12.2014 – VIII R 40/11, BStBl. II 2016, *675* (678).

18 BFH, Urteil v. 02.12.2014 – VIII R 40/11, BStBl. II 2016, *675* (678).

19 BFH, Urteil v. 02.12.2014 – VIII R 40/11, BStBl. II 2016, *675* (678).

20 Entsprechende Beiträge als Arbeitslohn zu qualifizieren, bezweifeln ebenfalls: *Bergkemper*, HFR 2005, 1166 (1168 f.); *Birk/Hohaus*, FR 2003, 441 (443); *Seeger*, DB 2005, 1588

steht schließlich noch aus, was mit einem fälligen, aber rückständigen Gehalt vergleichbar ist.[21] Passend dazu führt das BVerfG im sog. Rentenurteil[22] aus: „innerhalb des Systems des Umlageverfahrens (erwirbt der Rentner; Anm. d. Autors) keinen Anspruch auf eine bestimmte Rentenhöhe oder auf ein bestimmtes Rentenniveau, sondern grundsätzlich nur einen Anspruch auf eine relative Beteiligung an der wirtschaftlichen Leistungsfähigkeit der jeweiligen Erwerbsgeneration"[23]. Diese „relative Beteiligung" wäre wohl als eine Forderung in der Bilanz eines Gewerbetreibenden zu erfassen, ist aber nicht als bezifferbarer Teil des Arbeitslohns eines Arbeitnehmers zugeflossen.

Ein Zufluss lässt sich auch nicht über eine Betrachtung des Vorgangs im Wege des abgekürzten Zahlungswegs annehmen. Bei einem abgekürzten Zahlungsweg leistet ein Dritter an den Gläubiger, um die Schuld des eigentlichen Schuldners zu begleichen. Steuerlich lösen solche Vorgänge beim eigentlichen Schuldner gleichzeitig eine zu erfassende Zuwendung (hier: ggf. Arbeitslohn) und einen zu erfassenden Aufwand (hier: ggf. Sonderausgabe) aus.[24] Im System der umlagefinanzierten Altersvorsorge schuldet der Arbeitnehmer die Beiträge und Umlagen an die Pensionskassen aber selbst.[25] Mithin übernimmt der Arbeitgeber keine Schuld des Arbeitnehmers im Sinne des abgekürzten Zahlungswegs.

Darüber hinaus scheidet die Annahme eines Zuflusses beim Arbeitnehmer auch im Wege des abgekürzten Vertragswegs aus. Dabei kommt es zu einer Zurechnung beim Steuerpflichtigen, wenn ein Dritter einen eigenen Vertrag zugunsten des Steuerpflichtigen abschließt.[26] In diesen Fällen begründet der Dritte eine eigene Verpflichtung und erfüllt diese auch, sodass dem Steuerpflichtigen daraus Nutzungsmöglichkeiten erwachsen.[27] Im Fall der umlagefinanzierten Altersvorsorge kann allenfalls das erworbene Anwartschaftsrecht

---

(1589 f.); dies im abgekürzten Zahlungswege aber bejahend: BFH, Urteil v. 14.09.2005 – VI R 32/04, BStBl. II 2006, 500 (502 f.).

21 *Bergkemper*, FR 2011, 1043 (1047 f.).

22 BVerfG, Urteil v. 06.03.2002 – 2 BvL 17/99, BVerfGE 105, 73.

23 BVerfG, Urteil v. 06.03.2002 – 2 BvL 17/99, BVerfGE 105, 73 (125).

24 Zum abgekürzten Zahlungsweg im Einkommensteuerrecht eingehend *Musil*, in: H/H/R, EStG, § 2, Rz. 139–143 (Stand: Januar 2019); *Hey*, in: Tipke/Lang, Steuerrecht, Rz. 8.225.

25 *Betz-Rehm/Pfeiffer*, in: Groeger, Arbeitsrecht im Öffentlichen Dienst, Rz. 28.154.

26 *Musil*, in: H/H/R, EStG, § 2, Rz. 141 (Stand: Januar 2019).

27 *Kreft/Bergkemper*, in: H/H/R, EStG, § 9, Rz. 43 (Stand: Oktober 2020).

auf die spätere Rentenleistung mit solch einer Nutzungsmöglichkeit verglichen werden. Das Anwartschaftsrecht kann der Arbeitnehmer aber gerade nicht – als bezifferbaren Teil des Arbeitslohns – wirtschaftlich nutzen.

Nach § 19 I Nr. 3 EStG zählen die Beiträge dennoch eindeutig zum Arbeitslohn. § 19 I Nr. 3 EStG durchbricht dabei das Zuflussprinzip, welches für die Überschusseinkünfte gilt. Solch eine Durchbrechung des Zuflussprinzips im Rahmen der Überschusseinkünfte ist hinzunehmen, wenn dafür eine eindeutige Rechtsgrundlage existiert, die hier mit § 19 I Nr. 3 EStG gegeben ist.[28] § 19 I Nr. 3 EStG beendet damit auch die Diskussion, ob das Entstehen der Anwartschaft zu einem Zufluss von Arbeitslohn führt oder nicht. Die Befreiung wirkt damit konstitutiv und beschränkt sich auf die Einkünfte aus nichtselbständiger Arbeit, da § 19 I Nr. 3 EStG entsprechende Leistungen des Arbeitgebers ausdrücklich diesem Grundtatbestand zuordnet.

Nach alldem wirkt § 3 Nr. 56 EStG zunächst im Sinne des Zuflussprinzips, da der vorige – von § 19 I Nr. 3 EStG ausgelöste – Prinzipienbruch korrigiert wird. Diese Wirkung lässt sich aber nicht direkt auf das subjektive Nettoprinzip und den Schutz existenzsichernder Aufwendungen vor der Besteuerung zurückführen. Umlagefinanzierte Rentensysteme sichern ein Vorsorgeniveau, was über der gesetzlichen Rentenversicherung liegt.[29] Demnach sind die Beiträge nicht *existenzsichernd* und damit nicht zwangsläufig zum vollen Abzug als Sonderausgaben zuzulassen.[30]

§ 3 Nr. 56 EStG verhindert aber eine Doppelbesteuerung: Gem. § 22 Nr. 5 EStG erfolgt die volle nachgelagerte Besteuerung der späteren Leistung aus dem umlagefinanzierten Vorsorgesystem. Mithin ist die vorgeschaltete Befreiung – während des Heranwachsens der Anwartschaft – im System der nachgelagerten Besteuerung aus Fiskalzwecken geboten.[31] Würde man § 19 I Nr. 3 EStG – im Sinne einer folgerichtigen Umsetzung des Zuflussprinzips – streichen, käme § 3 Nr. 56 EStG lediglich eine klarstellende Funktion zu.

---

28 Schließlich dürfte eine am Zuflussprinzip orientierte Auslegung gegen den klaren Wortlaut des § 19 I Nr. 3 EStG ausgeschlossen sein.

29 BFH, Urteil v. 15.05.2013 – X R 18/10, BStBl. II 2014, 25 (27).

30 BFH, Urteil v. 15.05.2013 – X R 18/10, BStBl. II 2014, 25 (27).

31 Ebenso *v. Beckerath*, in: K/S/M, EStG, § 3, Rz. B 56/35 (Stand: August 2019); *Hey*, in: Tipke/Lang, Steuerrecht, Rz. 8.142; siehe auch BT Drs. 16/2712, 40 f.

c) Beiträge des Arbeitgebers zu einer kapitalgedeckten Altersversorgung (§ 3 Nr. 63)

Wie erwähnt befreit § 3 Nr. 63 EStG[32] Beiträge des Arbeitgebers zum Aufbau einer kapitalgedeckten betrieblichen Altersversorgung des Arbeitnehmers von der Einkommensteuer. Nach Satz 1 der Norm greift die Befreiung nur, wenn die betriebliche Altersvorsorge im Durchführungswege eines Pensionsfonds, einer Pensionskasse oder einer Direktversicherung erfolgt. Die Befreiung hat damit den Fall vor Augen, dass der Arbeitgeber Beiträge an „externe Versorgungsträger"[33] leistet, die das so erhaltene Geld beispielsweise auf dem Kapitalmarkt anlegen. Die Versorgungsträger sorgen dann im Idealfall für eine Vermögensmehrung, die – nach Abzug von Verwaltungskosten – die Finanzierung der Altersversorgung der versicherten Arbeitnehmer im Versorgungsfall sicherstellt.[34] Die Befreiung ist der Höhe nach auf 8 Prozent der Beitragsbemessungsgrenze zur gesetzlichen Rentenversicherung begrenzt. Außerdem treffen die Sätze 2 bis 4 ergänzende Regelungen, um eine Doppelbegünstigung zu vermeiden und für den Fall, dass entsprechende Beiträge nach der Beendigung oder dem Ruhen eines Arbeitsverhältnisses gezahlt werden.[35]

Beiträge des Arbeitgebers zur betrieblichen Altersvorsorge des Arbeitnehmers werden gem. § 19 I Nr. 3 EStG ausdrücklich den Einkünften aus nichtselbständiger Arbeit zugeordnet.[36] Inwieweit der dadurch erworbene Rechtsanspruch auf die spätere Versorgung bereits zum Zeitpunkt der Beitragszahlung zu einem Zufluss im Sinne des § 11 I EStG beim Arbeitnehmer führt, kann an dieser Stelle dahinstehen. Der Wortlaut des § 19 I Nr. 3 EStG trifft die Zuordnung zu dem Grundtatbestand klar und eindeutig. § 3 Nr. 63 EStG wirkt damit – unabhängig von der Annahme eines Zuflusses – konstitutiv. Der Wirkungsbereich beschränkt sich damit auf den Bereich der Einkünfte aus nichtselbständiger Arbeit.

---

32 Zuletzt geändert durch G. v. 11.12.2018, BGBl. I, 2338 (2339).

33 *Siebenlist*, in: H/H/R, EStG, § 3 Nr. 63, Rz. 3 (Stand: Januar 2023).

34 *Stöckler*, in: Stöckler/Karst, Steuerrecht der betrieblichen Altersversorgung, Rz. 5a.205 (Stand: Oktober 2020).

35 *Valta*, in: Brandis/Heuermann, EStG, § 3 Nr. 63, Rz. 13–16 (Stand: November 2020).

36 *v. Beckerath*, in: K/S/M, EStG, § 3, Rz. B 63/20 (Stand: August 2019); *Niklaus*, in: K/K/R, EStG, § 3 Nr. 63, Rz. 4.

Wie Nummer 56 bewirkt Nummer 63 die Verhinderung einer Doppelbesteuerung im System der nachgelagerten Besteuerung. Sobald in der betrieblichen Altersversorgung der Versorgungsfall eintritt, erfolgt die Besteuerung der Versorgungsleistungen nach § 22 Nr. 5 EStG. In der Ansparphase sind demnach Beiträge des Arbeitgebers von der Besteuerung auszunehmen, um dem Gebot der Einmalbesteuerung Rechnung zu tragen.[37] Bei § 3 Nr. 63 EStG handelt es sich somit um eine systemimmanente Fiskalzweckbefreiung.[38]

d) Teileinkünfteverfahren (§ 3 Nr. 40)

§ 3 Nr. 40 EStG[39] sieht eine 40-prozentige Steuerbefreiung für Einnahmen bei Anteilseignern vor, wenn auf der Ebene der Gesellschaft eine Belastung mit Körperschaft- und Gewerbesteuer stattgefunden hat (sog. Teileinkünfteverfahren[40]). So soll eine Belastungsgleichheit von Beteiligungseinkünften mit übrigen Einkünften erreicht werden.[41] In einem Belastungsvergleich hat der Gesetzgeber für Beteiligungseinkünfte die Besteuerung auf Unternehmens- sowie Anteilseignerebene betrachtet, während für die übrigen Einkünfte der Spitzensteuersatz herangezogen wurde.[42] Bei Einführung des § 3 Nr. 40 EStG ist die dafür eingesetzte Reformkommission nach solch einem Belastungsvergleich noch zu dem Ergebnis gekommen, dass Beteiligungseinkünfte beim Anteilseigner zu 50 Prozent von der Steuer freigestellt werden müsse (sog. Halbeinkünfteverfahren).[43] Nachdem der Körperschaftssteuersatzes auf Unternehmensebene auf 15 Prozent reduziert wurde, haben angepasste Belastungsvergleiche zu einer Anpassung der Befreiung auf 40 Prozent geführt.[44]

Die Belastungsgleichheit wird nicht flächendeckend für alle Beteiligungseinkünfte durch das Teileinkünfteverfahren hergestellt. Soweit die Beteiligung im Privatvermögen gehalten wird, erfolgt in der Regel keine anteilige

---

37 *v. Beckerath*, in: K/S/M, EStG, § 3, Rz. B 63/44 (Stand: August 2019).

38 Ebenso *Hey*, in: Tipke/Lang, Steuerrecht, Rz. 8.142.

39 Zuletzt angepasst durch G. v. 12.05.2021, BGBl. I, 990 (1052).

40 Vom Gesetzgeber erläutert: BT Drs. 16/4841, 46.

41 *Hey*, in: Tipke/Lang, Steuerrecht, Rz. 11.5.

42 BT Drs. 16/4841, 46.

43 Kommission zur Reform der Unternehmensbesteuerung eingesetzt vom Bundesminister der Finanzen, FR 1999, 580, die u. a. das sog. Halbeinkünfteverfahren vorsah.

44 BT Drs. 16/4841, 46; siehe zusätzlich am Beispiel der GmbH eingehend zu den einzelnen Reformen der Unternehmensbesteuerung, *Seer*, GmbHR 2009, 1036.

Freistellung von ausgeschütteten Bezügen, sondern es greift ein pauschaler Steuersatz von 25 Prozent gem. § 32d I EStG (sog. Abgeltungssteuer).[45] Bei privat gehaltenen Beteiligungen bleibt es grundsätzlich bei Einkünften aus Kapitalvermögen gem. § 20 EStG.[46] Folgerichtig greift das Teileinkünfteverfahren spiegelbildlich für Beteiligungseinkünfte, die anderen Einkunftsarten zuzurechnen sind. Der Tatbestand erreicht dies, indem die einzelnen Buchstaben der Nummer 40 auf andere Einkunftsarten verweisen und durch einen Verweis auf § 20 XIII EStG, sodass die Nummer 40 nur im Falle der Subsidiarität von Kapitaleinkünften greift. Beteiligungseinkünfte können damit insbesondere zu allen Gewinneinkünften zählen.[47] § 3 Nr. 40 EStG wirkt damit einkünfteübergreifend.

Das Ziel der 40-prozentigen Freistellung besteht in der Belastungsgleichheit. Seit Einführung der Befreiung soll die steuerliche Vorbelastung auf der Ebene der Gesellschaft durch die pauschale anteilige Freistellung der Dividende berücksichtigt und im Ergebnis eine Doppelbelastung der ausgeschütteten Gewinne vermieden werden.[48] Dies entspricht dem Prinzip der Besteuerung nach der wirtschaftlichen Leistungsfähigkeit, dem eine Doppelbelastung zuwiderliefe. Damit handelt es sich bei § 3 Nr. 40 EStG um eine Fiskalzweckbefreiung.

Obwohl die Norm damit eine systemimmanente Grundidee verfolgt, wird die konkrete Ausgestaltung kritisch bewertet. *Hey* sieht Schwächen im Belastungsvergleich zwischen der Besteuerung von Beteiligungseinkünften und den übrigen Einkunftsarten. Die pauschale Freistellung in Höhe von 40 Prozent führe automatisch zu Abweichungen im Vergleich zum vollen individuellen Steuersatz, was eine Durchbrechung der gleichmäßigen Besteuerung aller Einkunftsarten darstellt.[49] *Intemann* teilt diese Bedenken, hält diese Durchbrechung des Gleichheitssatzes als vereinfachende Pauschalierung aber für gerechtfertigt.[50] Auch innerhalb derjenigen, die Beteiligungseinkünfte

---

45 *Kühnert/Gabert-Pipersberg*, in: H/H/R, EStG, § 32d, Rz. 1 (Stand: Dezember 2022).

46 *Kühnert/Gabert-Pipersberg*, in: H/H/R, EStG, § 32d, Rz. 1 (Stand: Dezember 2022).

47 Dies ergibt sich aus der Subsidiaritätsklausel des § 20 XIII EStG sowie für § 22 EStG direkt aus § 3 Nr. 40 lit. l) EStG.

48 Kommission zur Reform der Unternehmensbesteuerung eingesetzt vom Bundesminister der Finanzen, FR 1999, 580.

49 *Hey*, in: Tipke/Lang, Steuerrecht, Rz. 11.14.

50 *Intemann*, in: H/H/R, EStG, § 3 Nr. 40, Rz. 16 (Stand: März 2023).

im Sinne der Nr. 40 erzielen, kommt es durch die pauschale Freistellung zu einer Ungleichbehandlung. Wer einem niedrigen Einkommensteuersatz unterliegt, erfährt eine geringere Entlastung als Steuerpflichtige mit einem höheren Einkommensteuersatz.[51] Auch dies wird von *Pezzer* noch als zulässige Typisierung und damit nicht als Verfassungsverstoß gewertet.[52] Wer diesen wohlwollenden Einschätzungen bezüglich der Typisierungsbefugnis des Gesetzgebers folgt, kommt zu keinen verfassungsrechtlichen Einwänden gegen die pauschale Befreiungshöhe von 40 Prozent.

Allerdings leitet *Seer* her, dass die typisierte Befreiungshöhe in einer Vielzahl der betroffenen Fälle zu ungleichen Ergebnissen führt.[53] Als Typisierungen müsste die Befreiungshöhe schließlich erstens realitätsgerecht auf den Regelfall ausgerichtet sein und es darf kein atypischer Fall als Leitbild gewählt werden. Zweitens hat der Gesetzgeber bei einer Typisierung auf einer Beobachtung aufzubauen, die möglichst breit angelegt ist und alle betroffenen Gruppen und Regelungsgegenstände einschließt.[54] Aus den bisherigen Gesetzesmaterialien lässt sich nicht entnehmen, dass die starre Freistellungshöhe auf solchen Erwägungen beruht.[55] Wenn diese beibehalten wird, muss der Gesetzgeber durch Anpassungen dieser starren Höhe mindestens künftige Veränderungen der Vergleichsumstände – wie eine Minderung der Unternehmensteuersätze – im Blick behalten und entsprechend reagieren. Unabhängig davon macht *Seer* im „Teilabzugsverbot" nach § 3c II EStG für Beteiligungseinkünfte im Sinne der Nr. 40 einen Verstoß gegen das objektive Nettoprinzip aus.[56] Zusätzlich führt das Nebeneinander der Abgeltungssteuer und dem Teileinkünfteverfahren zu einem systematischen Störfaktor.[57] Diese Bedenken sollten zum Anlass genommen werden, die Doppelbelastung auf Gesellschafts- und Gesellschafterebene künftig durch ein einheitliches System zu vermeiden.

---

51 *v. Beckerath*, in: K/S/M, EStG, § 3, Rz. B 40/67 (Stand: April 2022).
52 *Pezzer*, in: DStJG 25 (2002), 37 (54); ebenso: *v. Beckerath*, in: K/S/M, EStG, § 3, Rz. B 40/67 (Stand: April 2022).
53 *Seer*, in: StbJb 2000/01, 15 (25 f.).
54 *G. Kirchhof*, in: H/H/R, EStG, Einführung, Rz. 266, m.w.N. (Stand: April 2020).
55 Zum damaligen Halbeinkünfteverfahren: *Seer*, in: StbJb 2000/01, 15 (26).
56 *Seer*, GmbHR 2009, 1036 (1045).
57 *Seer*, GmbHR 2009, 1036 (1045 f.).

2. Befreiung des Kaufkraftausgleichs (§ 3 Nr. 64)

Die folgend betrachtete Nummer 64 ist die einzige Befreiungsnorm, die nur für Einkünfte aus nichtselbständiger Arbeit wirkt und einen gewährten Kaufkraftausgleich im Sinne der Besteuerung nach der wirtschaftlichen Leistungsfähigkeit von der Steuer freistellt. Die befreiten Zahlungen zur Kompensation des Kaufkraftverlustes erhöhen die wirtschaftliche Leistungsfähigkeit zwar nominell, jedoch nicht faktisch.[58]

§ 3 Nr. 64 EStG[59] befreit Auslandszuschläge für Arbeitnehmer. Die Sätze 1 u. 2 beziehen sich auf Auslandsbezüge, die aus öffentlichen Kassen gezahlt werden, während Satz 3 für alle übrigen Arbeitnehmer gilt. Satz 1 gilt für Arbeitnehmer, die zu einer inländischen juristischen Person des öffentlichen Rechts in einem Dienstverhältnis stehen und Arbeitslohn aus einer inländischen öffentlichen Kasse beziehen. Wenn ein Angehöriger dieses Personenkreises Auslandsdienstbezüge erhält, sind diese voll steuerfrei, soweit die Auslandsdienstbezüge den Arbeitslohn übersteigen, der bei einer gleichwertigen Tätigkeit im Inland gezahlt werden würde.[60] Für Arbeitnehmer von Einrichtungen, die durch öffentliche Mittel finanziert werden (z. B. die Max-Planck-Gesellschaft oder das Goethe-Institut), sieht Satz 2 die Freistellung in derselben Höhe für Auslandsdienstbezüge vor, die aus einer öffentlichen Kasse stammen.[61] Satz 3 dehnt den Anwendungsbereich auf Arbeitnehmer der Privatwirtschaft aus, die für einen begrenzten Zeitraum in das Ausland entsandt werden. Entscheidend ist, dass die Höhe dieser Befreiung auf den gewährten Kaufkraftausgleich begrenzt ist und nur gilt, soweit dieser den für vergleichbare Auslandsdienstbezüge nach § 55 BBesG zulässigen Betrag nicht übersteigt. Um Berechnungsschwierigkeiten zu vermeiden, kann der steuerfreie Teil des Kaufkraftausgleichs durch Anwendung einer entsprechenden Formel des BMF berechnet werden.[62]

Die Bezüge würden ohne die Befreiung zu steuerpflichtigem Arbeitslohn der Arbeitnehmer führen. Insbesondere betrifft die Norm Steuersubjekte der nationalen Einkommensteuer, da die begünstigten Arbeitnehmer – trotz

---

58 *Intemann*, in: H/H/R, EStG, § 3 Nr. 64, Rz. 2 (Stand: November 2018); *Valta*, in: Brandis/Heuermann, EStG, § 3 Nr. 64, Rz. 1 (Stand: November 2020); *v. Beckerath*, in: K/S/M, EStG, § 3, Rz. B 64/33 (Stand: Februar 2010).

59 Zuletzt geändert durch G. v. 05.02.2009, BGBl. I, 160 (270).

60 BT Drs. 14/6877, 24.

61 BT Drs. 14/6877, 24.

62 R 3.64 (5) LStR.

ihres Arbeitsortes im Ausland – regelmäßig unbeschränkt steuerpflichtig im Sinne des § 1 I 1 EStG sind.[63] Wegen der sog. Kassenstaatsklauseln, die das OECD-Musterabkommen für DBA vorsieht, sprechen die meisten DBA – in den von § 3 Nr. 64 EStG erfassten Fällen – dem *Kassenstaat* Deutschland das Besteuerungsrecht nicht ab.[64] Der Befreiungstatbestand wirkt mithin konstitutiv und konzentriert sich auf die Einkünfte aus nichtselbständiger Arbeit gem. § 19 I Nr. 1 EStG.

Die grundsätzliche Idee, den Kaufkraftausgleich von der Besteuerung auszunehmen, beruht auf dem Prinzip der Besteuerung nach der wirtschaftlichen Leistungsfähigkeit. Der Kaufkraftausgleich kompensiert die im Ausland entstehenden höheren Lebenshaltungskosten, indem das höhere Preisniveau im Ausland im Vergleich zum Euro-Währungsraum berücksichtigt wird.[65] Im Ergebnis findet also eine Bereinigung der Inflation statt, die durch die geringere Kaufkraft im Ausland ausgelöst wird. Darauf aufbauend orientiert sich die Formel des BMF zur Befreiungshöhe an einer Nettogröße, die dem Begünstigten ohne Steuerbelastung zum Ausgleich des Kaufkraftverlustes zur Verfügung stehen soll.[66] Im Ergebnis erhöhen Zahlungen wegen des Kaufkraftverlustes die wirtschaftliche Leistungsfähigkeit zwar nominell, jedoch nicht faktisch.[67] Hält man der Befreiung diesen Grundgedanken zugute, liegt eine systemimmanente Fiskalzweckbefreiung vor. Die gesetzgeberische Ausgestaltung der Befreiung lässt sich jedoch trotz dieser Einordnung kritisieren. Zunächst lässt der gesetzliche Tatbestand eine Lücke zur genauen Befreiungshöhe des Kaufkraftausgleiches, was dem BMF zu viel Spielraum bei der Festlegung der besagten Berechnungsformel ermöglicht. Diesen Zustand ordnet *Pelka* als unzulässige Rechtsfortbildung ein.[68] Der Gesetzgeber sollte legislative Aufgaben nicht in solchem Umfang auf die Exekutive übertragen. Kritikwürdig ist des Weiteren, dass die Sätze 1 u. 2 für einen

---

63 *v. Beckerath*, in: K/S/M, EStG, § 3, Rz. B 64/14 (Stand: Februar 2010).

64 *v. Beckerath*, in: K/S/M, EStG, § 3, Rz. B 64/24 (Stand: Februar 2010).

65 *Kremer*, in: Beck'sches Steuer- und Bilanzrechtslexikon, Kaufkraftausgleich, Rz. 2 (Stand: Juli 2023).

66 *v. Beckerath*, in: K/S/M, EStG, § 3, Rz. B 64/33 (Stand: Februar 2010).

67 *Intemann*, in: H/H/R, EStG, § 3 Nr. 64, Rz. 2 (Stand: November 2018); *Valta*, in: Brandis/Heuermann, EStG, § 3 Nr. 64, Rz. 1 (Stand: November 2020); *v. Beckerath*, in: K/S/M, EStG, § 3, Rz. B 64/33 (Stand: Februar 2010).

68 *Pelka*, in: DStJG 5 (1982), 209 (230 f.).

ausgewählten Personenkreis zusätzlich zu dem Kaufkraftausgleich auch sonstige Auslandsdienstbezüge steuerfrei stellen. Diese Privilegierung für Bezieher von Lohn aus öffentlichen Kassen lässt sich nicht auf die beschriebene Grundidee zurückführen.[69] Soweit Auslandsdienstbezüge nicht als Kaufkraftausgleich gezahlt werden, erhöhen sie schließlich die Leistungsfähigkeit der Bezieher auch faktisch. Bezieher von Lohn aus öffentlichen Kassen werden demnach überprivilegiert. Auch die Beschränkung der gesamten Befreiung auf Arbeitnehmer macht vor diesem Hintergrund keinen Sinn und ist verfassungsrechtlich bedenklich.[70] Zuletzt stellt sich auch die Frage, warum der Befreiungskatalog die beschriebenen Mechanismen zum Inflationsausgleich nur in ausgewählten Einzelfällen steuerlich berücksichtigt und in allen übrigen Fällen nicht. Schließlich lässt sich in nahezu jeder Gehaltserhöhung ein Anteil zur Inflationsbereinigung bzw. zum Kaufkraftausgleich ausmachen, der nicht von der Steuer freigestellt wird. Obwohl die vom Gesetzgeber gewählten Fälle in § 3 Nr. 64 und Nr. 11c EStG[71] von seinem Auswahlermessen gedeckt sind, hätte eine abgrenzende Begründung zu den übrigen Fällen erfolgen müssen. § 3 Nr. 64 EStG ist ein weiteres Beispiel dafür, dass auch systemimmanente Fiskalzweckbefreiungen Defizite in der konkreten Ausgestaltung aufweisen können. Diese bestehen hier in Form des zu engen Kreises der Begünstigten sowie des zu weitreichenden Einflusses des BMF auf die genaue Befreiungshöhe.

II. Befreiungen im Sinne der Markteinkommenstheorie

1. Zuwendungen aus Mitteln des Bundespräsidenten (§ 3 Nr. 20)

§ 3 Nr. 20 EStG[72] stellt Zuwendungen frei, die aus öffentlichen Mitteln des Bundespräsidenten aus sittlichen oder sozialen Gründen an besonders

---

69 *Intemann*, in: H/H/R, EStG, § 3 Nr. 64, Rz. 2 (Stand: November 2018); *v. Beckerath*, in: K/S/M, EStG, § 3, Rz. B 64/36 (Stand: Februar 2010).

70 Ebenso kritisch: *Hey*, in: Tipke/Lang, Steuerrecht, Rz. 8.143; *Lang*, StuW 1974, 293 (307); a. A.: *Handzik*, in: L/B/P, EStG, § 3, Rz. 2223 (Stand August 2018); europarechtliche Diskriminierungen bestehen indes nicht: EuGH, Urteil v. 15.11.2011 – C-240/10, ECLI:EU:C:2011:591 – Schulz-Delzers und Schulz.

71 Bei Nr. 11c handelt es sich im Ergebnis allerdings um eine lenkende Sozialzweckbefreiung, dazu unter E. II. 1. g) dieser Arbeit.

72 Neu gefasst durch G. v. 21.12.2020, BGBl. I, 3096 f.

verdiente Personen oder ihre Hinterbliebenen gewährt werden. Die Leistungen erhalten beispielsweise Personen, die sich durch politische oder kulturelle Aktivitäten um das Gemeinwohl besonders verdient gemacht haben.[73]

Soweit die Zuwendungen laufend ausgezahlt werden, handelt es sich um Einkünfte aus wiederkehrenden Bezügen nach § 22 Nr. 1 S. 1 Hs. 1 EStG.[74] *V. Beckerath* hingegen nimmt auch für laufende Zuwendungen keine Steuerbarkeit an, da § 22 Nr. 1 S. 1 Hs. 1 EStG nur erwirtschaftetes Einkommen erfasse.[75] Dies ist auf *P. Kirchhofs* Ansatz zurückzuführen, die einzelnen Grundtatbestände im Sinne der Markteinkommenstheorie einschränkend auszulegen.[76] Wegen der Freistellung der in Rede stehenden Zuwendungen nach § 3 Nr. 20 EStG kommt dieser Auslegungsfrage in der Besteuerungspraxis wenig Relevanz zu. Die Befreiung der Zuwendungen verfolgt damit entweder den sinnvollen (klarstellenden) Zweck zur Beendigung der Diskussion um die vorgenannte Auslegung des § 22 Nr. 1 S. 1 Hs. 1 EStG oder wirkt konstitutiv. Diese Frage stellt sich insbesondere für Leistungen, die aus öffentlichen Mitteln und damit aus Steuergeldern bezahlt werden. Solch staatliche Transferleistungen werden nicht individuell durch Einsatz von Arbeit oder Kapital erzielt, sondern als sozialstaatliche Leistungen aus Steuermitteln gewährt und sind damit nicht am Markt erwirtschaftet.[77] Staatliche Transferleistungen sollten demnach grundsätzlich keine steuerbaren Einkünfte darstellen können. Selbst wenn solche Transferleistungen zu hoch bemessen werden, würde eine Besteuerung unnötigen Verwaltungsaufwand auslösen.[78] Mit den treffenden Worten *Mellinghoffs* darf ein „Fehler im Bereich des staatlichen Gebens“[79] nicht durch einen „weiteren Systembruch bei der Einkommensbesteuerung verschlimmert werden“[80]. Für dieses Ergebnis bedarf es aber keiner komplexen systemkonformen Begrenzung des Tatbestandes

73 *v. Beckerath*, in: K/S/M, EStG, § 3, Rz. B 20/1 (Stand: Januar 2002).

74 *Handzik*, in: L/B/P, EStG, § 3, Rz. 840a (Stand August 2018); *Valta*, in: Brandis/Heuermann, EStG, § 3 Nr. 20, Rz. 1 (Stand: Dezember 2021); nicht zwischen einmaligen und laufenden Zahlungen unterscheidend: *Görbing*, DStZ 1957, 243 (244).

75 *v. Beckerath*, in: K/S/M, EStG, § 3, Rz. B 20/3 (Stand: Januar 2002).

76 *P. Kirchhof*, in: K/S/M, EStG, § 2, Rz. A 673 (Stand: Mai 2002).

77 *P. Kirchhof*, in: K/S/M, EStG, § 2, Rz. A 668 (Stand: Mai 2002).

78 *Mellinghoff*, StVj 1989, 130 (141).

79 *Mellinghoff*, StVj 1989, 130 (141).

80 *Mellinghoff*, StVj 1989, 130 (141).

der sonstigen Einkünfte. Vielmehr kommt § 3 Nr. 20 EStG an dieser Stelle eine konstitutive systemimmanente Bedeutung zu.

Die konstitutive Wirkung von § 3 Nr. 20 EStG könnte gemeinwohlbezogen gerechtfertigt werden. Leistungen, die für Gemeinwohlverdienste gewährt werden, sollen dem Begünstigten auch ungeschmälert, also unversteuert zukommen.[81] Es wäre widersprüchlich, wenn dieser durch eine Steuer auf diese Leistung erneut zur Finanzierung des Gemeinwohls herangezogen würde.[82] Nach dem Verständnis in dieser Arbeit muss solch eine Befreiung hingegen nicht gemeinwohlbezogen gerechtfertigt werden. Wie *v. Beckerath* feststellt, sind die in Rede stehenden Bezüge kein Ausfluss einer Erwerbstätigkeit.[83] Im Sinne der Markteinkommenstheorie[84] ist es demnach folgerichtig, dass diese nicht in die einkommensteuerliche Bemessungsgrundlage einbezogen werden. Für die wenigen Fälle, in denen die anzuerkennende politische oder kulturelle Leistung des Begünstigten unmittelbar mit einer (früheren) Erwerbstätigkeit verknüpft ist und diese (frühere) Erwerbstätigkeit damit auch die anerkennenden Zuwendungen veranlasst, greift „hilfsweise" die gemeinwohlbezogene Rechtfertigung der Befreiung als Sozialzwecknorm. Allerdings sind die sittlichen und sozialen Motive, die über die Vergabe der anerkennenden Zuwendungen entscheiden, politischer, wirtschaftlicher oder kultureller Natur[85] und damit in den seltensten Fällen nur auf eine Erwerbstätigkeit der honorierten Person zurückzuführen. Vielmehr wird damit die gesamte Persönlichkeit honoriert, die sich nicht in Erwerbs- und Privatperson aufspalten lässt, sodass ein Bezug zu einer Erwerbstätigkeit kaum bezifferbar sein wird. Im Ergebnis wirkt die Befreiung vollumfänglich im Sinne der Markteinkommenstheorie und damit systemimmanent.

---

[81] *Bergkemper*, in: H/H/R, EStG, § 3 Nr. 20, Rz. 1 (Stand: August 2019).

[82] v. *Beckerath*, in: K/S/M, EStG, § 3, Rz. B 20/5 (Stand: Januar 2002); basierend auf: *Görbing*, DStZ 1957, 243 (244).

[83] v. *Beckerath*, in: K/S/M, EStG, § 3, Rz. B 20/3 (Stand: Januar 2002);

[84] Zum Grundgedanken der Markteinkommenstheorie: *Hey*, in: H/H/R, EStG, Einführung, Rz. 13 (Stand: April 2020).

[85] *v. Beckerath*, in: K/S/M, EStG, § 3, Rz. B 20/6 (Stand: Januar 2002).

2. Hilfen zur politischen oder strafrechtlichen Rehabilitierung (§ 3 Nr. 23)

§ 3 Nr. 23 EStG[86] befreit staatliche Leistungen, die zur politischen oder strafrechtlichen Rehabilitierung der Empfänger geleistet werden. Die Befreiung bedient sich eines abschließenden Verweiskatalogs auf entsprechende Leistungsgesetze. Zuletzt wurden so Leistungen zur Rehabilitierung an Soldatinnen und Soldaten der Bundeswehr in die Befreiung einbezogen, die wegen einvernehmlicher homosexueller Handlungen oder wegen ihrer homosexuellen Orientierung systematisch dienstrechtlich benachteiligt wurden.[87]

Die einkommensteuerrechtliche Würdigung der Bezüge kann je nach Leistungsgesetz unterschiedlich ausfallen. Soweit die Leistungsgesetze wiederkehrende Leistungen zur Rehabilitation vorsehen, ergibt sich die Steuerbarkeit aus § 22 Nr. 1 S. 1 Hs. 1 EStG.[88] Hier lässt sich zwar das Gegenargument der fehlenden Erwirtschaftung am Markt vorbringen. Dies führt aber allenfalls dazu, die Befreiung insoweit als notwendig klarstellend einzuordnen, um die Diskussion über die Steuerbarkeit zu beenden.[89] Überzeugender ist es jedoch, den Befreiungszweck wie bei Nummer 20 als systemimmanent konstitutiv im Sinne der Markteinkommenstheorie zu qualifizieren. Regelmäßig wiederkehrend werden die nach § 3 Nr. 23 lit. a) bis d) EStG befreiten Leistungen erbracht.[90]

Die nach § 3 Nr. 23 lit. e) und f) EStG befreiten Leistungen könnten hingegen als Entschädigung gem. § 24 Nr. 1 lit. a) EStG zu beurteilen sein.[91] Dafür müssten die Leistungen als Surrogat für einen Bezug erbracht werden, der für sich genommen einer Einkunftsart unterfallen würde.[92] Die Leistungen nach dem Gesetz zur strafrechtlichen Rehabilitierung der nach dem 8. Mai 1945 wegen einvernehmlicher homosexueller Handlungen verurteilten Personen (befreit nach § 3 Nr. 23 lit. e) EStG) haben jedoch nicht den Charakter eines Surrogats für entgangenen Arbeitslohn. Vielmehr soll der erlittene Strafmakel

---

86 Neu gefasst durch G v. 16.7.2021, BGBl. I S. 2993 (2994).

87 BR Drs. 26/21, 1.

88 *Bergkemper*, in: H/H/R, EStG, § 3 Nr. 23, Rz. 1 (Stand: April 2022).

89 Siehe dazu bereits die Ausführungen zu § 3 Nr. 20 EStG.

90 *v. Beckerath*, in: K/S/M, EStG, § 3, Rz. B 23/8 (Stand: April 2022).

91 Dies für § 3 Nr. 23 lit. f) EStG teilweise bejahend: *v. Beckerath*, in: K/S/M, EStG, § 3, Rz. B 23/10 (Stand: April 2022).

92 *Kruse*, StuW 1981, 15 (21 f.).

über ein pauschaliertes Entschädigungsmodell abgegolten werden.[93] Die Leistungen nach dem Gesetz zur Rehabilitierung der wegen einvernehmlicher homosexueller Handlungen, wegen ihrer homosexuellen Orientierung oder wegen ihrer geschlechtlichen Identität dienstrechtlich benachteiligten Soldatinnen und Soldaten (befreit nach § 3 Nr. 23 lit. f) EStG) sind als Anerkennung des Leids der Betroffenen gedacht und machen deswegen eine symbolische Entschädigung in Geld notwendig.[94] Da dieses Leid auf nicht eindeutig voneinander trennbaren Lebenssachverhalten beruht, wird die Entschädigung für alle erlittenen Benachteiligungen einheitlich gezahlt.[95] Auch hier liegt demnach keine primäre Entgeltersatzfunktion vor oder der Anteil der Entgeltersatzfunktion ist zumindest nicht ermittelbar. Des Weiteren sind die nach § 3 Nr. 23 lit. e) und f) EStG befreiten Leistungen nur als Einmalzahlungen konzipiert, sodass die Steuerbarkeit auch nach § 22 Nr. 1 S. 1 Hs. 1 EStG ausscheidet und die Buchstaben e) und f) rein klarstellend wirken.

Zusammenfassend geht eine systemimmanente konstitutive Wirkung nur von den Buchstaben a) bis d) aus und beschränkt sich auf § 22 Nr. 1 S. 1 Hs. 1 EStG. Der Gesetzgeber begründet die Befreiung mit dem Gedanken, dass dem Genugtuungseffekt für die Begünstigten nicht durch eine Besteuerung der Leistungen entgegengewirkt werden soll.[96] Damit dehnt er die soziale Rehabilitationsidee des Leistungsgesetzes auf die Befreiungsnorm aus. Solch soziale Rechtfertigungstendenzen sind nach dem systemimmanenten Verständnis der Norm allerdings nur „hilfsweise“ anzustellen.

3. Kindergeld (§ 3 Nr. 24)

§ 3 Nr. 24 EStG[97] befreit Leistungen, die aufgrund des Bundeskindergeldgesetzes (BKGG) gewährt werden. Während das Kindergeld vorrangig als Steuervergütung im EStG besteht, ist der Anspruch auf Kindergeld nach dem BKGG nachrangig für besondere Fallkonstellationen vorgesehen.[98] Der Anspruch besteht für nicht unbeschränkt einkommensteuerpflichtige Elternteile mit zusätzlicher Einbindung ins deutsche Arbeits-, Dienst- und Sozialrechtssystem

---

93 BR Drs. 267/17, 1.

94 BT Drs. 19/26835, 11.

95 BT Drs. 19/26835, 19.

96 BR Drs. 26/21, 18.

97 In der Fassung des EStG v. 08.10.2009, BGBl. I, 3366 (3374 ff.).

98 *Fellmann*, in: Schlegel/Voelzke, BKGG, § 1, Rz. 37 (Stand: Juli 2023).

sowie für Personen wie z. B. Vollwaisen, die Kindergeld für sich selbst erhalten.[99] Das Kindergeld hat den grundlegenden Sinn, der geminderten Leistungsfähigkeit von Steuerpflichtigen Rechnung zu tragen, die durch den Unterhalt ihrer Kinder bedingt ist.[100]

Kindergeld kann lediglich dem einkommensteuerrechtlichen Grundtatbestand der Einkünfte aus wiederkehrenden Bezüge nach § 22 Nr. 1 S. 1 Hs. 1 EStG unterfallen.[101] Auch dieser Stelle lässt sich wegen der fehlenden Erwirtschaftung am Markt vertreten, dass bereits keine steuerbaren Einkünfte vorliegen[102] und § 3 Nr. 24 EStG wäre als notwendig klarstellend einzuordnen, um die Diskussion über die Steuerbarkeit zu beenden.[103] Der konstitutive Wirkungsbereich beschränkt sich nach der hier vertretenen Auffassung jedenfalls auf die Einkünfte nach § 22 Nr. 1 S. 1 Hs. 1 EStG und statt zur Klarstellung[104] erfolgt die Ausklammerung des Kindergeldes im Sinne der Markteinkommenstheorie und damit systemimmanent.

4. Leistungen für die Kindererziehung (§ 3 Nr. 67 lit. c)

§ 3 Nr. 67 lit. c) EStG befreit Leistungen für die Kindererziehung nach den §§ 294–299 SGB VI, die an Mütter der Geburtsjahrgänge vor 1921 gezahlt werden. Es handelt sich um Leistungen, die zwar aus der Rentenversicherung aufzubringen, aber kein Bestandteil der eigentlichen Rente sind.[105] Die betroffenen Frauen können ihre Kindererziehungszeiten nicht rentenbegründend oder rentenerhöhend anrechnen lassen.[106] Die Zusatzleistungen nach den §§ 294–299 SGB VI sollen diesen Nachteil ausgleichen und im Ergebnis die soziale Situation dieser Mütter (sog. Trümmerfrauen) verbessern.[107]

---

99 BT Drs. 13/1558, 163.

100 BVerfG, Beschluss v. 29.5.1990 – 1 BvL 20/84, BVerfGE 82, 60 (83).

101 Dies bejahend: *Bergkemper*, in: H/H/R, EStG, § 3 Nr. 24, Rz. 1 (Stand: August 2019); *Handzik*, in: L/B/P, EStG, § 3, Rz. 920a (Stand August 2018); *Levedag*, in: Schmidt, EStG, § 3, Rz. 87.

102 So auch bezüglich des Kindergelds: *v. Beckerath*, in: K/S/M, EStG, § 3, Rz. B 24/7 (Stand: Januar 2002).

103 Siehe dazu bereits die Ausführungen zu Nr. 2 lit. d) u. Nr. 20 EStG dieser Arbeit.

104 So auch BT Drs. 13/4839, 77.

105 *v. Einem*, NJW 1987, 3100 (3102).

106 *v. Einem*, NJW 1987, 3100.

107 *Fichte*, in: Hauck/Noftz, SGB VI, § 294, Rz. 13 f. (Stand: Januar 2009).

Einkommensteuerlich handelt es sich um eine reine Sozialleistung des Staates. Diese wird in wiederkehrenden Bezügen gezahlt, sodass der Wortlaut des § 22 Nr. 1 S. 1 Hs. 1 EStG erfüllt ist. Wie bei den zuvor behandelten Befreiungen, könnte man bereits das Vorliegen der sonstigen Einkünfte wegen der fehlenden Erwirtschaftung am Markt ablehnen.[108] Auch hier dient es jedoch der Rechtssicherheit, wenn der Grundtatbestand nicht mit komplizierten Auslegungen im Sinne der Markteinkommenstheorie überfrachtet wird und stattdessen positiv im Gesetz stehende Normen konstitutiv wirken. Nach diesem Verständnis kommt § 3 Nr. 67 lit. c) EStG der systemimmanente Zweck zu, die in Rede stehenden reinen Fürsorgeleistungen des Staates im Sinne der Markteinkommenstheorie von der Steuer freizustellen.

5. Hilfen nach dem Anti-D-Hilfegesetz (§ 3 Nr. 68)

§ 3 Nr. 68 EStG[109] befreit finanzielle und andere Hilfen, die mit dem Hepatitis-C-Virus infizierte Frauen erhalten. Der Befreiungstatbestand bezieht sich auf Hilfen nach dem Gesetz über die Hilfe für durch Anti-D-Immunprophylaxe mit dem Hepatitis-C-Virus infizierte Personen (Anti-D-Hilfegesetz – AntiDHG)[110]. Die Hilfen werden vor dem Hintergrund geleistet, dass auf dem Gebiet der ehemaligen DDR zwischen 1978 und 1979 mehrere tausend Frauen bei einer gesetzlich vorgeschriebenen Anti-D-Immunvorsorge unwissentlich mit dem Hepatitis-C-Virus infiziert wurden.[111]

Die finanzielle Hilfe besteht aus einer monatlichen Rente und einer Einmalleistung. Die monatliche Rente soll pauschalierend einen Ausgleich schaffen für Mehraufwendungen und berufliche Beeinträchtigung infolge der Krankheit, für wirtschaftliche Folgen der Krankheit und für den immateriellen Schaden in Anlehnung an den Schmerzensgeldgedanken.[112] Die monatliche Rente unterfällt damit als wiederkehrender Bezug dem Tatbestandswortlaut der sonstigen Einkünfte nach § 22 Nr. 1 S. 1 Hs. 1 EStG.[113] *V. Beckerath* geht nach seinem Verständnis der sonstigen Einkünfte von einer klarstellenden Befreiung aus, da die Markteinkommenstheorie bereits in

[108] *v. Beckerath*, in: K/S/M, EStG, § 3, Rz. B 67/11 (Stand: Juni 2021).
[109] In der Fassung des EStG v. 08.10.2009, BGBl. I, 3366 (3374 ff.).
[110] Gesetz v. 02.08.2000, BGBl. I, 1270.
[111] BR Drs. 127/00, 9.
[112] BT Drs. 14/2958, 9.
[113] *v. Beckerath*, in: K/S/M, EStG, § 3, Rz. B 68/6 (Stand: November 2004).

§ 22 Nr. 1 S. 1 Hs. 1 EStG hineinzulesen sei und damit schon der Grundtatbestand nicht greife.[114] In dieser Arbeit wird jedoch erneut im Sinne der Rechtssicherheit vertreten, dass die konstitutive Rechtsfolge der systemimmanenten Nichtbesteuerung der Bezüge erst auf der Ebene der Befreiungsnormen erfolgt. Bei § 3 Nr. 68 EStG handelt es sich um eine weitere systemimmanente Befreiung, die nur im Bereich der sonstigen Einkünfte wirkt.

6. Hilfen nach dem HIV-Hilfegesetz (§ 3 Nr. 69)

§ 3 Nr. 69 EStG[115] befreit bestimmte Leistungen, die an HIV-infizierte Personen gewährt werden. Der Tatbestand knüpft an das HIV-Hilfegesetz (HIVHG)[116] als Leistungsgesetz an. Der Zweck der gewährten Leistungen besteht gem. § 1 HIVHG in der finanziellen Unterstützung von Menschen, die durch Blutprodukte an HIV oder infolge davon an AIDS erkrankt sind. Die Auszahlung der Mittel erfolgt durch eine Bundesstiftung. Stifter sind gem. § 5 I HIVHG der Bund, pharmazeutische Unternehmen und die DRK-Blutspendedienste. Hintergrund der staatlichen Leistungen ist, dass in den 70er und der ersten Hälfte der 80er Jahre viele Menschen aufgrund der nicht vorhandenen oder unsicheren Erkenntnislage über HIV und AIDS sowie der fehlenden Sicherheit der Blutprodukte mit diesen Krankheiten infiziert worden sind.[117] Die Infektionen wurden häufig durch Blutprodukte ausgelöst, die trotz HIV-Kontaminierung in den Verkehr gebracht wurden.[118] Die Leistungen stellen sich demnach als Teil der humanitären und sozialen Fürsorgepflicht des Staates dar.

V. Beckerath schreibt den Leistungen demnach folgerichtig Schadensersatzcharakter zu.[119] Die Befreiung wirke darauf aufbauend nur klarstellend, da die reine Wiederkehr der Bezüge nicht dafür ausreiche, sonstige Einkünfte gem. § 22 Nr. 1 S. 1 Hs. 1 EStG anzunehmen.[120] Der Gesetzgeber

---

[114] *v. Beckerath*, in: K/S/M, EStG, § 3, Rz. B 68/6 (Stand: November 2004); dem zustimmend: *Rätke*, in: H/H/R, EStG, § 3 Nr. 68, Rz. 3 (Stand: Juni 2019).

[115] In der Fassung des EStG v. 08.10.2009, BGBl. I, 3366 (3374 ff.).

[116] Gesetz v. 24.07.1995, BGBl. I, 972.

[117] BT Drs. 13/1298, 10.

[118] BT Drs. 13/1298, 8.

[119] *v. Beckerath*, in: K/S/M, EStG, § 3, Rz. B 69/5 (Stand: November 2004).

[120] *v. Beckerath*, in: K/S/M, EStG, § 3, Rz. B 69/5 (Stand: November 2004); dem zustimmend: *Rätke*, in: H/H/R, EStG, § 3 Nr. 69, Rz. 3 (Stand: Juni 2019).

hingegen geht davon aus, dass die Bezüge ohne die Befreiung vom Tatbestand der sonstigen Einkünfte erfasst würden.[121] Wegen des weiten Wortlauts des § 22 Nr. 1 S. 1 Hs. 1 EStG ist dem Gesetzgeber zunächst zuzustimmen. Nach systemkonformer Auslegung – welche *v. Beckerath* bereits auf der Ebene des Grundtatbestands § 22 Nr. 1 S. 1 Hs. 1 EStG anwendet – dürfen die Bezüge aber nicht die einkommensteuerliche Bemessungsgrundlage erhöhen, da sie nicht zum Markteinkommen gehören. Wie beschrieben ist es in diesen Konstellationen vorzugswürdig, den Grundtatbestand unangetastet zu lassen und die Befreiungsnorm konstitutiv wirken zu lassen. Auch § 3 Nr. 69 EStG wirkt im Ergebnis systemimmanent und nur im Bereich der sonstigen Einkünfte.

---

121 BT Drs. 13/901, 128.

Klarstellende Befreiungen

I. Klarstellungen zum Belohnungscharakter von Arbeitslohn

1. Weiterbildungsleistungen des Arbeitgebers (§ 3 Nr. 19)

§ 3 Nr. 19 EStG[1] befreit Weiterbildungsleistungen des Arbeitgebers an den Arbeitnehmer. Miterfasst sind auch Weiterbildungsleistungen, die auf Veranlassung des Arbeitgebers von einem Dritten für den Arbeitnehmer erbracht werden. Die Leistungen müssen sich dabei auf Maßnahmen nach § 82 I und II SGB III beziehen oder auf die Verbesserung der Beschäftigungsfähigkeit bzw. die berufliche Neuorientierung bei Beendigung des Dienstverhältnisses abzielen. § 82 SGB III normiert die Voraussetzungen der sozialpolitischen Förderung der beruflichen Weiterbildung von Arbeitnehmern.[2] Eine Befreiung kommt nach § 3 Nr. 19 S. 3 EStG nicht in Betracht, wenn den Leistungen ein überwiegender Belohnungscharakter zukommt.

Der Ausschluss von Leistungen mit überwiegendem Belohnungscharakter macht klar, dass die befreiten Leistungen für den Arbeitnehmer gerade keine Früchte seiner Arbeit darstellen, sondern vielmehr im eigenbetrieblichen Interesse des Arbeitgebers erfolgen.[3] Folglich kann in den Weiterbildungsleistungen kein steuerbarer Arbeitslohn gem. § 19 I Nr. 1 EStG vorliegen.[4] Die Vorschrift hat demnach ausschließlich klarstellenden Charakter. Wegen der Abgrenzungsschwierigkeiten zwischen eigenbetrieblichem Interesse und

---

1 Neu gefasst durch G. v. 21.12.2020, BGBl. I, 3096 f.

2 *Hassel*, in: Brand, SGB III, § 82, Rz. 6.

3 BR Drs. 356/19, 95; R 19.7 LStR; *v. Beckerath*, in: K/S/M, EStG, § 3, Rz. B 19/7 f. (Stand: Mai 2021); *Bergkemper*, in: H/H/R, EStG, § 3 Nr. 19, Rz. 1 (Stand: April 2021); a.A.: *Valta*, in: Brandis/Heuermann, EStG, § 3 Nr. 19, Rz. 1 ff. (Stand: Dezember 2021).

4 Zum Merkmal des „ganz überwiegenden Eigeninteresses“: *Schneider*, FR 2015, 791.

Entlohnungscharakter von Leistungen ist an dem Zweck der Norm im Sinne der Rechtsicherheit festzuhalten. Allerdings ist die konkrete Ausgestaltung nicht gelungen, da sich über die Auslegung § 3 Nr. 19 S. 3 EStG die Frage der Abgrenzung zwischen eigenbetrieblichem Interesse und Entlohnungscharakter erneut stellt und gerade nicht obsolet wird. Mithin sollte Satz 3 entfernt werden und in den von Satz 1 und 2 betroffenen Fällen fingiert werden, dass kein Entlohnungscharakter vorliegt.

2. Unentgeltliche oder verbilligte Sammelbeförderung (§ 3 Nr. 32)

§ 3 Nr. 32 EStG[5] befreit die unentgeltliche oder verbilligte Sammelbeförderung eines Arbeitnehmers zwischen Wohnung und erster Tätigkeitsstätte. Die Befreiung erstreckt sich auch auf Fahrten an Tätigkeitsgebiete im Sinne des § 9 I 3 Nr. 4a S. 3 EStG. Darunter fallen Orte oder Gebiete, die der Arbeitnehmer dauerhaft oder typischerweise arbeitstäglich aufsucht.

Durch solche Beförderungsleistungen erhält der Arbeitnehmer einen Vorteil. Dieser ist jedoch nicht als steuerpflichtiger Arbeitslohn zu qualifizieren. Es liegt bereits kein Arbeitslohn vor, wenn der Bezug ganz überwiegend im Eigeninteresse des Arbeitgebers gewährt wird.[6] Dann erweist sich der Vorteil bei objektiver Würdigung nicht mehr als Belohnung für die gestellte Arbeitskraft, sondern lediglich als notwendige Begleiterscheinung betriebsfunktionaler Zielsetzung.[7] Solch eine Begleiterscheinung liegt vor, wenn der Arbeitgeber die Arbeitnehmerbeförderung an einen bestimmten Ort vornimmt, da nur an diesem Ort der Einsatz der Arbeitskraft betrieblich notwendig ist. § 3 Nr. 32 EStG knüpft seine Befreiungswirkung an die „betriebliche Notwendigkeit" der Beförderung, sodass stets das Eigeninteresse des Arbeitgebers an der Beförderung im Vordergrund steht.[8] Willkürliche Beförderungen, die keinen betrieblichen Nutzen für den Arbeitgeber haben, sind demnach Arbeitslohn, aber fallen auch nicht unter den Befreiungstatbestand. § 3 Nr. 32 EStG wirkt demnach rein klarstellend im Bereich der Einkünfte von § 19 I Nr. 1 EStG.

---

[5] In der Fassung des G. v. 25.7.2014, BGBl. I, 1266 (1267).

[6] Dazu eingehend: *Schneider*, FR 2015, 791.

[7] *Schneider*, FR 2015, 791 (792).

[8] *v. Beckerath*, in: K/S/M, EStG, § 3, Rz. B 32/8 (Stand: Juni 2015).

Davon abweichend wird vertreten, dass die befreiten Bezüge ohne die Befreiung steuerpflichtigen Arbeitslohn darstellen würden und § 3 Nr. 32 EStG konstitutiv wirke.[9] Dieser Auffassung ist im Ergebnis zwar nicht zuzustimmen, sie macht aber deutlich, dass § 3 Nr. 32 EStG im Sinne der Rechtsicherheit beibehalten werden sollte. So ist klargestellt, dass die befreiten Bezüge nach keiner Auffassung eine steuerliche Auswirkung haben. Der Gesetzgeber selbst begründete die Befreiung indes pauschal mit Vereinfachungs- sowie Entlastungszwecken.[10] Dies zeigt, dass eine spezielle Betrachtung der befreiten Bezüge in Bezug auf deren unterschiedliche steuerrechtliche Würdigung dem Grunde nach im Gesetzgebungsprozess ausgeblieben ist.

3. Durchlaufende Gelder sowie Auslagenersatz (§ 3 Nr. 50)

§ 3 Nr. 50 EStG[11] stellt durchlaufende Gelder sowie Auslagenersatz an Arbeitnehmer von der Steuer frei. Auslagenersatz liegt stets vor, wenn ein Arbeitnehmer Kosten zunächst selbst trägt und dann aus dem Grund erstattet bekommt, weil das erworbene Arbeitsmittel im unmittelbaren Interesse des Arbeitgebers steht.[12] Durchlaufende Gelder wiederum bezeichnen Beträge, die ein Arbeitnehmer erhält, um sie für zukünftige Aufwendungen im unmittelbaren Interesse des Arbeitgebers zu verwenden.[13]

Auch derartige Vorgänge wären nur als Arbeitslohn steuerbar, wenn der Geldzahlung des Arbeitgebers Entlohnungscharakter für den Arbeitnehmer zukommt. Dies ist ausgeschlossen, sofern eine Leistung ganz überwiegend im Eigeninteresse des Arbeitgebers gewährt wird.[14] Bei Auslagenersatz und durchlaufenden Geldern liegen die Aufwendungen und damit auch deren Erstattung aber gerade im unmittelbaren Interesse des Arbeitgebers. Mit anderen Worten handelt es sich um Kosten auf Rechnung des Betriebes und, wenn diese vom Arbeitnehmer ausgelegt werden, kann in der vor- oder nachgeschalteten Erstattung kein Arbeitslohn gesehen werden.[15] Zusätzlich

---

9 So etwa: *Handzik*, in: L/B/P, EStG, § 3, Rz. 1190 (Stand: August 2018); *Niklaus*, in: K/K/R, EStG, § 3 Nr. 32, Rz. 4.

10 BT Drs. 11/4803, 17.

11 In der Fassung des EStG v. 08.10.2009, BGBl. I, 3366 (3374 ff.).

12 BFH, Urteil v. 28.03.2006 – VI R 24/03, BStBl. II 2006, 473 (474).

13 BFH, Urteil v. 10.06.1966 – VI 261/64, BStBl. III 1966, 607 (608).

14 *Schneider*, FR 2015, 791.

15 BFH, Urteil v. 28.03.2006 – VI R 24/03, BStBl. II 2006, 473 (474).

liegt aus Sicht des Arbeitnehmers keine Bereicherung, sondern lediglich ein Vermögensausgleich vor.[16] § 3 Nr. 50 EStG kommt demnach eine rein klarstellende Bedeutung zu.[17] Die BFH-Rechtsprechung, auf der diese Annahme beruht, wird allerdings auch kritisiert.[18] Auslagenersatz könne in Einzelfällen zu einer „Qualitätsverbesserung der Arbeitsleistung"[19] des Arbeitnehmers führen, die eine „Ertragschance"[20] für den Arbeitnehmer eröffnet. Nach dieser Auffassung wäre Auslagenersatz teilweise als Arbeitslohn zu erfassen. Obwohl dieser Auffassung hier nicht gefolgt wird, sollte die Befreiung im Gesetz bestehen bleiben, weil so sicher feststeht, dass Auslagenersatz und durchlaufende Gelder nicht zum Arbeitslohn zählen.

4. Sicherungsbeiträge des Arbeitgebers (§ 3 Nr. 63a)

§ 3 Nr. 63a EStG[21] befreit Sicherungsbeiträge des Arbeitgebers nach § 23 I BetrAVG, soweit sie nicht unmittelbar dem einzelnen Arbeitnehmer gutgeschrieben oder zugerechnet werden. Sicherungsbeiträge nach § 23 I BetrAVG sind als Zusatzbeiträge des Arbeitgebers zu verstehen, die er zur Absicherung der späteren Versorgungsleistungen an die Versorgungseinrichtung zahlt.[22] Diese Beiträge können beispielsweise dazu genutzt werden, die Versorgungsleistungen zusätzlich abzusichern. Dies geschieht dadurch, dass die Versorgungseinrichtung einen höheren Kapitaldeckungsgrad oder eine konservativere Kapitalanlage realisiert.[23]

Die Sicherungsbeiträge würden auch ohne die Befreiung keinem einkommensteuerlichen Grundtatbestand unterfallen. Zunächst ist an eine Zurechnung zu den Einkünften aus nichtselbständiger Arbeit nach dem speziellen § 19 I Nr. 3 EStG zu denken. Dieser ordnet für Beiträge des Arbeitgebers „aus einem bestehenden Dienstverhältnis" für die betrieblichen

---

16 BFH, Urteil v. 28.03.2006 – VI R 24/03, BStBl. II 2006, 473 (474).

17 Ebenso: *v. Beckerath*, in: K/S/M, EStG, § 3, Rz. B 50/4 (Stand: Mai 2013); *Bergkemper*, in: H/H/R, EStG, § 3 Nr. 50, Rz. 1 (Stand: Oktober 2019); *Handzik*, in: L/B/P, EStG, § 3, Rz. 1850a (Stand: August 2018); *Niklaus*, in: K/K/R, EStG, § 3 Nr. 50, Rz. 3; *Uphues/Vollenbröker*, in: Bordewin/Brandt, EStG, § 3 Nr. 50, Rz. 8 (Stand: Oktober 2022).

18 Siehe: *Dahl*, BB 2006, 2273.

19 *Dahl*, BB 2006, 2273 (2279).

20 *Dahl*, BB 2006, 2273 (2279).

21 In der Fassung des G. v. 17.08.2017, BGBl. I, 3214 (3223).

22 BR Drs. 780/16, 41.

23 BR Drs. 780/16, 41.

Altersvorsorge an, dass diese zum Arbeitslohn des Arbeitnehmers zählen. Solche Beiträge gehören nur zum Arbeitslohn, wenn sie einem konkreten Dienstverhältnis zugeordnet werden können. Die Sicherungsbeiträge nach § 23 I BetrAVG sind aber Teil einer kollektiven Finanzierung der reinen Beitragszusage.[24] Anders formuliert werden die Beiträge nicht unmittelbar einem einzelnen Arbeitnehmer gutgeschrieben oder zugerechnet.[25] § 19 I Nr. 3 EStG entfaltet für die in Rede stehenden Sicherungsbeiträge also keine Wirkung, da diese keinem konkreten Dienstverhältnis zugeordnet werden können. Auch der Grundtatbestand § 19 I Nr. 1 EStG fordert indes das Bestehen eines Dienstverhältnisses, sodass auch kein Arbeitslohn in diesem Sinne vorliegt. Zusätzlich kommt solch kollektiven Zahlungen kein Entlohnungscharakter für einen einzelnen Arbeitnehmer zu. Schließlich dienen die Sicherungsbeiträge lediglich dem eigenbetrieblichen Interesse des Arbeitgebers an der Sicherstellung der Gesamtheit seiner Versorgungszusagen.[26] Im Ergebnis handelt es sich bei § 3 Nr. 63a EStG also um eine rein klarstellende Befreiungsnorm.[27] Von der klarstellenden Funktion ging auch der Gesetzgeber bei der Einführung der Norm aus.[28] Da die Sicherungsbeiträge jedoch teils als Arbeitslohn bewertet werden[29], sollte die Regelung im Sinne der Rechtssicherheit im Gesetz Bestand haben.

5. Übertragung von Versorgungsverpflichtungen auf einen Pensionsfonds (§ 3 Nr. 66)

§ 3 Nr. 66 EStG[30] stellt den Übertragungsvorgang von Versorgungsverpflichtungen oder Leistungszusagen des Arbeitgebers oder einer Unterstützungskasse auf einen Pensionsfonds von der Steuer frei.[31] Externe Pensionsfonds

---

24 *Siebenlist*, in: H/H/R, EStG, § 3 Nr. 63a, Rz. 1 (Stand: Januar 2023).

25 *v. Beckerath*, in: K/S/M, EStG, § 3, Rz. B 63a/3 (Stand: März 2018).

26 Ähnlich. *Tormöhlen*, in: Korn, EStG, § 3 Nr. 62, Rz. 23 (Stand: Januar 2023).

27 Ebenso: *v. Beckerath*, in: K/S/M, EStG, § 3, Rz. B 63a/9 (Stand: März 2018); *Siebenlist*, in: H/H/R, EStG, § 3 Nr. 63a, Rz. 1 (Stand: Januar 2023); *Stickan*, in: L/B/P, EStG, § 3, Rz. 2670 (Stand: August 2018); *Valta*, in: Brandis/Heuermann, EStG, § 3 Nr. 63a, Rz. 2 (Stand: November 2020); *Niklaus*, in: K/K/R, EStG, § 3 Nr. 63a, Rz. 4.

28 BR Drs. 780/16, 41.

29 *Nöcker*, in: Bordewin/Brandt, EStG, § 3 Nr. 63a, Rz. 6 (Stand: Mai 2021); wohl auch *Ross*, in: Frotscher/Geurts, EStG, § 3 Nr. 63a, Rz. 1 (Stand: April 2018).

30 In der Fassung des EStG v. 08.10.2009, BGBl. I, 3366 (3374 ff.).

31 BT Drs. 14/5150, 34.

sind 2001 mit dem Ziel der Förderung der kapitalgedeckten betrieblichen Altersversorgung eingeführt worden.[32] In diesem Zuge sollten Arbeitgeber und Unterstützungskassen die Möglichkeit erhalten, ihre Verpflichtungen zur betrieblichen Altersvorsorge auf externe Pensionsfonds zu übertragen, um ökonomische Risiken zu minimieren.[33]

Aus einkommensteuerlicher Sicht wird die Übertragung teils zum steuerbaren Arbeitslohn der versorgungsberechtigten Arbeitnehmer gezählt, da diese zu diesem Zeitpunkt einen Rechtsanspruch auf die Versorgungsleistungen erwerben.[34] Es trifft zu, dass der einzelne Arbeitnehmer durch die Übertragung einen Rechtsanspruch gegen den Pensionsfonds erwirbt. Für die Annahme von Arbeitslohn müsste der Vorgang für den Arbeitnehmer jedoch des Weiteren Entlohnungscharakter haben. Dagegen spricht, dass der bisherige Anspruch auf Versorgungsverpflichtung des Arbeitgebers oder die Leistungszusage der Unterstützungskasse untergeht. Aus der Sicht des Arbeitnehmers kommt es vielmehr zu einem neutralen Austausch der Versorgungseinrichtung, die die betriebliche Altersvorsorge übernimmt. Wesentlich mehr Interesse an diesem Austausch hat der Arbeitgeber, der dadurch ökonomische Risiken der innerbetrieblichen Altersvorsorge ausgliedert. Mithin steht der Vorgang im eigenbetrieblichen Interesse des Arbeitgebers und hat für den Arbeitnehmer keinen Entlohnungscharakter.[35] § 3 Nr. 66 EStG wirkt damit klarstellend.

II. Klarstellungen zum Zufluss von Arbeitslohn

1. Übertragung von Wertguthaben (§ 3 Nr. 53)

§ 3 Nr. 53 EStG[36] befreit die Übertragung von Wertguthaben nach § 7f I 1 Nr. 2 SGB IV auf die Deutsche Rentenversicherung. Diese Wertguthaben entstehen, wenn zwischen Arbeitgeber und Arbeitnehmer ein

---

32 BT Drs. 14/5150, 21.

33 BT Drs. 14/5150, 22 u. 38.

34 BT Drs. 14/5150, 34; *Siebenlist*, in: H/H/R, EStG, § 3 Nr. 66, Rz. 2 (Stand: Januar 2023); *v. Beckerath*, in: K/S/M, EStG, § 3, Rz. B 66/13 (Stand: Juni 2021).

35 Im Ergebnis ebenso: *Bergkemper*, in: H/H/R, EStG, § 3 Nr. 66, Rz. 2 (Stand: Oktober 2019, bis Lfg. 294).

36 In der Fassung des EStG v. 08.10.2009, BGBl. I, 3366 (3374 ff.).

Zeitwertkontenmodell[37] vereinbart wurde. Solche Modelle sehen im Wesentlichen vor, dass ein Teil des Arbeitslohns nicht ausgezahlt wird. Dieser nicht ausgezahlte Teil wird ohne Abzug von Steuern und Sozialabgaben auf das Zeitwertkonto eingezahlt. Das so entstehende Wertguthaben führt zu einem Anspruch auf bezahlte Freistellung gegenüber dem Arbeitgeber, der später eingelöst werden kann.[38] In der Freistellungsphase erhält der Arbeitnehmer Leistungen aus dem Zeitwertkonto, die erst zum Zeitpunkt dieses Zuflusses zu steuerpflichtigem Arbeitslohn führen.[39] In diesem Zusammenhang eröffnet § 7f I SGB IV bei Beendigung einer Beschäftigung zwei Möglichkeiten, ein im vorangehenden Arbeitsverhältnis aufgebautes Wertguthaben zu erhalten.[40] Im ersten Fall tritt der neue Arbeitgeber an die Stelle des alten Arbeitgebers und übernimmt im Wege der Schuldübernahme die Verpflichtungen aus dem Wertguthabenvertrag. Im zweiten Fall ist die Schuldübernahme durch den neuen Arbeitgeber nicht möglich, da dieser beispielsweise keine Wertkontenmodelle anbietet. Das Wertguthaben wird dann auf die Deutsche Rentenversicherung Bund (DRVB) übertragen. Die DRVB verwaltet das Wertguthaben zunächst treuhänderisch, bis der Anspruchsberechtigte nachträglich eine Freistellung mit neuem Arbeitgeber vereinbart oder die Auszahlung für Zeiten vor Beginn der Altersrente beansprucht.[41]

Die Befreiung in § 3 Nr. 53 EStG bezieht sich nur auf den zweiten Fall, also die Übertragung auf die DRVB. Die einkommensteuerliche Behandlung unterscheidet sich – auch ohne die Befreiung – indes nicht vom Fall der Übertragung auf einen neuen Arbeitgeber. Im Sinne des hier maßgeblichen Zuflussprinzips (§ 11 I 1 EStG) erhält der Anspruchsberechtigte in beiden Fällen der Übertragung noch keine wirtschaftliche Verfügungsmacht über das Guthaben. Vielmehr wechselt lediglich die Eigenschaft des Anspruchsschuldners auf den neuen Arbeitgeber bzw. die DRVB. Weder das ursprüngliche Entstehen des Anspruchs noch ein Wechsel des Anspruchsschuldners begründet aber den Zufluss von Arbeitslohn.[42] Erst zum Zeitpunkt der Auszahlung kommt es zu einem Zufluss und damit einer Besteuerung. Soweit

---

37 Dazu: *Sterzinger*, BB 2012, 2728.
38 BT Drs. 16/11108, 11.
39 *Portner*, DStR 2009, 1838 (1839).
40 BT Drs. 16/11108, 11 f.
41 *Stäbler*, in: Krauskopf, SGB IV, § 7f, Rz. 7 (Stand: Juni 2018).
42 *Bergkemper*, in: H/H/R, EStG, § 3 Nr. 53, Rz. 1 (Stand: Oktober 2019).

§ 3 Nr. 53 Satz 1 EStG also die Befreiung für den Übergang des Guthabens auf die DRVB anordnet, kommt der Norm rein klarstellende Bedeutung zu.[43] Teilweise wird jedoch bereits im Moment der Übertragung auf die DRVB der Zufluss von Arbeitslohn angenommen.[44] Im Sinne der Rechtssicherheit sollte Satz 1 der Befreiung also beibehalten werden.

Die Sätze 2 und 3 der Nummer 53 regeln indes keine Voraussetzungen der Steuerbefreiung. Dort wird klargestellt, dass die DRVB bei der Auszahlung des Guthabens Lohnsteuer einzubehalten hat, weil in dieser Phase Einkünfte aus nichtselbständiger Arbeit vorliegen. Dies ist im Lichte des Zuflussprinzips zunächst folgerichtig. Diese Regelung im Katalog der sachlichen Steuerbefreiungen zu treffen, widerspricht aber der Systematik des EStG.[45] Das Statuieren einer Steuerpflicht für Einkünfte aus nichtselbständiger sollte im Bereich des § 19 EStG erfolgen, sodass sich die Lohnsteuereinbehaltungspflicht direkt aus § 38 I EStG ergibt.

2. Übertragung von Versorgungsanwartschaften (§ 3 Nr. 55)

§ 3 Nr. 55 EStG[46] befreit die Übertragung von gewissen Versorgungsanwartschaften, die in der betrieblichen Altersvorsorge aufgebaut wurden. Versorgungsanwartschaften entstehen in der betrieblichen Altersvorsorge, wenn Arbeitnehmer unter Zusage ihres Arbeitgebers Betriebsrentenkapital im Sinne des § 1 Betriebsrentengesetz (BetrAVG) aufbauen. Der Arbeitgeber verspricht dabei selbst oder mittelbar über eine Direktversicherung, einen Pensionsfonds oder eine Pensionskasse Ruhegeldzahlungen an den Arbeitnehmer zu erbringen, die ab Eintritt in den Ruhestand der Versorgung im Alter dienen.[47] Zwischen dem Abschluss einer Vereinbarung über die betriebliche Altersvorsorge und dem Auszahlungszeitpunkt entsteht damit eine Versorgungsanwartschaft für den Arbeitnehmer. Im Falle des Arbeitgeberwechsels hat der Arbeitnehmer gem. § 4 III BetrAVG das Recht, diese Anwartschaft auf den neuen Arbeitgeber bzw. dessen Versorgungseinrichtung zu übertragen, wenn die betriebliche Altersversorgung zuvor über einen Pensionsfonds,

---

43 *Bergkemper*, in: H/H/R, EStG, § 3 Nr. 53, Rz. 1 (Stand: Oktober 2019).
44 *v. Beckerath*, in: K/S/M, EStG, § 3, Rz. B 53/5 (Stand: Mai 2009).
45 *Bergkemper*, in: H/H/R, EStG, § 3 Nr. 53, Rz. 1 (Stand: Oktober 2019).
46 Zuletzt geändert durch G. v. 17.08.2017, BGBl. I, 3214 (3223).
47 *Steinmeyer*, in: ErfK zum Arbeitsrecht, BetrAVG, § 1, Rz. 3.

eine Pensionskasse oder eine Direktversicherung durchgeführt worden ist.[48] Diesen Übertragungsvorgang stellt § 3 Nr. 55 EStG von der Einkommensteuer frei.[49] Die Befreiung gilt auch, wenn die Übertragung nicht auf Verlangen des Arbeitnehmers, sondern einvernehmlich gem. § 4 II Nr. 2 BetrAVG erfolgt.[50]

Für die einkommensteuerliche Würdigung der betroffenen Übertragungen ist – wie schon bei Nummer 53 – das Zuflussprinzip gem. § 11 I 1 EStG entscheidend. In der Phase des Aufbaus der Anwartschaft erlangt der Arbeitnehmer noch keinen geldwerten Vorteil, sodass kein steuerpflichtiger Arbeitslohn vorliegt. Auch die Übertragung der Anwartschaft führt zu keinem zusätzlichen Versorgungsanspruch und begründet damit keinen geldwerten Vorteil, der als steuerpflichtiger Arbeitslohn zu erfassen wäre.[51] Dies steht im Einklang mit dem Prinzip der nachgelagerten Besteuerung[52], welches u. a. für die betriebliche Altersvorsorge gilt. Im sog. Rentenurteil[53] hat das BVerfG dem Gesetzgeber freigestellt, ob er Alterseinkünfte vor- oder nachgelagert besteuert.[54] Die *nachgelagerte* Besteuerung bietet sich aber auch aus der Sicht des BVerfG an, weil es vorige Beiträge des Arbeitgebers für den Arbeitnehmer als wirtschaftlich nicht verfügbar ansieht.[55] Ein Zufluss liegt erst vor, wenn die Anwartschaft an den Berechtigten ausbezahlt wird. § 3 Nr. 55 EStG wirkt damit rein klarstellend. Teils wird bereits die Übertragung der Anwartschaft als Arbeitslohn beurteilt[56], sodass die Norm im Sinne der Rechtssicherheit beibehalten werden sollte. Außerdem müssten diejenigen, die einen Zufluss annehmen, zu einer systemimmanenten Begründung für Nummer 55 kommen, da die nachgelagerte Besteuerung von Alterseinkünften ermöglicht wird.

---

48 *Niermann*, DB 2004, 1449 (1457).
49 BR Drs. 2/04, 53.
50 BR Drs. 2/04, 53.
51 *Siebenlist*, in: H/H/R, EStG, § 3 Nr. 55, Rz. 3 (Stand: Januar 2023); siehe auch BFH, Urteil v. 18.08.2016 – VI R 18/13, BStBl. II 2017, 730.
52 Siehe dazu *Fischer*, in: Kirchhof/Seer, EStG, § 22, Rz. 48, m.w.N.
53 BVerfG, Urteil v. 06.03.2002 – 2 BvL 17/99, BVerfGE 105, 73.
54 *Moes*, Die Steuerfreiheit des Existenzminimums vor dem BVerfG, 163.
55 BVerfG, Urteil v. 06.03.2002 – 2 BvL 17/99, BVerfGE 105, 73 (125).
56 *Levedag*, in: Schmidt, EStG, § 3, Rz. 180.

3. Übertragung von Anrechten bei interner Teilung (§ 3 Nr. 55a)

§ 3 Nr. 55a EStG[57] stellt die Übertragung von Anrechten im Zuge einer internen Teilung nach § 10 Versorgungsausgleichsgesetz (VersAusglG) von der Steuer frei. Die interne Teilung soll den gerechten Ausgleich der Versorgungsanrechte beider Ehegatten im Fall der Scheidung sicherstellen.[58] Nach § 10 VersAusglG sind deswegen Ansprüche aus Versorgungssystemen wie z. B. der Rentenversicherung, die vor der Scheidung nur einem Ehegatten zustanden, zu gewissen Anteilen auf den anderen Ehegatten zu übertragen.[59] So wird ein neues Rechtsverhältnis zwischen der ausgleichberechtigten Person und dem Versorgungsträger der ausgleichpflichtigen Person geschaffen.[60]

Die übergehenden Ansprüche betreffen Leistungen aus der Rentenversicherung, der betrieblichen Altersvorsorge, der Beamtenversorgung und ähnliche Versorgungsleistungen im Alter, die im Zeitpunkt der Auszahlung zu Überschusseinkünften führen. Für Überschusseinkünfte gilt das Zu- und Abflussprinzip gem. § 11 EStG, welches damit auch maßgeblich für die steuerliche Beurteilung des Übergangs von Ansprüchen auf vorgenannte Versorgungsguthaben ist.[61] Der Übergang dieser Ansprüche vollzieht sich auf der Vermögensebene.[62] Nach dem Zu- und Abflussprinzip gehören Vorgänge auf der Vermögensebene – wie der Erwerb einer Einkunftsquelle – grundsätzlich noch nicht zu den steuerbaren Einkünften, da im Sinne der zu Grunde liegenden Quellentheorie lediglich die laufenden Erträge aus der Quelle zu steuerbaren Einkünften führen.[63] Die Übertragung würde bei der ausgleichsberechtigten Person also auch ohne § 3 Nr. 55a EStG keine steuerlichen Folgen auslösen und die Befreiung wirkt rein klarstellend.[64] Teils wird

---

57 In der Fassung des EStG v. 08.10.2009, BGBl. I, 3366 (3374 ff.).

58 BT Drs. 16/10144, 54.

59 *Maaß*, in: Münchener Kommentar zum BGB, VersAusglG, § 10, Rz. 8.

60 BT Drs. 16/10144, 54.

61 Davon ebenfalls ausgehend: *v. Beckerath*, in: K/S/M, EStG, § 3, Rz. B 55a/3 (Stand: Juni 2021).

62 *Eversloh*, in: Bordewin/Brandt, EStG, § 3 Nr. 55a, Rz. 12 (Stand: Oktober 2020).

63 Das Zu- und Abflussprinzip fußt auf der Quellentheorie: *Bodden*, in: Korn, EStG, § 2, Rz. 117 (Stand: Januar 2023).

64 Im Ergebnis ebenso *Eversloh*, in: Bordewin/Brandt, EStG, § 3 Nr. 55a, Rz. 12 (Stand: Oktober 2020); *Siebenlist*, in: H/H/R, EStG, § 3 Nr. 55a, Rz. 1 (Stand: Januar 2023); ähnlich *v. Beckerath*, in: K/S/M, EStG, § 3, Rz. B 55a/3 (Stand: Juni 2021).

jedoch bereits die Übertragung als steuerbar bewertet[65] und die Norm ist im Sinne der Rechtssicherheit beizubehalten.

4. Übertragung von Anrechten bei externer Teilung (§ 3 Nr. 55b)

§ 3 Nr. 55b EStG[66] befreit die Leistung von Ausgleichswerten im Zuge einer externen Teilung nach § 14 VersAusglG. Die externe Teilung erfolgt gem. § 14 II VersAusglG nur in dem Ausnahmefall, dass dies zwischen den Beteiligten vereinbart wurde oder einseitig von dem Versorgungsträger der ausgleichpflichtigen Person verlangt wird. Die Versorgungsanrechte werden in diesem Fall vom ursprünglichen Versorgungsträger des Ausgleichpflichtigen auf einen anderen Versorgungsträger der Wahl des Ausgleichberechtigten übertragen.[67]

Die Grundsätze des Zuflussprinzips, die für Nummer 55 und 55a angeführt wurden, lassen sich auf die von Nummer 55b befreiten Leistungen übertragen. Die übertragenen Versorgungsanrechte lösen erst zum Zeitpunkt der Auszahlung den Zufluss von Überschusseinkünften[68] aus, weshalb der vorige Erwerb der Einkunftsquelle keine steuerlichen Folgen auslöst. § 3 Nr. 55b EStG wirkt demnach rein klarstellend.[69] Nummer 55b statuiert in Satz 2 eine Ausnahme von diesem Grundsatz, indem für einige Fälle eine Steuerpflicht für den Zeitpunkt der Übertragung der Versorgungsanrechte statuiert wird. Der Gesetzgeber möchte damit Besteuerungslücken schließen[70], hätte dies jedoch im Bereich der betroffenen Überschusseinkunftsarten regeln müssen, statt dafür den Befreiungskatalog zu nutzen.

5. Übertragung von Altersvorsorgevermögen (§ 3 Nr. 55c)

§ 3 Nr. 55c EStG[71] stellt die Übertragung von Altersvorsorgevermögen sowie die Übertragung von Anwartschaften aus einer betrieblichen Altersversorgung in insgesamt vier Varianten von der Steuer frei. Von der ersten Variante betroffen sind die Übertragungen von Altersvorsorgevermögen

---

65 *Stickan*, in: L/B/P, EStG, § 3, Rz. 2637 (Stand: August 2018).
66 In der Fassung des EStG v. 08.10.2009, BGBl. I, 3366 (3374 ff.).
67 *Recknagel*, in: Münchener Kommentar zum BGB, VersAusglG, § 14, Rz. 5.
68 Der Gesetzgeber zählt §§ 19, 20 u. 22 EStG auf: BT Drs. 16/10144, 108.
69 Ebenso *Siebenlist*, in: H/H/R, EStG, § 3 Nr. 55b, Rz. 1 (Stand: Januar 2023).
70 BT Drs. 16/10144, 109.
71 Zuletzt geändert durch G v. 25.03.2019, BGBl. I, 357.

zu Lebzeiten. Dies kann gem. § 1 I Nr. 10 lit. b AltZertG[72] erfolgen, um das gebildete Kapital auf einen anderen auf denselben Namen lautenden Altersvorsorgevertrag desselben oder eines anderen Anbieters übertragen zu lassen. Die zweite Variante befreit die Übertragung von Anwartschaften aus einer betrieblichen Altersversorgung ohne Arbeitgeberwechsel. In diesen Fällen wird eine Anwartschaft aus einer betrieblichen Altersversorgung ohne Wechsel des Arbeitgebers von einem externen auf einen anderen externen Versorgungsträger übertragen.[73] Drittens befreit Nummer 55c die Übertragung von Anwartschaften aus einer betrieblichen Altersversorgung mit Arbeitgeberwechsel. Die Befreiung bezieht sich auf den Fall, dass die Abfindung einer Anwartschaft der betrieblichen Altersversorgung auf einen anderen Altersvorsorgevertrag geleistet wird, der auf den Namen des Berechtigten lautet. Dem Steuerpflichtigen darf die Abfindung also nicht zu freien Verfügung ausgezahlt werden.[74] In der vierten Variante wird die Übertragung von Altersvorsorgevermögen im Todesfall erfasst. Angespartes Altersvorsorgevermögen kann im Todesfall in einem Betrag auf einen Altersvorsorgevertrag übertragen werden, der auf den Namen des überlebenden Ehegatten läuft.[75]

Die einkommensteuerliche Freistellung der Übertragungsvorgänge steht im Zusammenhang mit dem Prinzip der nachgelagerten Besteuerung von Versorgungsbezügen.[76] Dies hat wiederum zur Konsequenz, dass die Übertragungsvorgänge – auch ohne die Befreiung – noch keinen steuerbaren Zufluss im Sinne des § 11 EStG beim Berechtigten auslösen. Wie die vorigen Nummern 55 bis 55b ist Nummer 55c demnach klarstellender Natur.[77]

6. Übertragung von Anrechten auf Basisrente (§ 3 Nr. 55d)

§ 3 Nr. 55d EStG[78] befreit die Übertragung von Anrechten aus einem nach § 5a AltZertG zertifizierten Vertrag. Nach § 5a AltZertG werden vor allem

---

72 Altersvorsorgeverträge-Zertifizierungsgesetz.

73 *Siebenlist*, in: H/H/R, EStG, § 3 Nr. 55c, Rz. 3 (Stand: Januar 2023).

74 *Niklaus*, in: K/K/R, EStG, § 3 Nr. 55c, Rz. 37.

75 *Valta*, in: Brandis/Heuermann, EStG, § 3 Nr. 55c, Rz. 11 f. (Stand: November 2020).

76 *Siebenlist*, in: H/H/R, EStG, § 3 Nr. 55c, Rz. 1 (Stand: Januar 2023); *Niklaus*, in: K/K/R, EStG, § 3 Nr. 55c, Rz. 3.

77 *Siebenlist*, in: H/H/R, EStG, § 3 Nr. 55c, Rz. 1 (Stand: Januar 2023); differenzierend *v. Beckerath*, in: K/S/M, EStG, § 3, Rz. B 55c/5 f. (Stand: Juni 2021).

78 In der Fassung des G. v. 07.12.2011, BGBl. I, 2592 (2600).

Basisrentenverträge zertifiziert, die zu einer kapitalgedeckten betrieblichen Altersvorsorge führen.[79] Die Übertragung ist nur befreit, wenn sie auf einen anderen nach § 5a AltZertG zertifizierten Vertrag erfolgt, der auf den Namen desselben Steuerpflichtigen läuft. Die Übertragung muss also ohne Wechsel des Anspruchsberechtigten erfolgen.[80]

Der Gesetzgeber wollte durch die Befreiung sicherstellen, dass eine Besteuerung erst in der Auszahlungsphase und nicht bereits zum Zeitpunkt der Übertragung des Anrechts erfolgt.[81] Eines Befreiungstatbestandes hätte es dafür genau genommen nicht gebraucht, da der bloße Vertrags- oder Anbieterwechsel noch zu keinem steuerbaren Zufluss für den Anspruchsberechtigten führt.[82] Das Zuflussprinzip gilt insbesondere auch für den Einkunftstatbestand § 22 Nr. 1 S. 3 lit. a) Doppelbuchst. aa) EStG, da der Wortlaut insoweit keine abweichenden Besonderheiten aufweist.[83] § 3 Nr. 55d EStG wirkt damit aus denselben Gründen wie die Nummern 55 bis 55c klarstellend.[84]

7. Übertragung von Altersvorsorgeanrechten wegen zwischenstaatlicher Abkommen (§ 3 Nr. 55e)

§ 3 Nr. 55e EStG[85] stellt eine weitere Form der Übertragung von Anrechten auf Altersversorgung von der Steuer frei. Die Übertragung muss aufgrund eines Abkommens mit einer zwischen- oder überstaatlichen Einrichtung erfolgen und der übertragene Wert zur Begründung von Anrechten auf Altersversorgung dienen. Letzteres verhindert die Steuerbefreiung für den Teil des Wertes, der anteilig oder ganz direkt an den Steuerpflichtigen ausgezahlt wird.[86] Weitere Voraussetzung ist, dass die späteren Altersleistungen des neuen Versorgungsträgers in Deutschland besteuert werden.[87] § 3 Nr. 55e EStG wirkt

---

79 BT Drs. 16/11108, 13.

80 *Niklaus*, in: K/K/R, EStG, § 3 Nr. 55d, Rz. 35.

81 BT Drs. 17/7524, 9.

82 *Niklaus*, in: K/K/R, EStG, § 3 Nr. 55d, Rz. 2.

83 *Schüler-Täsch*, in: H/H/R, EStG, § 22, Rz. 162 (Stand: November 2021).

84 Ebenso: *Siebenlist*, in: H/H/R, EStG, § 3 Nr. 55d, Rz. 1 (Stand: Januar 2023); ohne Beachtung des Zuflussprinzips a. A.: *v. Beckerath*, in: K/S/M, EStG, § 3, Rz. B 55d/3 (Stand: April 2012).

85 In der Fassung des G. v. 07.12.2011, BGBl. I, 2592 (2600).

86 BT Drs. 17/7524, 9.

87 BT Drs. 17/7524, 9 f.

aus denselben Gründen wie die Nummern 55 bis 55d klarstellend.[88] Auch ohne die Befreiung würde die Übertragung mangels Zuflusses zu keinem steuerbaren Vorteil bei demjenigen führen, der das Anrecht erhält.

8. Pflichtbeiträge des Arbeitgebers zur Zukunftssicherung (§ 3 Nr. 62 S. 1)

§ 3 Nr. 62 S. 1 EStG[89] befreit Ausgaben des Arbeitgebers für die Zukunftssicherung des Arbeitnehmers von der Einkommensteuer. Im Verhältnis zu den spezielleren Nummern 56 und 63 bezieht sich Nummer 62 nicht auf die umlagefinanzierte bzw. kapitalgedeckte betriebliche Altersversorgung.[90] Der Anwendungsbereich von § 3 Nr. 62 S. 1 EStG betrifft vielmehr die Leistungen zur Zukunftssicherung, zu denen der Arbeitgeber sozialversicherungsrechtlich oder nach anderen gesetzlichen Vorschriften verpflichtet ist. Darunter fallen vor allem die Beiträge und Zuschüsse des Arbeitgebers zur gesetzlichen Kranken-, Pflege-, Unfall-, Renten- und Arbeitslosenversicherung.[91]

Für die einkommensteuerliche Beurteilung ist entscheidend, dass der Arbeitgeber zu diesen Beiträgen und Leistungen gesetzlich verpflichtet ist. So kommt es nämlich weder im Wege des abgekürzten Zahlungs- noch im abgekürzten Vertragswege zu einem steuerbaren Zufluss beim Arbeitnehmer.[92] Schuldrechtlich betrachtet stellt der Arbeitgeber die Beträge dem Arbeitnehmer nicht zur Verfügung, sondern diese sind wegen der eigenen rechtlichen Verpflichtung eine (eigene) Belastung des Arbeitgebers, die er gegenüber einem Dritten erbringen muss.[93] Die Anwartschaft auf spätere Leistungen, die dem Arbeitnehmer erwächst, fließt diesem wie erläutert nicht i. S. d. § 11 I 1 EStG zu. § 3 Nr. 62 S. 1 EStG wirkt damit klarstellend.[94]

---

[88] Ebenso: *Siebenlist*, in: H/H/R, EStG, § 3 Nr. 55e, Rz. 1 (Stand: Januar 2023); ohne Beachtung des Zuflussprinzips a. A.: *v. Beckerath*, in: K/S/M, EStG, § 3, Rz. B 55e/3 (Stand: April 2012).

[89] Zuletzt geändert durch G. v. 17.08.2017, BGBl. I, 3214 (3223).

[90] BT Drs. 16/10189, 48.

[91] *v. Beckerath*, in: K/S/M, EStG, § 3, Rz. B 62/38 (Stand: März 2018); ebenso R 3.62 (1) LStR.

[92] Vgl. dazu die entsprechenden Ausführungen zu § 3 Nr. 56 EStG in dieser Arbeit.

[93] *v. Beckerath*, in: K/S/M, EStG, § 3, Rz. B 62/11 (Stand: März 2018).

[94] Ebenso: *Bergkemper*, in: H/H/R, EStG, § 3 Nr. 62, Rz. 3 (Stand: Oktober 2019); *Tormöhlen*, in: Korn, EStG, § 3 Nr. 62, Rz. 8 (Stand: Januar 2023); BFH, Urteil v. 06.06.2002

§ 3 Nr. 62 S. 2 EStG befreit demgegenüber Zuschüsse, die der Arbeitgeber ohne gesetzliche Verpflichtung – also freiwillig – zu bestimmten Versicherungen des Arbeitnehmers leistet.[95] Folglich lassen sich die vorigen Gedanken nicht auf Satz 2 übertragen und die dortige Befreiung wird – als unabhängiger Tatbestand – an späterer Stelle den konstitutiv wirkenden Vereinfachungszweckbefreiungen zugeordnet.

9. Insolvenzsicherung in der betrieblichen Altersvorsorge (§ 3 Nr. 65)

§ 3 Nr. 65 EStG[96] betrifft ausgewählte Fallvarianten der Insolvenzsicherung in der betrieblichen Altersvorsorge. Im Fall der Zahlungsunfähigkeit des Arbeitgebers leisten entweder spezielle Pensions-Sicherungs-Träger Beiträge zur Erhaltung der betrieblichen Altersvorsorge oder der Arbeitnehmer erwirbt zur Sicherung seiner Altersvorsorge neue Ansprüche gegen Dritte.

§ 3 Nr. 65 lit. a) EStG regelt die Steuerbefreiung für die Variante, dass ein Träger der Insolvenzsicherung im Insolvenzfall des Arbeitgebers Beiträge an eine Pensionskasse oder an ein Unternehmen der Lebensversicherung zahlt.[97] Als Träger der gesetzlichen Insolvenzsicherung schreibt § 14 BetrAVG den Pensions-Sicherungs-Verein (PSV) vor. Die Beitragsübernahme durch den PSV führt zu keinem (zusätzlichen) Zufluss bei dem Arbeitnehmer, dessen Altersvorsorge durch die Beiträge abgesichert wird. Der Anspruch auf die spätere Versorgungsleistung bleibt unverändert bestehen.[98] Das weitere Anwachsen vergleichbarer Ansprüche der Altersvorsorge löst im Rahmen der Überschusseinkünfte indes keinen steuerbaren Zufluss bei dem Begünstigten aus, was bereits die Ausführungen zu § 3 Nr. 56 EStG aufgezeigt haben. Im Falle des § 3 Nr. 65 lit. a) EStG wird das Zuflussprinzip nicht durch § 19 I Nr. 3 EStG durchbrochen, da der PSV kein Arbeitgeber im Sinne dieses besonderen Tatbestands für Einkünfte aus nichtselbständiger Arbeit ist. Sonstige Einkünfte

– VI R 178/97 –, BStBl. II 2003, 34 (35); BFH, Urteil v. 21.01.2010 – VI R 52/08, BStBl. II 2010, 703 (704).

95 *Tormöhlen*, in: Korn, EStG, § 3 Nr. 62, Rz. 23 (Stand: Januar 2023).

96 Zuletzt geändert durch G. v. 16.12.2022, BGBl. I, 2294 (2295).

97 BT Drs. 7/2843, 13.

98 *Rätke*, in: H/H/R, EStG, § 3 Nr. 65, Rz. 12, m.w.N. (Stand: Oktober 2020).

aus § 22 Nr. 1 S. 1 EStG kommen mangels Zuflusses ebenfalls nicht in Betracht.[99] § 3 Nr. 65 lit. a) EStG wirkt damit rein klarstellend.

§ 3 Nr. 65 lit. b) EStG bezieht sich auf den Fall, dass der Betrieb des Arbeitgebers eingestellt und anschließend liquidiert wird und in diesem Zuge Verpflichtungen der betrieblichen Altersvorsorge von dem Arbeitgeber auf externe Versorgungseinrichtungen übertragen werden. Gem. § 4 IV BetrAVG hat der Arbeitgeber oder Liquidator das Recht, die bestehenden unverfallbaren Versorgungsanwartschaften und die Leistungsansprüche unabhängig von einer Zustimmung seitens der Arbeitnehmer auf einen Lebensversicherer oder eine Pensionskasse zu übertragen.[100] Infolge der Übernahme durch die externen Versorgungseinrichtungen erwirbt der Versorgungsberechtigte einen Anspruch auf die Auszahlung der Versorgungsleistungen bei Eintritt des Versorgungsfalls. *Rätke* beurteilt dies als steuerpflichtigen Zufluss bei dem Arbeitnehmer.[101] Der Anspruch bestand jedoch bereits zuvor gegenüber dem Arbeitgeber. In Folge der Übertragung geht dieser ursprüngliche Anspruch unter, was nach *Rätkes* Verständnis dann als negativer Arbeitslohn oder Werbungskosten zu berücksichtigen wäre. Dies überzeugt nicht und stattdessen ist der Vorgang wie folgt konsequent im Sinne des Zuflussprinzips zu beurteilen. Wenn der Arbeitnehmer in der Phase des Aufbaus der Anwartschaft noch keinen geldwerten Vorteil erlangt, kann auch die Übertragung der Anwartschaft vom Arbeitgeber auf einen anderen Versorgungsträger zu keinem zusätzlichen geldwerten Vorteil führen.[102] Des Weiteren steht der Anspruch dem Arbeitnehmer auch nach der Übertragung wirtschaftlich nicht zur freien Verfügung. § 3 Nr. 65 lit. b) EStG kommt damit ebenfalls eine klarstellende Funktion zu.

§ 3 Nr. 65 lit. c) EStG bezieht sich auf Treuhandkonstruktionen, durch die der Zugriff des Insolvenzverwalters auf Ansprüche der betrieblichen Altersvorsorge verhindert werden soll.[103] Solche Modelle flankieren die Insolvenzsicherung durch den Pensions-Sicherungs-Verein, indem das deckende Vermögen des Trägerunternehmens treuhänderisch auf einen Trust – in der

---

99 *Rätke*, in: H/H/R, EStG, § 3 Nr. 65, Rz. 12, m.w.N. (Stand: Oktober 2020).
100 *Rolfs*, in: B/R/O, BetrAVG, § 4, Rz. 144.
101 *Rätke*, in: H/H/R, EStG, § 3 Nr. 65, Rz. 26 (Stand: Oktober 2020).
102 Siehe bereits die Ausführungen zu § 3 Nr. 53 u. 55 EStG.
103 BR Drs. 622/06, 67.

Regel ein eingetragener Verein – übertragen wird.[104] Die Vermögensübertragung erfolgt also nur rechtlich, während die Vermögensgegenstände dem Trägerunternehmen weiterhin wirtschaftlich zugeordnet werden.[105] Erst im Falle der Insolvenz des Trägerunternehmens entsteht ein Forderungsrecht der Versorgungsberechtigten gegen den Treuhänder (Dritten), der dann das ihm übertragene Vermögen verwertet und an die versorgungsberechtigten Arbeitnehmer auszahlt.[106]

§ 3 Nr. 65 lit. c) Hs. 1 EStG stellt vor diesem Hintergrund sicher, dass das Einstehen eines Dritten für die Erfüllung von Ansprüchen aufgrund bestehender Versorgungsverpflichtungen nicht zu steuerlichen Konsequenzen für den Arbeitnehmer führt.[107] Das Einstehen des Dritten führt aber ohnehin nicht zu einer weiteren Bereicherung des Arbeitnehmers.[108] Insbesondere kommt es zu keinem Zufluss von Arbeitslohn, wenn die Ansprüche auf künftige Versorgungsleistungen ab einem gewissen Zeitpunkt lediglich gegenüber einer anderen Institution bestehen.

§ 3 Nr. 65 lit. c) Hs. 2 EStG erweitert die Befreiungswirkung auf entsprechende Treuhandkonstruktionen bei Altersteilzeitmodellen und Arbeitszeitkonten.[109] Der Arbeitgeber kann dem Arbeitnehmer einen zivilrechtlichen Anspruch gegenüber dem Treuhänder auf Ausgleich seines Wertguthabens einräumen, den er im Sicherungsfall gegenüber dem Treuhänder durchsetzen kann.[110] Auch dieser Vorgang führt für den Arbeitnehmer nicht zu einer weiteren Bereicherung, sondern lediglich zu einem Wechsel der Anspruchsschuldner im Sicherungsfall. Zusammenfassend wirkt auch § 3 Nr. 65 lit. c) EStG klarstellend.

§ 3 Nr. 65 lit. d) EStG betrifft den Fall, dass der Arbeitnehmer im Insolvenzfall des Arbeitgebers eine auf sein Leben abgeschlossene Rückdeckungsversicherung fortsetzt. Dies ist dem Arbeitnehmer gem. § 8 II BetrAVG ausdrücklich gestattet und erfolgt so, dass der Arbeitnehmer als Versicherungsnehmer eintritt und die Rückdeckungsversicherung mit eigenen

---

[104] *Passarge*, NZI 2006, 20 f.
[105] *Passarge*, NZI 2006, 20 (21).
[106] *Passarge*, NZI 2006, 20 (21).
[107] BR Drs. 622/06, 67.
[108] *Rätke*, in: H/H/R, EStG, § 3 Nr. 65, Rz. 38 (Stand: Oktober 2020).
[109] BR Drs. 622/06, 67.
[110] *Rätke*, in: H/H/R, EStG, § 3 Nr. 65, Rz. 40 (Stand: Oktober 2020).

Beiträgen fortsetzt.[111] Der Befreiung käme also konstitutive Wirkung zu, wenn der Wechsel der Stellung des Versicherungsnehmers von Arbeitgeber auf Arbeitnehmer als steuerbarer Zufluss zu qualifizieren ist. Anspruchsberechtigt war der Arbeitnehmer bereits vor dem Wechsel der Stellung des Versicherungsnehmers. Nur weil der Arbeitnehmer fortan Versicherungsnehmer ist, führt dies noch nicht zu einem steuerbaren Zufluss. Das angesparte Guthaben in der Rückdeckungsversicherung wird dem Arbeitnehmer zu diesem Zeitpunkt weder ausgezahlt, noch kann er über dieses Guthaben auf andere Weise wirtschaftlich verfügen. Im Fall des § 8 II BetrAVG wird die Verfügungsmacht des Arbeitnehmers nämlich in der Form beschränkt, dass er diese lediglich weiterhin zum Zweck der Altersversorgung verwenden muss.[112] Geldwerte Vorteile, über die er wirtschaftlich verfügen kann, erhält der Arbeitnehmer also weiterhin erst im Versicherungsfall und zu Beginn der Auszahlungsphase. Auch § 3 Nr. 65 lit. d) EStG wirkt damit rein klarstellend.

III. Klarstellung zu „anderen Leistungen" der gesetzl. Rentenversicherung (§ 3 Nr. 1 lit. b) Alt. 1)

§ 3 Nr. 1 lit. b) Alt. 1 EStG[113] befreit Sachleistungen aus der gesetzlichen Rentenversicherung und dem ALG. Die zweite Alternative der Norm befreit Kinderzuschüsse und wird an anderer Stelle behandelt. Um die von der ersten Alternative befreiten Leistungen zu definieren, sind die Grundzüge des deutschen Rentenversicherungskonzeptes nachzuvollziehen. Dieses hat zwei Aufgabenbereiche. Erstens soll durch Geldleistungen im Alter die verminderte Erwerbsfähigkeit des Versicherten kompensiert oder in dessen Todesfall seine Angehörigen versorgt werden.[114] Zweitens sollen durch medizinische Präventions- und Rehabilitationsleistungen die Wiederherstellung der Erwerbsfähigkeit ermöglicht werden, wenn diese durch eine Krankheit oder einen Unfall gemindert war.[115] Die hier in Rede stehenden Sachleistungen aus der gesetzlichen Rentenversicherung sind dem zweiten Aufgabenbereich

---

[111] *Rolfs*, in: B/R/O, BetrAVG, § 8, Rz. 19.
[112] BT Drs. 18/11286, 43.
[113] In der Fassung des EStG v. 08.10.2009, BGBl. I, 3366 (3374 ff.).
[114] *Waltermann*, in: Sozialrecht, Rz. 391.
[115] *Waltermann*, in: Sozialrecht, Rz. 391.

zuzuordnen. Den Sachleistungen liegen die §§ 14 ff. SGB VI zu Grunde. Diese verwirklichen die zuvor beschriebene Präventions- und Rehabilitationsaufgabe der Rentenversicherung.[116]

Diese Bezüge könnten unter die speziellen Voraussetzungen des Tatbestandes § 22 Nr. 1 S. 3 lit. a) Doppelbuchst. aa) EStG fallen, da dieser „Leibrenten“ und „andere Leistungen“ aus gesetzlichen Rentenversicherungen und der landwirtschaftlichen Alterskasse, also dem ALG erfasst. Einmalige Sachleistungen sind keine Leibrenten[117], sodass diese lediglich unter den Begriff „andere Leistungen“ gefasst werden könnten. Auf die Frage, ob *wiederkehrende* Bezüge vorliegen, kommt es hier nicht an. Dieses Merkmal ist für den Tatbestand der „anderen Leistungen“ nicht relevant.[118] Eine Besteuerung der Leistungen nach § 22 Nr. 1 S. 1 Hs. 1 EStG käme ohne die Befreiung indes nicht in Betracht, da die Sachleistungen nicht wiederkehrend gezahlt werden.[119]

Des Weiteren ist das Merkmal der „anderen Leistungen“ in § 22 Nr. 1 S. 3 lit. a) Doppelbuchst. aa) EStG nur eingeführt worden, weil bei den berufsständischen Versorgungseinrichtungen und Pensionskassen Teilkapitalisierungen zulässig sind, die andernfalls nicht steuerbar wären.[120] Durch die Erweiterung des Tatbestandes um „andere Leistungen“ wollte der Gesetzgeber also primär Besteuerungslücken bezüglich der Erfassung von Teilkapitalisierungsgestaltungen schließen. Der weite Wortlaut lässt aber den Schluss zu, dass neben diesen primär zu erfassenden Teilkapitalisierungsgestaltungen zusätzlich weitere Leistungen erfasst werden sollen. So entschied der BFH zu Recht, die Norm für – im Streitjahr 2006 noch gezahlte – Kinderzuschüsse anzuwenden, da diese Teil der Basisabsicherung der Rente sind, für die die nachgelagerte Besteuerung greift.[121] Daraus geht aber hervor, dass es dem Sinn und Zweck dieses Grundtatbestands widerspricht, Leistungen der gesetzlichen Rentenversicherung zu erfassen, die während der Ansparphase – vor der nachgelagerten Besteuerung – erbracht werden. Die in Rede stehenden Sachleistungen werden jedoch in der Ansparphase

---

116 BT Drs. 18/9787, 32.

117 Zum Begriff der Leibrente: *Neudenberger/Wernsmann*, in: K/S/M, EStG, § 22, Rz. B 141.

118 *Neudenberger/Wernsmann*, in: K/S/M, EStG, § 22, Rz. B 150 f.

119 *v. Beckerath*, in: K/S/M, EStG, § 3, Rz. B 1/35 (Stand: Mai 2015).

120 BT Drs. 15/3004, 19.

121 BFH, Urteil v. 31.08.2011 – X R 11/10, BStBl II 2012, 312 (313 f.).

erbracht, was daran liegt, dass die gesetzliche Rentenversicherung auch Leistungen zur Prävention, zur medizinischen Rehabilitation, zur Teilhabe am Arbeitsleben und zur Nachsorge erbringt. Im Ergebnis kann dieser Teil der Leistungen aus der gesetzlichen Rentenversicherung also nicht unter den Tatbestand des § 22 Nr. 1 S. 3 lit. a) Doppelbuchst. aa) EStG gefasst werden, was § 3 Nr. 1 lit. b) Alt. 1 EStG für Sachleistungen aus der gesetzlichen Rentenversicherung und Sachleistungen nach dem ALG klarstellt.

IV. Klarstellung zum Mutterschaftsgeld an nicht gesetzlich Versicherte (§ 3 Nr. 1 lit. d) Var. 2)

Die folgende Nummer wirkt klarstellend bezüglich mehrerer Einkunftsarten. § 3 Nr. 1 lit. d) Var. 2 EStG stellt klar, dass das Mutterschaftsgeld an nicht gesetzlich Versicherte weder als sonstige Einkünfte nach § 22 Nr. 1 S. 1 Hs. 1 EStG noch als Entschädigung im Sinne des § 24 Nr. 1 lit. a) EStG i. V. m. einer ausgefallenen Einkunftsart zu behandeln ist. § 3 Nr. 1 lit. d) EStG[122] befreit das Mutterschaftsgeld nach verschiedenen Leistungsgesetzen sowie die Sonderunterstützung für im Familienhaushalt beschäftigte Frauen und entsprechende Zuschüsse zum Mutterschaftsgeld. So ergeben sich aus § 3 Nr. 1 lit. d) EStG vier Befreiungsvarianten. Erstens bezogen auf das Mutterschaftsgeld an gesetzlich Versicherte, zweitens auf das Mutterschaftsgeld an nicht gesetzlich Versicherte, drittens auf die Sonderunterstützung und viertens auf die Zuschüsse. Bezüglich des Mutterschaftsgeldes ist für die folgende Einordnung zwischen gesetzlich versicherten und nicht gesetzlich versicherten Müttern als Empfängerinnen zu unterscheiden. Die folgende Untersuchung konzentriert sich auf das Mutterschaftsgeld an nicht gesetzlich Versicherte (§ 3 Nr. 1 lit. d) Var. 2 EStG), da nur insoweit eine rein klarstellende Befreiung vorliegt. Der Befreiungstatbestand selbst unterscheidet im Wortlaut indes nicht zwischen Mutterschaftsgeld an gesetzlich und nicht gesetzlich Versicherte. Das dort genannte Mutterschaftsgeld kann aber nur als Oberbegriff für beide Varianten verstanden werden.[123]

Nach § 19 II MuSchG erhalten Frauen, die nicht gesetzlich versichert sind, Mutterschaftsgeld. Der Anspruch richtet sich direkt gegen den Bund und besteht für einen verschiedenartigen Personenkreis. Zu den nicht gesetzlich

---

[122] In der Fassung des EStG v. 08.10.2009, BGBl. I, 3366 (3374 ff.).
[123] *Bergkemper*, in: H/H/R, EStG, § 3 Nr. 1, Rz. 21 (Stand: Mai 2023).

versicherten Frauen gehören beispielsweise Arbeitnehmerinnen, deren Entgelt über der Versicherungsgrenze liegt, Soldatinnen, geringfügig Beschäftigte, auf Antrag Befreite oder über die Familienversicherung mitversicherte Frauen.[124] Trotz des unterschiedlich besetzten Kreises an Anspruchsberechtigten lässt sich der Zweck der Leistung einheitlich ausdrücken. Es soll zum Wohle der Gesundheit von Mutter und Kind verhindert werden, dass werdende Mütter aus finanziellem Zwang gegen geltende Beschäftigungsverbote verstoßen müssen.[125] Das Mutterschaftsgeld bei nicht gesetzlich Versicherten wird darüber hinaus in einer Summe ausgezahlt.[126]

Einkommensteuerrechtlich fällt diese staatliche Transferleistung – mangels Wiederkehr der Bezüge – folglich nicht unter den weiten Wortlaut des § 22 Nr. 1 S. 1 Hs. 1 EStG. In Betracht käme sonst eine Steuerbarkeit nach § 2 4 Nr. 1 lit. a) EStG i. V. m. einer ausgefallenen Einkunftsart. Schließlich lässt sich wegen des ausgeführten Zwecks der Transferleistung ein gewisser Kompensationsgedanke des Mutterschaftsgeldes bei nicht gesetzlich versicherten Empfängerinnen erkennen. Aber die Voraussetzungen des § 19 II MuSchG sind auch erfüllt, wenn der Leistungsempfängerin keine Einnahmen entgehen.[127] Im Ergebnis ist also keine Entschädigung im Sinne des § 24 Nr. 1 lit. a) EStG anzunehmen und § 3 Nr. 1 lit. d) Var. 2 EStG wirkt klarstellend. Dieses Ergebnis lässt sich nicht auf das Mutterschaftsgeld an gesetzlich Versicherte übertragen, sodass für § 3 Nr. 1 lit. d) Var. 1 EStG eine Einordnung an späterer Stelle erfolgt.

V. Klarstellung zu Rückerstattungen von Versicherungsbeiträgen (§ 3 Nr. 3 lit. b)

§ 3 Nr. 3 lit. b) EStG[128] befreit die Erstattung von Versicherungsbeiträgen. Die Befreiung betrifft erstattete Beiträge aus der gesetzlichen Rentenversicherung und der Alterssicherung der Landwirte.[129]

---

124 *Pepping*, in: HK, MuSchG, § 19, Rz. 63.
125 *Senger*, in: Tillmanns/Mutschler, MuSchG, § 19, Rz. 1, m.w.N.
126 *Schlachter*, in: ErfK zum Arbeitsrecht, MuSchG, § 19, Rz. 5.
127 Dies allgemein für das Mutterschaftsgeld annehmend: *v. Beckerath*, in: K/S/M, EStG, § 3, Rz. B 1/38 (Stand: Mai 2015).
128 In der Fassung des EStG v. 08.10.2009, BGBl. I, 3366 (3374 ff.).
129 *Bergkemper*, in: H/H/R, EStG, § 3 Nr. 3, Rz. 3 (Stand: April 2020).

Einkommensteuerlich teilen erstattete Versicherungsbeträge das Schicksal der ursprünglichen Beitragsleistungen. Sie würden also nur einer Einkunftsart unterfallen, wenn die ursprünglichen Beitragsleistungen als Erwerbsaufwendung in dieser Einkunftsart abzugsfähig gewesen wären.[130] Die ursprünglichen Beiträge zu der gesetzlichen Rentenversicherung und der Alterssicherung der Landwirte zählen gem. § 10 I Nr. 2 lit. a) EStG zu den Sonderausgaben. § 10 I Nr. 2 lit. a) EStG ordnet die ursprünglichen Beiträge also der privaten Sphäre des Beitragszahlers zu und diese sind im Zuge der Einkünfteermittlung nicht als Erwerbsaufwendungen berücksichtigungsfähig. Mit anderen Worten ist die Abzugsfähigkeit im Rahmen der Einkünfteermittlung für die in Rede stehenden Beitragsleistungen ausgeschlossen, was auf die Erstattung dieser Beiträge abfärbt. Die Zurückzahlung solcher Beiträge wirkt sich dann folgerichtig gem. § 10 IVb 2 EStG auf der Ebene der Sonderausgaben aus. § 10 IVb 3 EStG sieht bei einem Erstattungsüberhang zwar eine Erhöhung des Gesamtbetrages der Einkünfte vor, beschränkt sich dabei aber auf Basis-, Kranken- und Pflegeversicherungen sowie auf die Kirchensteuer. Im Umkehrschluss führen erstattete Beiträge zur gesetzlichen Rentenversicherung nur zur Verrechnung mit anderen Sonderausgaben, erhöhen den Gesamtbetrag der Einkünfte jedoch nicht. § 3 Nr. 3 lit. b) EStG hat demnach eine klarstellende Wirkung.

VI. Klarstellendes lex generalis (§ 3 Nr. 2 lit. e)

§ 3 Nr. 2 lit. e) EStG[131] befreit Leistungen, die mit den in § 3 Nr. 1 bis Nr. 2 lit. d) EStG oder § 3 Nr. 67 lit. b) EStG genannten Leistungen vergleichbar sind und von ausländischen Rechtsträgern, die ihren Sitz in der Europäischen Union, in einem Staat, auf den das Abkommen über den Europäischen Wirtschaftsraum Anwendung findet oder in der Schweiz haben.

Die § 3 Nr. 1 bis Nr. 2 lit. d) EStG sowie § 3 Nr. 67 lit. b) EStG befreien mehrere Bezüge, die ohne die Befreiung zu unterschiedlichen steuerpflichtigen Einkünften führen würden. Diese Befreiungstatbestände knüpfen an nationale Leistungsgesetze an. Es stellt sich also die Frage, ob diese erfüllt

---

[130] Gedanke des § 2 II Nr. 2 LStDV für die Einkunftsart aus § 19 I Nr. 1 EStG.
[131] Zuletzt geändert durch G v. 21.12.2020, BGBl. I, 3096 (3100).

sind, wenn entsprechende Leistungen von ausländischen Trägern gezahlt werden. Das nationale Recht unterwirft nämlich wegen des sog. Welteinkommens- oder Totalitätsprinzips grundsätzlich das gesamte im Inland und im Ausland erzielte Einkommen eines Steuersubjekts der Einkommensteuer.[132] 1991 hat der BFH einer Ausdehnung von Befreiungstatbeständen, die an nationale Leistungsgesetze anknüpfen, auf vergleichbare Fälle aus ausländischen Leistungsgesetzen noch eine Absage erteilt.[133] Einem BFH-Urteil aus 2004 lässt sich jedoch entnehmen, dass es für die Anwendung eines Befreiungstatbestandes unerheblich ist, ob Leistungen aufgrund inländischer oder ausländischer Gesetze entrichtet werden.[134] Obwohl der BFH in beiden Entscheidungen keine Prüfung unionsrechtlicher Diskriminierungsverbote vornimmt, ist eine zustimmungswürdige Tendenz zu einer unionsrechtskonformen Auslegung von Befreiungstatbeständen auszumachen. Auch sachliche Steuerbefreiungen des EStG müssen so angewendet werden, dass unionsrechtliche Diskriminierungen vermieden werden.[135] Leistungen von ausländischer Seite würden also auch ohne § 3 Nr. 2 lit. e) EStG steuerfrei bleiben, wenn die sonstigen Voraussetzungen anderer Befreiungstatbestände erfüllt sind. § 3 Nr. 2 lit. e) EStG wirkt folglich klarstellend im Sinne einer unionsrechtskonformen Auslegung. Es ist zu begrüßen, dass sich die Bedeutung „unionsrechtlicher Gleichbehandlungen"[136] mittlerweile auch für sachliche Steuerbefreiungen positiv im EStG abzeichnet. Mithin sollte § 3 Nr. 2 lit. e) EStG trotz der rein klarstellenden Wirkung erhalten bleiben.

---

[132] Zum Welteinkommensprinzip: *Schaumburg* in: Schaumburg, Internationales Steuerrecht, Rz. 6.53–60.

[133] BFH, Urteil v. 15.08.1991 – I R 133/90, BStBl II 1992, 88 (90).

[134] BFH, Urteil v. 18.05.2004 – VI R 11/01, BStBl II 2004, 1014 (1015).

[135] Ebenso: *v. Beckerath*, in: K/S/M, EStG, § 3, Rz. A 871 (Stand: Mai 2023).

[136] So die Gesetzesbegründung: BR Drs. 184/14, 78.

Sozialzweckbefreiungen

I. Nettobetrachtung sozialer Leistungen

1. Insolvenzgeld (§ 3 Nr. 2 lit. b) Alt. 1)

§ 3 Nr. 2 lit. b) Alt. 1 EStG[1] befreit das Insolvenzgeld, welches unter den Voraussetzungen der §§ 165 ff. SGB III gezahlt wird. Das Insolvenzgeld hat den Zweck, den Arbeitnehmer vor Lohnausfällen zu bewahren, wenn der Arbeitgeber wegen eines sog. Insolvenzereignisses i. S. d. § 165 I 2 Nr. 1–3 SGB III zahlungsunfähig wird.[2] Während die zweite Alternative spätere Zahlungen des Arbeitgebers an die Bundesagentur für Arbeit (BA) befreit, befreit die hier betrachtete erste Alternative die Lohnersatzleistung, welche die BA an die Arbeitnehmer im Insolvenzfall zahlt (Insolvenzgeld).

Aus einkommensteuerrechtlicher Sicht zählt diese Lohnersatzleistung gem. § 24 Nr. 1 lit. a) EStG i. V. m. § 19 I Nr. 1 EStG zu den Einkünften aus nichtselbstständiger Arbeit. Wegen des Entgeltersatzcharakters der Bezüge liegt eine Entschädigung i. S. d. § 24 EStG vor. Gem. §§ 165 ff. SGB III besteht darüber hinaus ein eigenständiger sozialversicherungsrechtlicher Anspruch. Mithin wird das Insolvenzgeld nicht mehr in Erfüllung der ursprünglichen Leistungsverpflichtung des Arbeitgebers erbracht, womit die Voraussetzung der neuen Rechtsgrundlage[3] erfüllt ist. Zuletzt müsste die Leistung als Surrogat für einen Bezug erbracht werden, der für sich genommen einer der sieben Einkunftsarten unterfallen würde.[4] Der ausfallende und kompensierte Arbeitslohn unterfiele unstrittig den Einkünften aus nichtselbstständiger

---

1 In der Fassung des G. v. 25.7.2014, BGBl. I, 1266 (1279).

2 BT Drs. 7/1750, 10.

3 *Kruse*, StuW 1981, 15 (20), m.w.N.

4 *Kruse*, StuW 1981, 15 (21 f.).

Arbeit nach § 19 I Nr. 1 EStG. Die Voraussetzung des Surrogats ist demnach auch erfüllt. Ohne die Befreiung würde das Insolvenzgeld im Ergebnis zu den steuerpflichtigen Bezügen nach § 24 Nr. 1 lit. a) EStG i. V. m. § 19 I Nr. 1 EStG zählen. Variante 1 von § 3 Nr. 2 lit. b) EStG wirkt also konstitutiv im Bereich der Einkünfte aus nichtselbständiger Arbeit.

Der Gesetzgeber hat sich zu etwaigen Befreiungszwecken des Insolvenzgeldes bisher nicht substantiiert geäußert.[5] Die Befreiung erklärt sich jedoch durch die Tatsache, dass das Insolvenzgeld gem. § 167 SGB III als Nettoleistung erbracht wird. Die BA kann sich bei der Auszahlung also auf den Betrag konzentrieren, der dem Arbeitnehmer zur Verfügung stehen soll und muss keine Steuern oder Sozialabgaben abführen. Für die Arbeitnehmer führt dies leistungsrechtlich zu keiner Schlechterstellung, da sie diese Abzüge auch hinnehmen müssten, wenn sie ihren eigentlichen Nettolohn erhalten hätten.[6]

In einer Gesamtbetrachtung der Befreiung ist zusätzlich zu erkennen, dass die Mittel für das Insolvenzgeld allein von den Arbeitgebern aufgebracht werden.[7] Alle Arbeitgeber, bei denen die Insolvenz nicht rechtlich ausgeschlossen ist, unterliegen einer Umlageverpflichtung zur Finanzierung des Insolvenzgeldes.[8] Die Arbeitgeber werden durch die Bemessung des Insolvenzgeldes als Nettogröße also mitbegünstigt, da ihre Umlage sonst entsprechend höher ausfallen würde. Dieser Effekt ist eine separate Begünstigung für Arbeitgeber, die auch separat zu rechtfertigen wäre. Da es sich dabei allerdings um einen Reflex der Befreiung für die Arbeitnehmer handelt, dürfte der vorgenannte Effekt von dem sozialpolitischen Gedanken des Insolvenzgeldes mitgetragen werden.

2. Elterngeld (§ 3 Nr. 67 lit. a u. b)

§ 3 Nr. 67 EStG[9] listet unter vier Buchstaben das Erziehungs- und Elterngeld sowie vergleichbare Leistungen auf. § 3 Nr. 67 lit. a) EStG befreit zunächst das Erziehungsgeld und vergleichbare Leistungen der Länder. Der Anspruch auf Erziehungsgeld ergibt sich aus § 1 des bereits ausgelaufenen

---

5 Dies sei als sonstige Leistung des SGB III seit jeher befreit, BT Drs. 18/1529; Siehe auch: BT Drs. 7/1750, 12.

6 BT Drs. 7/1750, 12.

7 *Waltermann*, in: Sozialrecht, Rz. 488; siehe auch: BT Drs. 7/1750, 15.

8 BT Drs. 7/2260, 3.

9 Zuletzt geändert durch G v. 20.08.2021, BGBl. I, 3932 (4019).

Bundeserziehungsgeldgesetzes (BErzGG)[10] für Menschen mit Wohnsitz in Deutschland, die ein Kind im eigenen Haushalt betreuen und keine volle Erwerbstätigkeit ausüben. Nach § 11 BErzGG trägt der Bund die Kosten für das Erziehungsgeld. § 3 Nr. 67 lit. b) EStG befreit das Elterngeld und vergleichbare Leistungen der Länder. Das Elterngeld hat das Erziehungsgeld abgelöst und dessen rechtliche Grundlagen finden sich im Bundeselterngeld- und Elternzeitgesetz (BEEG). Die Anspruchsvoraussetzungen des § 1 I BEEG gleichen weitestgehend dem ausgelaufenen § 1 BErzGG. Es handelt sich beim Elterngeld um eine staatliche Sozialleistung[11], welche gem. § 12 III BEEG vollumfänglich aus Bundesmitteln finanziert wird.

Das Elterngeld wird als staatliche Sozialleistungen in wiederkehrenden Bezügen gewährt. Als Grundtatbestand kommt demnach § 22 Nr. 1 S. 1 Hs. 1 EStG in Betracht.[12] Gegen diese Form der sonstigen Einkünfte könnte sprechen, dass das Elterngeld nicht am Markt erwirtschaftet wird.[13] Bei genauerer Betrachtung lässt sich jedoch ein Zusammenhang zu der ursprünglichen Erwerbstätigkeit der Bezieher von Elterngeld ausmachen. Die Höhe des Elterngelds ist nach § 2 I BEEG einkommensabhängig, weshalb es sich um eine Einkommensersatzleistung handelt.[14] Mit den Worten des Gesetzgebers soll das Elterngeld finanzielle Einschränkungen ausgleichen, die wegen der vorrangigen Betreuung des Kindes in dieser Zeit entstehen.[15] Dem Elterngeld kommt damit ein gewisser Kompensationscharakter für den Wegfall zuvor erzielter Einkünfte zu. Einkommensteuerlich ist darin eine Entschädigung gem. § 24 Nr. 1 lit. a) EStG i. V. m. der betroffenen Einkunftsart zu sehen. Wegen des Entgeltersatzcharakters der Bezüge liegt eine Entschädigung i. S. d. § 24 EStG vor. Der Anspruch auf die Leistungen besteht gegenüber dem Bund bzw. den Ländern, sodass die Voraussetzung der neuen Rechtsgrundlage[16] im Vergleich zu der früheren Einkunftsart

---

[10] Aufgehoben durch G v. 05.12.2006, BGBl. I, 2748 (2758).

[11] *Brose*, in: Brose/Weth/Volk, BEEG, Einleitung, Rz. 5.

[12] Dies im Ergebnis bejahend: *Handzik*, in: L/B/P, EStG, § 3, Rz. 2440g (Stand: August 2018).

[13] *v. Beckerath*, in: K/S/M, EStG, § 3, Rz. B 67/10 f. (Stand: Juni 2021).

[14] *Brose*, in: Brose/Weth/Volk, BEEG, § 2, Rz. 13.

[15] BT Drs. 16/1889, 14.

[16] Zur Voraussetzung der neuen Rechtsgrundlage bei § 24 Nr. 1 lit. a) EStG: *Kruse*, StuW 1981, 15 (20), m.w.N.

erfüllt ist. Die Befreiung wirkt also konstitutiv im Bereich der Einkunftsart, zu der die kompensierte Einkunftsquelle zugehörig war.

Der Befreiungszweck lässt sich ebenfalls anhand der Höhe des Elterngeldes herleiten. Das Elterngeld orientiert sich bei der Kompensation der weggefallenen Erwerbstätigkeit gem. §§ 2 ff. BEEG nämlich von vornherein nur an Nettogrößen.[17] Die Freistellung der Nettobezüge dient also folgendem Gedanken: Der Staat kann sich bei der Bemessung der Leistungshöhe allein daran orientieren, was dem Bezieher zur Verfügung stehen soll, und muss diese nicht um Mittel erhöhen, die den Bezieher durch Besteuerung der gewährten Leistung belasten würden.[18] § 3 Nr. 67 lit. a) u. b) EStG stellen damit Sozialzweckbefreiungen dar, weil der soziale Gedanke des Elterngeldes auf die Befreiung abfärbt. Soweit sich die Befreiung auf das ausgelaufene Erziehungsgeld bezieht, dürfte die Bedeutung der Befreiung ebenfalls auslaufen.[19] Für nach dem 31.12.2006 geborene Kinder ist das Erziehungsgeld schließlich durch das Elterngeld abgelöst worden. § 3 Nr. 67 EStG sollte demnach zeitnah um den bisherigen Buchstaben a) gekürzt werden.

3. Gründungszuschuss (§ 3 Nr. 2 lit. a) Var. 6)

Der Tatbestand des § 3 Nr. 2 lit. a) EStG[20] befreit in der sechsten Variante den Gründungszuschuss. Die Voraussetzungen des Gründungszuschusses regelt mittlerweile § 93 SGB III. Diese Leistungsgrundlage hat mehrere Vorgängervorschriften.[21] All diese Leistungen sollten bzw. sollen ehemals Arbeitslose in der Gründungsphase unterstützen, die durch Aufnahme einer selbstständigen Tätigkeit ihre Arbeitslosigkeit beenden.[22]

Einkommensteuerrechtlich wird es sich bei den neu aufgenommenen Tätigkeiten der geförderten Person um solche gem. §§ 13, 15 o. 18 EStG handeln. Mithin könnte der Gründungszuschuss als Betriebseinnahme bzw. Ertrag dieser Gewinneinkunftsarten zu beurteilen sein. Die Bestimmung von Betriebseinnahmen richtet sich nach dem Veranlassungsprinzip, wonach alle

---

17 *v. Beckerath*, in: K/S/M, EStG, § 3, Rz. B 67/16 (Stand: Juni 2021).

18 Sog. „vereinfachte Nettorechnung", *v. Beckerath*, in: K/S/M, EStG, § 3, Rz. A 714 (Stand: Mai 2023).

19 *Handzik*, in: L/B/P, EStG, § 3, Rz. 2440f (Stand: August 2018).

20 In der Fassung des G. v. 25.7.2014, BGBl. I, 1266 (1279).

21 *Kuhnke*, in: Schlegel/Voelzke, SGB III, § 93, Rz. 11.

22 Siehe nur: BT Drs. 16/1696, 30.

durch den Betrieb veranlassten Einnahmen zu erfassen sind.[23] Der BFH hat einen sog. Existenzgründer-Zuschuss des Landes Brandenburg als Betriebseinnahme qualifiziert.[24] Der Zuschuss solle gerade die Gründung des Betriebes erleichtern, die Gründung stelle unstrittig ein betriebliches Ereignis dar und so sei ein ausreichender Veranlassungszusammenhang zwischen Zuschuss und Betrieb gegeben.[25] Diese vom Veranlassungsprinzip ausgehende Argumentation überzeugt und kann auf die nach § 93 SGB III gezahlten Gründungszuschüsse übertragen werden.[26] Der Gründungszuschuss würde also ohne die Steuerbefreiung zu den Einkünften aus §§ 13, 15 o. 18 EStG gehören und § 3 Nr. 2 lit. a) EStG wirkt in diesem Bereich konstitutiv.

Bezüglich eines möglichen Befreiungszwecks hält sich der Gesetzgeber bedeckt.[27] Lediglich bei der Einführung der Befreiung für eine Vorgängerleistung hieß es, dass die Zuschüsse mit anderen Lohnersatzleistungen zur Arbeitsförderung, die bereits von der Einkommensteuer befreit waren, gleichzustellen seien.[28] *Bergkemper* tat diese Form der gesetzgeberischen Begründung zur Befreiung des damaligen Überbrückungsgeldes bereits 1997 als zu pauschal ab.[29] So seien selbst nach der Befreiung der Überbrückungsgelder nicht alle Arbeitsförderungsmaßnahmen von der Einkommensteuer befreit.[30] Auf diesem Zustand aufbauend ließen sich keine Motive mehr erkennen, die die Differenzierung zwischen befreiten und nicht befreiten Leistungen zur Arbeitsförderung ermöglichen.[31] Diese Kritik ist einleuchtend, entfaltet aber erst im Zuge einer etwaigen Rechtfertigungsprüfung des Befreiungstatbestandes ihre eigentliche Wirkung. Da der Gesetzgeber an dieser Stelle seiner Begründungsverpflichtung nicht ausreichend nachkommt, ist der Versuch zu unternehmen, den objektivierten Willen des Gesetzgebers außerhalb der Gesetzesmaterialien zu bestimmen. Nur so kann die Zuordnung zu einer Normengruppe vollendet werden. Entscheidend für die Ermittlung des

---

23 *Hey*, in: Tipke/Lang, Steuerrecht, Rz 8.208–210.
24 BFH, Urteil v. 09.10.1996 – XI R 35/96, BStBl II 1997, 125.
25 BFH, Urteil v. 09.10.1996 – XI R 35/96, BStBl II 1997, 125 (126).
26 Ebenso: *v. Beckerath*, in: K/S/M, EStG, § 3, Rz. B 2/22 (Stand: Mai 2023).
27 BT Drs. 16/1696, 33.
28 BT Drs. 11/890, 30.
29 *Bergkemper*, FR 1997, 62.
30 *Bergkemper*, FR 1997, 62.
31 *Bergkemper*, FR 1997, 62.

Befreiungszwecks ist der Gedanke, dass die Gewährung des sozialpolitisch motivierten Gründungszuschusses mit geringerem Mittelaufwand erfolgen kann, wenn dafür eine Steuerbefreiung greift.[32] Der Staat muss den Gründungszuschuss nicht um die Mittel erhöhen, die der Begünstigte für Steuern verwenden müsste, die durch die Besteuerung des Gründungszuschusses anfallen. So kommt es zu dem sozialpolitisch wünschenswerten Effekt, dass der Gründende den Zuschuss ohne Steuerabzüge verwenden kann. Bedenklich ist jedoch, dass die Befreiung im Gesetzgebungsverfahren nicht entsprechend begründet wurde. Für verhaltenslenkende Normen vertritt *Seer* die Position, dass entsprechende Begründungen nicht einfach unterstellt, hergeleitet oder nachgeschoben werden dürfen.[33] Dieser Gedanke lässt sich auf Normen übertragen, die eine sozialpolitische Leistungsgewährung unterstützen sollen. Der Gesetzgeber sollte den Zweck einer Steuerbefreiung künftig stets klar benennen, damit bewusste Abweichungen von der Besteuerung nach der wirtschaftlichen Leistungsfähigkeit transparenter werden.

4. Mutterschaftsgeld an gesetzlich Versicherte (§ 3 Nr. 1 lit. d) Var. 1)

§ 3 Nr. 1 lit d) Var. 1 EStG[34] befreit u. a. das Mutterschaftsgeld nach dem MuSchG sowie weiteren Leistungsgesetzen. Gem. § 19 I MuSchG bzw. § 24i SGB V erhält eine gesetzlich versicherte Frau für die Zeit der Schutzfristen vor und nach der Entbindung sowie für den Entbindungstag Mutterschaftsgeld nach dem SGB V oder nach dem KVLG 1989. Sinn und Zweck des Geldes ist die Sicherstellung des Unterhaltes der Mutter, damit sie keine wirtschaftliche Benachteiligung aufgrund der Schwangerschaft und Entbindung erleidet.[35]

Mutterschaftsgeld führt zu Einkünften nach § 24 Nr. 1 lit. a) EStG i. V. m. § 19 I Nr. 1 EStG verwirklicht sein. Das Mutterschaftsgeld müsste dafür zunächst dem Oberbegriff der Entschädigung unterfallen. Das Mutterschaftsgeld soll

---

32 So im Wesentlichen auch: *v. Beckerath*, in: K/S/M, EStG, § 3, Rz. B 2/47 (Stand: Mai 2023).

33 Das Nachschieben eines solchen Zwecks als unzulässig einordnend: *Seer*, Ubg 2012, 376 (380).

34 In der Fassung des EStG v. 08.10.2009, BGBl. I, 3366 (3374 ff.).

35 BSG, Urt. v. 17.04.1991 – 1/3 RK 26/89, SozR 3-2200 § 200 Nr 1; *Senger*, in: Tillmanns/Mutschler, MuSchG, § 19, Rz. 1, m.w.N.

gerade den (vorübergehenden) Verlust der Einnahmen aus einem Arbeitsverhältnis oder einer anderen Erwerbstätigkeit kompensieren.[36] Demnach liegt eine Entschädigung vor, die auch gerade für den Ersatz von Einnahmen aus einer Erwerbstätigkeit gewährt wird. Als weitere Voraussetzungen von § 24 Nr. 1 lit. a) EStG bedarf es im Verhältnis zur ursprünglichen Leistung einer neuen Rechts- oder Billigkeitsgrundlage, aufgrund derer die Entschädigung gezahlt wird.[37] Steht einer Arbeitnehmerin Mutterschaftsgeld zu, tritt der versicherungsrechtliche Anspruch auf Mutterschaftsgeld an die Stelle des Lohnanspruches. Es kommt also zu einer neuen Rechtsgrundlage aufgrund derer die Leistung gewährt wird. Wer die Entschädigung leistet und aus welchen Motiven sie gezahlt wird, ist hingegen irrelevant.[38] Mithin erfasst § 24 Nr. 1 lit. a) EStG auch freiwillig gezahlte Versicherungsleistungen. Wiederum relevant ist, dass die Leistung als Surrogat für einen Bezug erbracht wird, der für sich genommen einer Einkunftsart unterfallen würde.[39] Im Fall der Arbeitnehmerin ist das Mutterschaftsgeld Surrogat für steuerpflichtigen Arbeitslohn. Soweit § 3 Nr. 1 lit. d) EStG Mutterschaftsgeld für gesetzlich versicherte Frauen befreit, liegt folglich eine konstitutive Steuerbefreiung vor.

Aus dem Gesetzgebungsverfahren zu der Steuerbefreiung ergibt sich zum Befreiungszweck Folgendes. Der Gesetzgeber führt aus, dass das Mutterschaftsgeld ohnehin nicht von der Einkommensteuer erfasst sei und die Befreiungsnorm nur aus systematischen Gründen zur Vereinheitlichung eingeführt werde.[40] Bei Einführung der Norm ging der Gesetzgeber also wohl von der Nichtsteuerbarkeit der Leistungen und damit einer klarstellenden Befreiung aus. Die obigen Ausführungen haben aber gezeigt, dass das Mutterschaftsgeld an gesetzlich Versicherte der Einkommensteuer unterläge, wenn keine Befreiung vorliegen würde. Als Befreiungszweck kommt in Betracht, dass das Beitrags-Leistungs-Verhältnis der in Rede stehenden Versicherung als förderungswürdig angesehen wird. Der Verzicht auf eine steuerliche

---

36 BSG, Urt. v. 17.04.1991 – 1/3 RK 26/89, SozR 3-2200 § 200 Nr 1; *Senger*, in: Tillmanns/Mutschler, MuSchG, § 19, Rz. 1, m.w.N.

37 *Kruse*, StuW 1981, 15 (20).

38 Insbesondere das Vorliegen einer Zwangslage ist kein Merkmal von § 24 Nr. 1 lit. a EStG, *Horn*, in: H/H/R, EStG, § 24, Rz. 35 (Stand: April 2019).

39 *Kruse*, StuW 1981, 15 (21 f.).

40 BT Drs. 8/2667, 2; allerdings mit der Begründung, dass es bereits durch andere Normen (§ 3 Nr. 1 lit. a EStG sowie § 17 MuSchG der damaligen Fassung) steuerfrei sei.

Belastung des Mutterschaftsgeldes ermöglicht einen Versicherungsschutz mit geringerem Mittelaufwand. Eine Besteuerung des Mutterschaftsgeldes würde weitere Leistungen der Versicherung notwendig machen, die wiederum höhere Beiträge der Versicherten zur Folge hätten.[41] Der Mutterschutz kann als Teil des Gemeinangesehen werden, der durch steuerrechtliche Privilegierungen förderungswürdig ist. Soweit das Mutterschaftsgeld aus der gesetzlichen Krankenversicherung befreit wird, liegen damit Sozialzwecke als Befreiungsmotiv vor.

Unabhängig davon ist der Wortlaut der Befreiung überholt. Erstens wurden die Normen der RVO zum Mutterschaftsgeld durch das sog. Pflege-Neuausrichtungs-Gesetz vom 23.10.2012 in das SGB V überführt[42], sodass die Nennung der RVO in § 3 Nr. 1 lit d) EStG durch „SGB V" zu ersetzen ist. Zweitens hat das Pflege-Neuausrichtungs-Gesetz das Gesetz über die Krankenversicherung der Landwirte (KVLG) aufgehoben und die dortigen Vorschriften zum Mutterschutz ins Zweite Gesetz über die Krankenversicherung der Landwirte (KVLG 1989) integriert[43], was im Wortlaut von § 3 Nr. 1 lit d) EStG ebenfalls anzupassen ist.

5. Zuschuss zum Mutterschaftsgeld (§ 3 Nr. 1 lit. d) Var. 4)

§ 3 Nr. 1 lit. d) Var. 4 EStG[44] befreit den Zuschuss zum Mutterschaftsgeld. Der Zuschuss zum Mutterschaftsgeld ist gem. § 20 MuSchG vom Arbeitgeber zusätzlich zum eigentlichen Mutterschaftsgeld zu leisten. Exakt wie das Mutterschaftsgeld an sich soll auch der Zuschuss dazu beitragen, Frauen im Mutterschutz wirtschaftlich abzusichern.[45]

Als einkommensteuerrechtlicher Grundtatbestand, der den befreiten Zuschuss erfasst, kommt nur § 19 I Nr. 1 EStG in Betracht. Entscheidend für diese Qualifikation ist, ob der Zuschuss als Arbeitslohn aus einem Dienstverhältnis zufließt.[46] Ein Dienstverhältnis verlangt im Wesentlichen, dass ein

---

41 Diesen Mechanismus für andere Versicherungsbeträge beschreibend: *v. Beckerath*, in: K/S/M, EStG, § 3 Nr. 1, Rz. B 1/55 (Stand: Mai 2015).
42 BT Drs. 17/10170, 23 f.
43 BT Drs. 17/10170, 27 f.
44 In der Fassung des EStG v. 08.10.2009, BGBl. I, 3366 (3374 ff.).
45 BVerfG, Beschl. v. 18.11.2003 – 1 BvR 302/96, BVerfGE 109, 64 (65 f.).
46 Gem. § 2 I 1 LStDV.

Arbeitnehmer seine Arbeitskraft einem Arbeitgeber schuldet.[47] Im Umkehrschluss ist die Gegenleistung des Arbeitgebers in Form des Arbeitslohns der steuerbare Bezug des Arbeitnehmers. § 20 MuSchG durchbricht dieses arbeitsrechtliche Synallagma, indem die von der Arbeitnehmerin geschuldete Arbeitsleistung untergeht, während die Pflicht zur Lohnzahlung des Arbeitgebers fortbesteht.[48] Es handelt sich bei dem gezahlten Zuschuss aber weiterhin um Bezüge, die der Arbeitgeber der Arbeitnehmerin aufgrund des ursprünglich geschlossenen Dienstverhältnisses schuldet. Die entsprechende Leistungspflicht des Arbeitgebers bleibt schließlich unberührt. Mithin sind die Zuschüsse durch das Dienstverhältnis veranlasst und es liegt Arbeitslohn i. S. d. § 2 I 1 LStDV vor, der zu Einkünften aus nichtselbstständiger Arbeit nach § 19 I Nr. 1 EStG führt. Dies gilt auch für den von § 3 Nr. 1 lit. d) EStG ebenfalls befreiten Zuschuss bei Beschäftigungsverboten für die Zeit vor oder nach einer Entbindung sowie für den Entbindungstag während einer Elternzeit nach beamtenrechtlichen Vorschriften. Mithin wirkt § 3 Nr. 1 lit. d) Var. 4 EStG konstitutiv und es ist eine Zuordnung zu den übrigen Normengruppen notwendig.

Der befreite Zuschuss trägt dazu bei, Frauen im Mutterschutz wirtschaftlich abzusichern.[49] Die Befreiung verfolgt den sozialpolitischen Grund, dass der Zuschuss zum Mutterschaftsgeld insgesamt mit einem geringeren Mittelaufwand finanziert werden kann.[50] Als potenziell förderungswürdiger Teil des Gemeinwohls kommt in erster Linie der Status einer Frau im Mutterschutz in Betracht.

6. Leistungen der Kranken- und Pflegeversicherung (§ 3 Nr. 1 lit. a) Alt. 1)

§ 3 Nr. 1 lit. a) Alt. 1 EStG[51] befreit Leistungen aus einer Kranken- und Pflegeversicherung. Die Krankenversicherung gewährt verschiedene Leistungsarten. Zum einen werden Sachleistungen zur Krankheitsvorsorge sowie

---

47 *Pflüger*, in: H/H/R, EStG, § 19, Rz. 53 (Stand: August 2018).

48 *Dahm*, in: BeckOK ArbR, MuSchG, § 20, Rz. 2 (Stand: Dezember 2022).

49 BVerfG, Beschl. v. 18.11.2003 – 1 BvR 302/96, BVerfGE 109, 64 (65 f.).

50 *v. Beckerath*, in: K/S/M, EStG, § 3, Rz. B 1/59 (Stand: Mai 2015); genereller soziale Erwägungen anführend: *Bergkemper*, in: H/H/R, EStG, § 3 Nr. 1, Rz. 2 (Stand: April 2019).

51 In der Fassung des EStG v. 08.10.2009, BGBl. I, 3366 (3374 ff.).

im Krankheitsfall erbracht.[52] Diese Leistungen haben also den Zweck, die körperliche Gesundheit eines Menschen aufrechtzuerhalten bzw. wiederherzustellen. Die körperliche Gesundheit bietet für einen Menschen erst die Voraussetzung, durch Einsatz seiner körperlichen und geistigen Fähigkeiten Einkommen zu erwirtschaften. Des Weiteren sieht das Krankenversicherungsrecht Krankengeld vor, welches Entgeltersatzcharakter hat.[53] So zahlt die Krankenversicherung z. B. Geldleistungen in Höhe des ausbleibenden Arbeitslohnes.[54]

Für die Sachleistungen und das Krankengeld aus der Krankenversicherung ist separat zu beurteilen, ob diese einem einkommensteuerlichen Grundtatbestand unterfallen. Für die Sachleistungen kommt nur § 22 Nr. 1 S. 1 Hs. 1 EStG als Grundtatbestand in Betracht. Sie werden jedoch nicht in wiederkehrenden Bezügen gezahlt, sodass auch dieser Grundtatbestand ausscheidet.[55] Soweit sich die Befreiung auf die Sachleistungen aus der Krankenversicherung bezieht, wirkt sie demnach rein klarstellend. Im Krankengeld liegen aber Einkünfte nach § 24 Nr. 1 lit. a) EStG i. V. m. § 19 I Nr. 1 EStG vor. Von § 24 Nr. 1 lit. a) EStG i. V. m. einer Einkunftsart werden Entschädigungen der Steuerpflicht unterworfen werden, die als Ersatz für entgangene oder entgehende Einnahmen gewährt worden sind. „Entschädigung“ in diesem Sinne meint Schadensersatz für den Wegfall einer Erwerbsgrundlage.[56] Dies ist gerade bei Zahlungen mit Entgeltersatzfunktion wie dem Krankengeld der Fall. Die weiteren Voraussetzungen von § 24 Nr. 1 lit. a) EStG definiert *Kruse* im folgenden Sinne.[57] Im Verhältnis zu der ursprünglichen Leistung bedarf es einer neuen Rechts- oder Billigkeitsgrundlage, aufgrund derer die Entschädigung gezahlt wird.[58] Steht einem Arbeitnehmer Krankengeld zu, tritt der versicherungsrechtliche Anspruch auf Krankengeld an die Stelle des Lohnanspruches. Es kommt also zu einer neuen Rechtsgrundlage, aufgrund derer die Leistung gewährt wird. Wer die Entschädigung leistet und aus welchen Motiven sie gezahlt wird, ist hingegen

---

52 *Waltermann*, in: Sozialrecht, Rz. 192 u. 196 ff.
53 *Waltermann*, in: Knickrehm/Roßbach/Waltermann, SGB V, § 44, Rz. 1.
54 *Waltermann*, in: Sozialrecht, Rz. 210.
55 *v. Beckerath*, in: K/S/M, EStG, § 3 Nr. 1, Rz. B 1/29 (Stand: Mai 2015).
56 *Wacker*, in: Schmidt, EStG, § 24, Rz. 4.
57 *Kruse*, StuW 1981, 15 (20 ff.).
58 *Kruse*, StuW 1981, 15 (20), m.w.N.

irrelevant.[59] Für die Anwendung von § 24 Nr. 1 lit. a) EStG ist es ebenfalls unerheblich, ob die kompensierende Leistung mit früheren Beiträgen des Steuerpflichtigen im Zusammenhang steht.[60] § 24 Nr. 1 lit. a) EStG kann sich folglich auch auf Versicherungsleistungen beziehen. Zuletzt müsste die Leistung als Surrogat für einen Bezug erbracht werden, der für sich genommen einer Einkunftsart unterfallen würde.[61] Bleibt man bei dem Beispiel des Arbeitnehmers, ist das Krankengeld Surrogat für nach Arbeitslohn, der nach § 19 I Nr. 1 EStG steuerpflichtig wäre. Soweit § 3 Nr. 1 lit. a) EStG das Krankengeld aus der Krankenversicherung befreit, liegt folglich eine konstitutive Steuerbefreiung vor.

Für die Befreiung des Krankengeldes ist demnach nach einem Grund zu suchen, der die konstitutive Wirkung rechtfertigt. Jüngere Gesetzgebungsmaterialien helfen diesbezüglich nicht weiter. Leistungen aus einer Krankenversicherung wurden allerdings bereits von dem Preußischen EStG im Jahr 1906 von der Steuer befreit.[62] Damals sollte eine Steuerermäßigung für Erkrankte, die verdienstlos geworden sind, nicht durch die Besteuerung von Krankenversicherungsleistungen konterkariert werden.[63] Dies stellte ein außerfiskalisches soziales Förderziel dar. Der Gesetzgeber hat diese Motive im Laufe der Zeit nicht auf das aktuelle Steuersystem angepasst, obwohl sie offensichtlich nicht auf die heutige Befreiung des Krankengelds übertragbar sind. Mithin ist der objektivierte Wille des Gesetzgebers jenseits der Gesetzesmaterialien zu erörtern. Als derzeitige Idee des Befreiungstatbestandes kommt primär die Förderung des Beitrags-Leistungs-Verhältnisses in Betracht. Eine Besteuerung des Krankengeldes hätte höhere Beiträge des Krankenversicherten zur Folge.[64] Das vom Krankenversicherungsverhältnis betroffene Gut der körperlichen und geistigen Gesundheit macht dabei den potenziell

---

59 *Horn*, in: H/H/R, EStG, § 24, Rz. 35 (Stand: April 2019).

60 *Knobbe-Keuk*, DB 1992, Beilage 6 zu Heft 17 (10).

61 *Kruse*, StuW 1981, 15 (21 f.).

62 Zur Historie des § 3 Nr. 1 EStG vgl.: *v. Beckerath*, in: K/S/M, EStG, § 3 Nr. 1, Rz. B 1/1.

63 Zur Funktionsweise der Steuerermäßigung: *Fuisting*, Die direkten Steuern, § 63 Rz. 1-14; Begründung zu § 5 Nr. 6 PreußEStG, abgedruckt bei: *Fuisting*, Die direkten Steuern, § 5 Rz. 20.

64 Zu diesem Mechanismus: *v. Beckerath*, in: K/S/M, EStG, § 3 Nr. 1, Rz. B 1/55 (Stand: Mai 2015).

förderungswürdigen Teil des Gemeinwohls aus. Soweit das Krankengeld aus der Krankenversicherung befreit wird, liegt also eine Sozialzweckbefreiung vor.

Soweit § 3 Nr. 1 lit. a) Alt. 1 EStG[65] Leistungen aus einer Pflegeversicherung befreit, liegt eine rein klarstellende Befreiung vor. Die vorstehenden Gedanken zu Sachleistungen aus der Krankenversicherung können auf Leistungen aus einer Pflegeversicherung übertragen werden. Erstens kennt die Pflegeversicherung keine Geldleistungen mit Entgeltersatzcharakter.[66] Zweitens lässt sich das abgedeckte Risiko der Pflegebedürftigkeit nicht trennscharf der beruflichen Sphäre zuordnen. Es ist denkbar, dass die in § 14 SGB XI definierte Pflegebedürftigkeit durch eine Berufskrankheit oder einen beruflich veranlassten Unfall ausgelost wird. Diese Fälle lassen sich aber nicht separat versichern, sodass das allgemeine Lebensrisiko, pflegebedürftig zu werden, in Gänze als private Veranlassung zu bewerten ist. Soweit sich die Befreiung auf Leistungen aus der Pflegeversicherung bezieht, wirkt sie demnach klarstellend.

7. Arbeitslosen- sowie Teilarbeitslosengeld (§ 3 Nr. 2 lit. a) Var. 1 u. 2)

Der Tatbestand des § 3 Nr. 2 lit. a) EStG[67] befreit in der ersten und zweiten Variante das Arbeitslosen- sowie Teilarbeitslosengeld von der Einkommensteuer. Der Anspruch auf Arbeitslosengeld ist in den §§ 136 ff. SGB III geregelt. Zweck des Arbeitslosengeldes ist der Entgeltersatz des aufgrund von Arbeitslosigkeit oder beruflicher Weiterbildung entgangenen Beschäftigungsentgeltes, womit es der Sicherung des Lebensunterhaltes dient.[68] Der Anspruch auf Teilarbeitslosengeld findet sich in § 162 SGB III. Der einzige Unterschied zum Zweck des Arbeitslosengeldes ist, dass sich die Entgeltersatzfunktion des Teilarbeitslosengeldes auf den Wegfall einer von mehreren nebeneinander ausgeübten versicherungspflichtigen Beschäftigungen bezieht.[69]

---

65 In der Fassung des EStG v. 08.10.2009, BGBl. I, 3366 (3374 ff.).
66 *Waltermann*, in: Sozialrecht, Rz. 246-249.
67 In der Fassung des G. v. 25.7.2014, BGBl. I, 1266 (1279).
68 *Kallert*, in: Knickrehm/Roßbach/Waltermann, SGB III, § 136, Rz. 3b.
69 *Kallert*, in: Knickrehm/Roßbach/Waltermann, SGB III, § 162, Rz. 1.

Der Bezug von Arbeitslosen- sowie Teilarbeitslosengeld könnte der Einkunftsart aus § 24 Nr. 1 lit. a) EStG i. V. m. § 19 I Nr. 1 EStG unterfallen. Wegen des Entgeltersatzcharakters der Bezüge liegt eine Entschädigung i. S. d. § 24 EStG vor. Im Vergleich zum ursprünglichen Anspruch auf Arbeitslohn gegenüber dem Arbeitgeber besteht der Anspruch auf Arbeitslosen- sowie Teilarbeitslosengeld nach dem SGB III gegen die Arbeitslosenversicherung. Mithin wird das Arbeitslosengeld nicht mehr in Erfüllung der ursprünglichen Leistungsverpflichtung des Arbeitgebers erbracht, womit die Voraussetzung der neuen Rechtsgrundlage[70] erfüllt ist. Zuletzt müsste die Leistung als Surrogat für einen Bezug erbracht werden, der für sich genommen einer der sieben Einkunftsarten unterfallen würde.[71] Der ausfallende Arbeitslohn unterfiele unstrittig den Einkünften aus nichtselbstständiger Arbeit nach § 19 I Nr. 1 EStG und die Gelder werden als Entgeltersatzleistungen gerade zur Kompensation des ausgefallenen Arbeitslohns erbracht. Die Voraussetzung des Surrogats ist demnach auch erfüllt und im Arbeitslosen- und Teilarbeitslosengeld würden ohne die Befreiung in § 3 Nr. 2 lit. a) EStG steuerpflichtige Einkünfte nach § 24 Nr. 1 lit. a) EStG i. V. m. § 19 I Nr. 1 EStG vorliegen. Die Befreiung wirkt also konstitutiv.

Der tatsächliche Befreiungszweck wird durch eine angestrebte Modifikation des Befreiungstatbestandes ersichtlich, die erst im Gesetzgebungsverfahren scheiterte. Der Reformversuch der sog. „Petersberger Steuervorschläge"[72] sah die hälftige Aufhebung der Steuerbefreiung für Arbeitslosengelder vor. Die Reformkommission begründete diesen Vorschlag damit, dass die Leistungen aus der Arbeitslosenversicherung zur Hälfte auf Beiträgen beruhen, die von den Leistungsberechtigten nicht aus versteuertem Einkommen aufgebracht worden sind.[73] Die Steuerfreistellung der Leistungsgewährung ermöglicht indes auch dem Arbeitgeber die Beitragszahlung zur Beschäftigungszeit des Versicherten mit geringeren Mitteln. Auch für diesen Bereich wird also

---

70 Zur Voraussetzung der neuen Rechtsgrundlage bei § 24 Nr. 1 lit. a): *Kruse*, StuW 1981, 15 (20), m.w.N.

71 *Kruse*, StuW 1981, 15 (21 f.).

72 Veröffentlicht in der Schriftenreihe des BMF, Heft 61.

73 Schriftenreihe des BMF, Heft 61, 21; diese Begründung wurde indes von dem Gesetzgeber übernommen (BT Drs. 13/7480, 187) bevor das Reformvorhaben im Gesetzgebungsverfahren am Bundesrat scheiterte, vgl. *Tipke*, Ein Ende dem Einkommensteuerwirrwarr!?, 52.

das Beitrags-Leistungs-Verhältnis gefördert. Durch diesen Effekt wird der beitragszahlende Arbeitgeber mitbegünstigt. Für die noch bestehende Norm ergibt sich aus diesem Zusammenhang, dass auch die volle Befreiung auf das Beitrags-Leistungs-Verhältnis einwirken soll. Da die befreiten Leistungen also auf Beiträgen des Arbeitnehmers und -gebers beruhen, muss es dem Gesetzgeber auf die sozialpolitische Förderung des Beitrags-Leistungs-Verhältnisses ankommen.[74] So reduziert sich erstens die Beitragshöhe für die Einzahlenden und zweitens dient die Befreiung dazu, dass die später etwaig ausgezahlte Leistung in Form des Arbeitslosengeldes als Nettogröße konzipiert werden kann.

8. Kurzarbeitergeld (§ 3 Nr. 2 lit. a) Var. 3)

Der Tatbestand des § 3 Nr. 2 lit. a) EStG[75] befreit in der dritten Variante das Kurzarbeitergeld. Das Kurzarbeitergeld richtet sich nach §§ 95 ff. SGB III und hat mehrere Funktionen. Arbeitsmarktpolitisch handelt es sich um einen Schutz für Beschäftigungsverhältnisse, indem betriebsbedingte Kündigungen in bestimmten wirtschaftlichen Notlagen reduziert werden; wirtschaftspolitisch wird für Arbeitgeber ein Ausgleich konjunktureller Schwankungen gewahrt und sozialversicherungsrechtlich kommt der Leistung eine Lohnersatzfunktion für Arbeitnehmer zu.[76] In den §§ 101–103 SGB III werden zusätzlich besondere Formen des Kurzarbeitergeldes gewährt, welche unter den Befreiungstatbestand zu fassen sind.[77] Diese haben dieselbe Lohnersatzfunktion, weshalb die folgende einkommensteuerrechtliche Würdigung sowohl für das reguläre als auch die speziellen Formen des Kurzarbeitergeldes gilt.

Aus einkommensteuerlicher Sicht ist zunächst der sozialversicherungsrechtliche Leistungsbezug zu würdigen. In dem Lohnersatz läge ohne die Befreiung – wie beim Arbeitslosengeld – ein steuerpflichtiger Bezug nach § 24 Nr. 1 lit. a) EStG i. V. m. § 19 I Nr. 1 EStG vor. Das Kurzarbeitergeld könnte ohne die Befreiung zusätzlich auf Ebene des Arbeitgebers eine einkommensteuerliche Wirkung entfalten. Insofern bekommt der Arbeitgeber

---

[74] Diesen Mechanismus für andere Versicherungsbeträge beschreibend: *v. Beckerath*, in: K/S/M, EStG, § 3 Nr. 1, Rz. B 1/55 (Stand: Mai 2015).

[75] In der Fassung des In der Fassung des G. v. 25.7.2014, BGBl. I, 1266 (1279).

[76] BT Drs. 5/2291, 55.

[77] *Handzik*, in: L/B/P, EStG, § 3, Rz. 117g u. 117r (Stand: Juni 2018).

Erwerbsaufwendungen ersetzt. Der letzte Halbsatz von § 3 Nr. 2 lit. a) EStG bezieht sich allerdings nur auf Leistungen an Arbeitnehmer, sodass es für den gesamten Tatbestand naheliegt, dass dieser nur Leistungen an solche Arbeitnehmer freistellt. Mithin ist ein etwaiger Bezug auf der Ebene des Arbeitgebers nicht von der Befreiungswirkung erfasst.[78] Die Befreiung wirkt also nur hinsichtlich des Kurzarbeitergeldes an Arbeitnehmer konstitutiv.

Für die weitere Zuordnung zu einer Normengruppe ist relevant, wer das Kurzarbeitergeld auszahlt und aus welchen Mitteln dies erfolgt. Zunächst zahlt der Arbeitgeber das Kurzarbeitergeld für ausgefallene Arbeitsstunden aus. Dieser Betrag wird dem Arbeitgeber dann nachträglich von der BA erstattet. Die BA finanziert sich nach § 340 SGB III über Beiträge der Versicherungspflichtigen, der Arbeitgeber und Dritter sowie zusätzlich durch Umlagen, Mittel des Bundes und sonstige Einnahmen. § 98 I SGB III schreibt als persönliche Voraussetzung der Empfangsberechtigung wiederum ein versicherungspflichtiges Beschäftigungsverhältnis vor. Wirtschaftlich betrachtet sind damit nur solche Personen empfangsberechtigt, die mit ihren Beiträgen einen Teil zur Mittelfinanzierung der BA leisten. Insoweit lässt sich ein zumindest mittelbares Beitrags-Leistungs-Verhältnis auch für das Kurzarbeitergeld ausmachen. Durch Steuerfreistellung der Leistungen wird also auch die Beitragshöhe möglichst geringgehalten.[79] In der Förderwirkung dieses Beitrags-Leistungs-Verhältnisses liegt ein sozialpolitisches Motiv vor.

9. Übergangsgeld nach dem SGB III (§ 3 Nr. 2 lit. a) Var. 5)

Der Tatbestand des § 3 Nr. 2 lit. a) EStG[80] befreit in der fünften Variante das Übergangsgeld. Es handelt sich um das Übergangsgeld gem. §§ 119 ff. SGB III und die Befreiung erstreckt sich auch auf das Teil- sowie Anschlussübergangsgeld.[81] Das Übergangsgeld wird als ergänzende Leistung an Menschen

---

78 Unabhängig davon stellt der Bezug beim Arbeitgeber einen „durchlaufenden Posten" dar, da dieser direkt für Lohnaufwendungen eingesetzt wird. Auf der Ebene des Arbeitgebers besteht also keine Notwendigkeit für die Befreiung. Vielmehr muss der Bezug steuerlich erfasst werden, wenn der Arbeitgeber auch den Lohnaufwand steuerlich geltend macht.

79 Diesen Mechanismus für andere Versicherungsbeträge beschreibend: *v. Beckerath*, in: K/S/M, EStG, § 3, Rz. B 1/55 (Stand: Mai 2015).

80 In der Fassung des G. v. 25.7.2014, BGBl. I, 1266 (1279).

81 BT Drs. 13/8994, 75.

mit Behinderungen während und nach der Teilnahme an bestimmten Bildungsmaßnahmen gezahlt.[82] Es dient als Ersatz für das während der Maßnahme entgangene Arbeitsentgelt aus einem früheren Arbeitsverhältnis.[83]

Das BVerfG spricht dem Übergangsgeld wegen der bezweckten Kompensationswirkung ausdrücklich „Lohnersatzcharakter"[84] zu. Demnach läge ohne die Befreiung ein steuerpflichtiger Bezug nach § 24 Nr. 1 lit. a) EStG i. V. m. § 19 I Nr. 1 EStG vor und die Befreiung wirkt konstitutiv.

§ 119 S. 1 Nr. 1 SGB III i. V. m. § 120 I Nr. 1 SGB III sieht als Voraussetzung des Übergangsgeldes eine versicherungspflichtige Vorbeschäftigung vor. Wirtschaftlich betrachtet sind damit nur solche Personen empfangsberechtigt, die mit ihren Beiträgen die Leistungsgewährung mitfinanzieren. Mindestens besteht eine gewisse „Globaläquivalenz" zwischen der Leistung an den individuellen Empfänger und den Beiträgen aller Versicherten.[85] Für den Befreiungszweck des Übergangsgeldes lassen sich also die Ergebnisse zu anderen Beitrags-Leistungs-Verhältnissen heranziehen: Sozialpolitisch sollen die Beiträge des Verhältnisses möglichst niedrig gehalten werden. Des Weiteren soll das Übergangsgeld dem Empfänger als Nettogröße zugutekommen.

10. Übergangsgeld nach dem SGB VI (§ 3 Nr. 1 lit. c)

§ 3 Nr. 1 lit. c) EStG[86] befreit Übergangsgeld nach dem SGB VI und Geldleistungen nach den §§ 10, 36 bis 39 des ALG. Die Anspruchsvoraussetzung für die Leistung von Übergangsgeld nach dem SGB VI regelt § 20 SGB VI. Das dort geregelte Übergangsgeld ist eine ergänzende Nebenleistung zu bestimmten rentenversicherungsrechtlichen Rehabilitationsleistungen.[87] Hintergrund für das Übergangsgeld ist die wirtschaftliche Absicherung der Versicherten während der Dauer der Reha.[88] Mit den Worten *Katers* bezweckt das Übergangsgeld, dass „der Versicherte für die Dauer der Reha-Leistung von wirtschaftlichen Sorgen unbelastet bleibt"[89]. Anders als die eigentliche

---

[82] *Siefert*, in: Hauck/Noftz, SGB III, § 119, Rz. 2 (Stand: April 2022).
[83] BT Drs. 7/1237, 58.
[84] BVerfG, Beschluss v. 15.7.1987 – 1 BvR 488/86, BVerfGE 76, 220 (237).
[85] BVerfG, Beschluss v. 15.7.1987 – 1 BvR 488/86, BVerfGE 76, 220 (236).
[86] In der Fassung des EStG v. 08.10.2009, BGBl. I, 3366 (3374 ff.).
[87] *Jabben*, in: BeckOK SozR, SGB VI, § 20, vor Rz. 1 (Stand: September 2020).
[88] *Jabben*, in: BeckOK SozR, SGB VI, § 20, vor Rz. 1 (Stand: September 2020).
[89] *Kater*, in: KassKomm, SGB VI, § 20, Rz. 6 (Stand: Mai 2023).

Rehabilitationsleistung soll das Übergangsgeld also nicht die Erwerbsunfähigkeit verhindern, sondern die wirtschaftliche Leistungsfähigkeit während der Zeit der Reha aufrechterhalten.

Das Übergangsgeld nach dem SGB VI könnte als „andere Leistung" gem. § 22 Nr. 1 S. 3 lit. a) Doppelbuchst. aa) EStG als steuerbarer Bezug des Versicherten zu erfassen sein. Das Übergangsgeld ist jedoch Teil der Präventionsleistungen aus der gesetzlichen Rentenversicherung, die in der Ansparphase gezahlt werden, sodass eine Steuerbarkeit nach § 22 Nr. 1 S. 3 lit. a) Doppelbuchst. aa) EStG – wegen der zuvor erörterten Grundsätze – widersprüchlich wäre. Dies wird durch § 3 Nr. 1 lit. c) EStG klarstellend geregelt. Eine Besteuerung der Leistungen nach § 22 Nr. 1 S. 1 Hs. 1 EStG käme ohne die Befreiung indes nicht in Betracht, da das Übergangsgeld nicht wiederkehrend gezahlt wird.[90] Nach einem wirtschaftlichen Verständnis des Entschädigungsbegriffs aus § 24 Nr. 1 EStG, kommt auch dem Übergangsgeld nach dem SGB VI „Lohnersatzcharakter" zu, da es auch etwaige ausgefallene Einkunftsquellen des Berechtigten kompensieren soll. Mithin wirkt die Befreiung in diesen Fällen im Zusammenspiel mit § 24 EStG und der kompensierten Einkunftsquelle konstitutiv und der Sinn der Befreiung kann nur darin bestehen, dass das Übergangsgeld als Nettogröße konzipiert werden kann und ungeschmälert beim Berechtigten ankommen soll.

11. Leistungen aus der gesetzlichen Unfallversicherung (§ 3 Nr. 1 lit. a) Alt. 2)

§ 3 Nr. 1 lit. a) Alt. 2 EStG[91] erfasst Leistungen aus der gesetzlichen Unfallversicherung. Der Begriff Unfallversicherung ist steuerrechtlich nicht definiert. Der Inhalt ist demnach weitestgehend anhand der entsprechenden sozialrechtlichen Leistungsgesetze zu bestimmen.[92] Insoweit ist zwischen Sachleistungen zur Rehabilitation und Geldleistungen aus der Unfallversicherung zu unterscheiden. Ziel der Sachleistungen aus der Unfallversicherung ist es, den Gesundheitsschaden möglichst umfassend zu beseitigen und die

---

90 *v. Beckerath*, in: K/S/M, EStG, § 3, Rz. B 1/36 (Stand: Mai 2015).

91 In der Fassung des EStG v. 08.10.2009, BGBl. I, 3366 (3374 ff.).

92 BT Drs. 1/317, 14; *v. Beckerath*, in: K/S/M, EStG, § 3 Nr. 1, Rz. B 1/65 u. 1/79 (Stand: Mai 2015); *Bergkemper*, in: H/H/R, EStG, § 3 Nr. 1, Rz. 6, 7 u. 11 (Stand: Mai 2023); die Leistungsgesetze auflistend: *Waltermann*, in: Sozialrecht, Rz. 6.

Erwerbsfähigkeit wieder vollumfänglich herzustellen, zumindest aber Verschlimmerung zu verhüten und die Versicherten auf Dauer beruflich wiedereinzugliedern.[93] Der Sinn und Zweck dieser Leistungen besteht also – genau wie bei Sachleistungen aus der Rentenversicherung – darin, den Gesundheitszustand eines Menschen dazu in der Lage zu halten eine Erwerbstätigkeit auszuüben bzw. den Gesundheitszustand wieder in diese Lage zu versetzen. Geldleistungen aus der Unfallversicherung werden hingegen als Entgeltersatz erbracht und es kann ein Anspruch auf Übergangsgeld bestehen.[94] Des Weiteren können Ansprüche auf Geldleistungen aus der Unfallversicherung bestehen, die für Entschädigungszwecke gezahlt werden.[95] Beide Leistungsarten der Unfallversicherung können einem speziellen Grundtatbestand unterfallen. Der BFH ordnet Versicherungsleistungen schlüssig den Erwerbseinnahmen zu, wenn die Versicherung berufliche Risiken abdeckt.[96] Laut BFH ist das vertraglich abgesicherte Risiko das entscheidende Kriterium dafür, ob das Versicherungsverhältnis und damit auch die daraus gezahlten Leistungen der Erwerbssphäre zuzurechnen sind oder nicht.[97] Die gesetzliche Unfallversicherung deckt gem. § 7 I SGB VII das Risiko eines Arbeitsunfalls oder einer Berufskrankheit ab. Allerdings werden mittlerweile auch Modelle von der gesetzlichen Unfallversicherung abgedeckt, die keinen Bezug zur beruflichen Sphäre aufweisen.[98] Der Schutz vor Arbeitsunfällen und vor ihren Folgen bildet dennoch den überwiegenden Anteil bei gesetzlichen Unfallversicherungen.[99] Aus einkommensteuerlicher Sicht sind die Leistung folglich regelmäßig der beruflichen Sphäre zuzuordnen und sie führen somit zu Erwerbseinnahmen. Erhält beispielsweise ein Betriebsinhaber Leistungen aus der gesetzlichen Unfallversicherung wegen eines Arbeitsunfalls, führt dies zu steuerbaren Betriebseinnahmen.[100] Im Umkehrschluss können die Beiträge als Betriebsausgaben abgezogen werden. Werden Geldleistungen aus der Unfallversicherung als Entschädigung für entgehende Einnahmen

---

93 *Waltermann*, in: Sozialrecht, Rz. 333.
94 *Waltermann*, in: Sozialrecht, Rz. 337.
95 *Waltermann*, in: Sozialrecht, Rz. 338 f.
96 BFH, Urt. v. 07.10.1982 – IV R 32/80, BStBl II 1983, 101 (103).
97 BFH, Urt. v. 07.10.1982 – IV R 32/80, BStBl II 1983, 101 (103).
98 Sog. „unechte Unfallversicherung“, vgl.: *Waltermann*, in: Sozialrecht, Rz. 278.
99 *Waltermann*, in: Sozialrecht, Rz. 277.
100 *v. Beckerath*, in: K/S/M, EStG, § 3 Nr. 1, Rz. B 1/25 (Stand: Mai 2015).

z. B. an Arbeitnehmer geleistet, liegen darin steuerbare Bezüge nach § 24 Nr. 1 lit. a) EStG i. V. m. § 19 I Nr. 1 EStG vor.[101]

Soweit Sachleistungen aus der Unfallversicherung befreit werden, liegt eine Fiskalzweckbefreiung vor, da diese bereits nicht zu einer erhöhten wirtschaftlichen Leistungsfähigkeit führen. Durch die Sachleistungen wird lediglich der endgültige Eintritt der Erwerbsunfähigkeit verhindert.[102] Geldleistungen aus der Unfallversicherung verfolgen hingegen den Zweck der wirtschaftlichen Absicherung des Versicherten während einer Reha.[103] Die wirtschaftliche Leistungsfähigkeit soll damit während der Reha oder danach aufrechterhalten werden, sodass die Geldleistungen aus der Unfallversicherung diese entsprechend erhöhen. Insoweit liegt also keine systemimmanente Befreiung vor. Der tatsächliche Befreiungszweck wurde stattdessen bereits in einer FG-Entscheidung aus dem Jahr 1957 erwähnt. Das FG Freiburg führte für Leistungen aus der gesetzlichen Unfallversicherung an, dass diese wegen der Förderung des Beitrags-Leistungs-Verhältnisses befreit werden.[104] Solche Befreiungen verfolgen stets den Zweck, eine sozialpolitisch sinnvolle Versicherung mit möglichst geringen Beiträgen finanzieren zu können. Vorliegend soll das Versicherungsverhältnis nach § 1 SGB VII die körperliche Unversehrtheit absichern, was auch der Steuergesetzgeber offensichtlich für förderungswürdig ansieht. So soll die Absicherung des Risikos eines Arbeitsunfalls oder einer Berufskrankheit mit geringstmöglichen Beiträgen abgesichert werden können, da die Besteuerung etwaiger Gegenleistungen aus der Versicherung sich stets auf die Höhe der Beiträge auswirken würde.[105] Naturgemäß soll auch die Leistung an sich als Nettogröße beim Begünstigten ankommen.

12. Wehr-, Zivil- und Freiwilligendienst (§ 3 Nr. 5)

§ 3 Nr. 5 EStG[106] befreit Geld- und Sachbezüge an Wehrdienst- und Zivildienstleistende sowie an Personen in einem sog. freiwilligen sozialen Jahr und vergleichbaren Diensten.

---

[101] *Bergkemper*, in: H/H/R, EStG, § 3 Nr. 1, Rz. 2 (Stand: April 2019).
[102] *Waltermann*, in: Sozialrecht, Rz. 333.
[103] *Waltermann*, in: Sozialrecht, Rz. 337.
[104] FG Freiburg, Urt. v. 25.07.1957 – I 117/56, EFG 1957, 359 (360).
[105] Dazu: *v. Beckerath*, in: K/S/M, EStG, § 3, Rz. A 780 (Stand: Mai 2023).
[106] In der Fassung des G. v. 12.12.2019, BGBl. I, 2451 (2455).

Die Norm wirkt nur im Bereich der Einkünfte aus nichtselbständiger Arbeit.[107] Die unstrittige Beschränkung auf diese Einkunftsart ergibt sich durch die folgende Entwicklung. Als Wehr- oder Zivildienst noch verpflichtend zu leisten war, wurden die dafür gezahlte Bezüge teils mangels eines freiwillig geschlossenen Dienstverhältnisses nicht als Arbeitslohn, sondern als wiederkehrende Bezüge nach § 22 I Nr. 1 S. 1 EStG bewertet.[108] Mittlerweile ist der verpflichtende Wehrdienst und der entsprechende Zivildienst für Friedenszeiten ausgesetzt[109] und durch den freiwilligen Wehrdienst ersetzt worden.[110] Aktuell sind demnach nur Einkünfte aus nichtselbständiger Arbeit von der Befreiungswirkung des § 3 Nr. 5 EStG betroffen, da die Wehrdienstleistenden ein freiwilliges Dienstverhältnis im Sinne des § 19 I Nr. 1 EStG abschließen. Die Befreiung wirkt indes rein klarstellend, soweit die befreiten Bezüge ganz überwiegend im Eigeninteresse des Arbeitgebers[111] gezahlt werden und den Bezügen demnach kein Entlohnungscharakter zukommt. Dies ist beispielsweise für die von § 3 Nr. 5 lit. c) EStG befreite Heilfürsorge der Fall, weil die Gesunderhaltung der Arbeitnehmer eine betrieblich notwendige Begleiterscheinung des Wehrdienstes für den Bund sowie die Dienstleistenden ist.[112] Im Übrigen wirkt die Befreiung konstitutiv für Einkünfte aus nichtselbständiger Arbeit.

Aus dem Gesetzgebungsverfahrens ergibt sich der Befreiungszweck bisher nur mittelbar für einen Teilbereich der Befreiung aus einer öffentlichen Anhörung des Finanzausschusses. Dort erklärte die Sachverständige *Rindt,* dass eine Besteuerung der im Bundesfreiwilligendienst gezahlten Bezüge wegen der Gemeinwohlbezogenheit solcher Engagements ein falsches politisches

---

107 *Bergkemper*, in: H/H/R, EStG, § 3 Nr. 5, Rz. 1 (Stand: April 2020).

108 *Koether*, Steuerbefreiungen von Einnahmen aus nichtselbständiger Arbeit, 186-188; *Pflüger*, in: H/H/R, EStG, § 19, Rz. 72 (Stand: August 2018); *Geeb*, in: Frotscher/Geurts, EStG, § 19, Rz. 38 (Stand: Februar 2020); diese Voraussetzung ablehnend u. a.: *Geserich*, in Brandis/Heuermann, EStG, § 19, Rz. 59 (Stand: Dezember 2022); *Eisgruber*, in: Kirchhof/Seer, EStG, § 19, Rz. 18; *Krüger*, in: Schmidt, EStG, § 19, Rz. 12.

109 Durch das Wehrrechtsänderungsgesetz 2011 (WehrRÄndG 2011) v. 28.4.2011 (BGBl. I 2011, 678).

110 *Bergkemper*, in: H/H/R, EStG, § 3 Nr. 5, Rz. 3 (Stand: April 2020).

111 Zum Merkmal des ganz überwiegenden Eigeninteresses eingehend: *Schneider*, FR 2015, 791.

112 *v. Beckerath*, in: K/S/M, EStG, § 3, Rz. B 5/11 (Stand: Mai 2021).

Signal sei.[113] Im Umkehrschluss ergibt sich aus der Aussage der Sachverständigen, dass die Steuerfreistellung das richtige politische Signal im Sinne des Gemeinwohls sei. Damit lässt sich erahnen, dass auch der Gesetzgeber einen Sozialzweck in der Befreiung erkennt. Im Ergebnis will der Gesetzgeber junge Menschen zum Wehr-, Zivil- oder Freiwilligendienst animieren, indem er die entsprechenden Geldbezüge steuerlich begünstigt. Darüber hinaus waren und sind die entsprechenden Bezüge als Nettogröße konzipiert, weshalb der Gedanke der Nettobetrachtung für soziale Leistungen greift.

13. Versorgungsbezüge an Wehr- oder Zivildienstleistende (§ 3 Nr. 6)

§ 3 Nr. 6 EStG[114] stellt versorgungshalber geleistete Bezüge an Wehrdienstbeschädigte, Zivildienstbeschädigte oder ihre Hinterbliebenen, Kriegsbeschädigte, Kriegshinterbliebene und diesen gleichgestellten Personen von der Einkommensteuer frei.[115] Als Negativvoraussetzung sieht die Norm vor, dass die Bezüge nicht „auf Grund der Dienstzeit gewährt" sein dürfen. Dieses Tatbestandsmerkmal ist auslegungsbedürftig: Der Empfänger darf den Bezug nicht durch Ableistung seiner Dienstzeit verdient haben; stattdessen muss es sich bei dem Bezug um einen Ausgleich für die geopferte Gesundheit handeln.[116] Als Anspruchsgrundlage für die befreiten Bezüge kommen unterschiedliche sozialrechtliche Bestimmungen in Betracht. So sieht z. B. das BeamtVG in den §§ 30 ff. Ausgleichs- und Unterhaltsleistungen im Falle eines Dienstunfalles vor. § 3 Nr. 6 S. 2 EStG nennt mit dem Soldatenversorgungsgesetz (SVG) und dem Bundesversorgungsgesetz (BVG) weitere Gesetze, die entsprechende Entschädigungen bei Dienstunfällen vorsehen.

Einkommensteuerrechtlich führen diese Leistungen zu Versorgungsbezügen nach § 19 I Nr. 2 EStG, soweit sie aufgrund des BeamtVG gezahlt werden; in den übrigen Fällen handelt es sich um wiederkehrende Bezügen nach § 22 Nr. 1 S. 1 Hs. 1 EStG.[117] Zu einer Besteuerung nach § 24 Nr. 1 lit. a) EStG i. V. m. § 19 I Nr. 1 EStG käme es hingegen, wenn bei der Leistung die

---

113 Finanzausschuss, Wortprotokoll Nr. 17/100 v. 26.09.2012, 67 f.

114 In der Fassung des G. v. 25.7.2014, BGBl. I, 1266 (1267).

115 BT Drs. 18/1995, 104.

116 BFH, Urteil v. 16.01.1998 – VI R 5/96, BStBl II 1998, 303; dazu überzeugend: *Daube*, FR 1998, 426 f.

117 *Bergkemper*, in: H/H/R, EStG, § 3 Nr. 6, Rz. 2 (Stand: April 2019).

Entgeltersatzfunktion überwiegt.[118] § 3 Nr. 6 EStG hat damit im einkommensteuerlichen Katalog der Einkunftsarten einen erheblichen konstitutiven Wirkungsbereich, der mehrere Einkunftsarten betrifft.

Als Zweck für die Steuerbefreiung werden in erster Linie sozialpolitische Motive ausgemacht. Es geht um die Verantwortung des Staates gegenüber Personen, die ihr Leben oder ihre Gesundheit für den Staat geopfert haben.[119] *V. Beckerath* macht darauf aufbauend die Entstehungsgeschichte der Vorschrift als Argument für eine Sozialzwecknorm aus.[120] Ursprünglich wurden nämlich nur Wiedergutmachungsleistungen an Kriegsinvalide steuerfrei gestellt und die Steuerfreiheit sei als Teil der staatlichen Wiedergutmachung anzusehen.[121] Soweit sich die Befreiung auf wiederkehrende sonstige Bezüge bezieht, wirkt sie nicht systemimmanent, da sich ein gewisser Zusammenhang der Bezüge zu einer früheren Erwerbstätigkeit als Wehrdienstbeschädigter etc. ausmachen lässt. Die Befreiung soll vielmehr in Gänze die soziale Idee der gewährten Wiedergutmachungsleistung unterstützen und die Empfänger sollen diese als Nettoleistung erhalten.

14. Leistungen nach dem Unterhaltssicherungsgesetz (§ 3 Nr. 48)

§ 3 Nr. 48 EStG befreit Leistungen nach dem Unterhaltssicherungsgesetz (USG) mit Ausnahme der Leistungen nach § 6 USG. Nach §§ 1 I 1 u. 2 USG gilt das Gesetz für Reservistendienst Leistende der Bundeswehr, die damit den Kreis der Anspruchsberechtigten für entsprechende Leistungen zur Unterhaltssicherung ausmachen. Zentrales Ziel des Gesetzes ist es, den Reservistendienst Leistenden ein Einkommen zu sichern.[122] Neben dem nicht steuerlich begünstigten § 6 USG ist der wichtigste Leistungstatbestand des Gesetzes § 5 USG.[123] Durch § 5 USG soll das Nettoerwerbseinkommen eines Reservistendienst Leistenden, welches ohne den Reservistendienst erzielt

---

118 *v. Beckerath*, in: K/S/M, EStG, § 3, Rz. B 6/15 (Stand: Mai 2021).

119 *Daube*, FR 1998, 426; glA: *Bergkemper*, in: H/H/R, EStG, § 3 Nr. 6, Rz. 2 (Stand: April 2019); *Handzik*, in: L/B/P, EStG, § 3, Rz. 220 (Stand: Juni 2018).

120 *v. Beckerath*, in: K/S/M, EStG, § 3, Rz. B 6/24 (Stand: Mai 2021).

121 *v. Beckerath*, in: K/S/M, EStG, § 3, Rz. B 6/24 (Stand: Mai 2021).

122 BR Drs. 57/15, 2.

123 Vgl. die Auflistung aller erfassten Leistungen nach dem USG von *Niklaus*, in: K/K/R, EStG, § 3 Nr. 48, Rz. 21.1.

worden wäre, gesichert werden.[124] Das Gesetz selbst spricht in Absatz 1 der Norm von einer Kompensation des Verdienstausfalls von Arbeitnehmern.

Der vorgenannte Zweck legt den einkommensteuerlichen Schluss nahe, dass eine Entschädigungsleistung im Sinne des § 24 Nr. 1 lit. a) EStG vorliegt. Allerdings steht der Kompensationsgedanke im USG nicht allein. Reservedienst Leistende können nämlich statt der Leistungen nach § 5 USG auch eine sog. Mindestleistung nach § 8 USG wählen, die sich nach Anlage 1 zum USG am Dienstgrad des Reservedienst Leistenden orientiert.[125] Dies zeigt, dass das USG auch die erbrachte Leistung des Reservesoldaten entlohnen soll und nicht nur ausfallende Einkünfte kompensiert. Auch die Mindestleistung nach § 8 USG orientiert sich aber in einer Alternative der Anlage 1 zum USG am ursprünglichen Nettoerwerbseinkommen des Dienstleistenden. Zusammenfassend liegt im USG eine zweigleisige Konzeption der Entlohnung vor, die sich teilweise an den ausgefallenen Einkünften und teilweise am Dienstgrad des Reservedienst Leistenden orientiert. Folglich ist nicht erkennbar, ob eine direkte Entlohnung für den Reservedienst oder eine Kompensation für entgangene Einkünfte vorliegt. Wer Ersteres annimmt, müsste den Dienstleistenden als Arbeitnehmer des Bundes qualifizieren. Der Bund ist gegenüber Reservedienst Leistenden – genau wie gegenüber Berufssoldaten – weisungsbefugt.[126] Ohne die Befreiung würde die Entlohnung demnach steuerpflichtigen Arbeitslohn im Sinne der Einkünfte aus nichtselbständiger Arbeit gem. § 19 I Nr. 1 EStG darstellen. Lässt man den Kompensationsgedanken überwiegen, würden sich die Einkünfte aus § 24 Nr. 1 lit. a) EStG i. V. m. § 19 I Nr. 1 EStG ergeben, da der Verdienstausfallgedanke in Gestalt einer Entschädigung verwirklicht wird. § 3 Nr. 48 EStG wirkt in beiden Fällen konstitutiv im Rahmen der Einkünfte aus nichtselbständiger Arbeit, sodass letztlich dahinstehen kann welcher Zweck der Zahlungen überwiegt.

Hinsichtlich des Befreiungszwecks finden sich in der Literatur sowohl Stimmen für Sozial- als auch für Vereinfachungszwecke.[127] Die nur für Arbeitnehmer geltende Befreiung ließe sich zunächst mit dem Gedanken

---

124 BR Drs. 57/15, 30.

125 *Niklaus*, in: K/K/R, EStG, § 3 Nr. 48, Rz. 22.

126 Ähnlich *v. Beckerath*, in: K/S/M, EStG, § 3, Rz. B 48/5 (Stand: Juni 2021).

127 Dies zusammenfassend: *Niklaus*, in: K/K/R, EStG, § 3 Nr. 48, Rz. 9.

der „vereinfachten Nettorechnung" rechtfertigen.[128] Der Staat kann sich in diesen Fällen bei der Bemessung der Leistungshöhe allein daran orientieren, was dem Bezieher zur Verfügung stehen soll, und muss diese nicht um Mittel erhöhen, die den Bezieher durch Besteuerung der gewährten Leistung belasten würden.[129] In diesen Fällen überwiegt jedoch der soziale Charakter der Leistung, die auf den Befreiungszweck abfärbt. § 3 Nr. 48 EStG honoriert den Reservedienst als Dienst am Gemeinwohl. Diese Sozialzwecke können aber nicht erklären, wieso die Leistungen an Reservedienst Leistende gem. § 6 USG nicht von der Steuer befreit sind.[130] Die Leistungen nach § 6 USG bemessen sich am entgangenen Brutto-Einkommen von Personen, die zuvor Gewinneinkünfte im Sinne des EStG erzielt haben. Sollte § 3 Nr. 48 EStG den Reservedienst als Dienst am Gemeinwohl honorieren wollen, müsste sich die Befreiung zwangsläufig auch auf diese Leistungen zu erstrecken, was künftig angepasst werden sollte.

15. Beihilfen nach dem Soldatenversorgungsgesetz (§ 3 Nr. 2 lit. c)

§ 3 Nr. 2 lit. c) EStG[131] befreit die Arbeitslosenbeihilfe nach dem Soldatenversorgungsgesetz (SVG) von der Einkommensteuer. Zuvor war diese Steuerbefreiung in § 3 Nr. 2a EStG geregelt[132] und ergab sich davor direkt aus § 86a SVG[133]. Die Arbeitslosenbeihilfe ist im SVG etabliert worden, um Soldaten auf Zeit mit einer Dienstzeit von mindestens zwei Jahren eine soziale Sicherung für den Fall der Arbeitslosigkeit nach Beendigung des Wehrdienstverhältnisses zu gewähren.[134] Berufssoldaten sollten auf diese Weise mit solchen Arbeitnehmern gleichgestellt werden, die durch das Sozialversicherungssystem bereits besser gegen Arbeitslosigkeit geschützt seien.[135] Die Notwendigkeit dieser Maßnahme ergab sich laut Gesetzgeber durch den geleisteten Dienst für die Gemeinschaft und dem Schluss, dass betroffene Personen statt dieses Gemeinschaftsdienstes auch in einem Dienstverhältnis hätten verbleiben können, was sie

---

[128] *v. Beckerath*, in: K/S/M, EStG, § 3, Rz. B 48/12 f. (Stand: Juni 2021).
[129] *v. Beckerath*, in: K/S/M, EStG, § 3, Rz. A 714 (Stand: April 2022).
[130] So auch: *v. Beckerath*, in: K/S/M, EStG, § 3, Rz. B 48/12 f. (Stand: Juni 2021).
[131] In der Fassung des G. v. 25.7.2014, BGBl. I, 1266 (1279).
[132] Zuletzt in der Fassung des EStG v. 08.10.2009, BGBl I 2009, 3366.
[133] i. d. F. des G. v. 06.08.1987, BGBl I 1987, 2078.
[134] BR Drs. 135/87, 7; BT Drs. 11/286, 5.
[135] BR Drs. 135/87, 7 f.; BT Drs. 11/286, 5.

ausreichend gegen Arbeitslosigkeit geschützt hätte.[136] Wegen der gewünschten Gleichstellung der Absicherung gegen Arbeitslosigkeit der Soldaten auf Zeit mit sozialversicherten Arbeitnehmern gilt der Zweck des Arbeitslosengeldes nach dem SGB III entsprechend für die Arbeitslosenbeihilfe nach dem SVG. Primärer Zweck des Arbeitslosengeldes nach dem SGB III ist der Ersatz des entgangenen Beschäftigungsentgelts.[137] Dieser Lohnersatzcharakter kommt demnach auch der Arbeitslosenbeihilfe nach dem SVG zu.

Einkommensteuerrechtlich handelt es sich bei der Arbeitslosenbeihilfe nach dem SVG um Einkünfte gem. § 24 Nr. 1 lit. a) EStG i. V. m. § 19 I Nr. 1 EStG.[138] Der ausfallende Lohn des Soldaten auf Zeit unterfiele § 19 I Nr. 1 EStG[139] und die Gelder werden als Entgeltersatzleistungen gerade zur Kompensation des erbracht. § 3 Nr. 2 lit. c) EStG wirkt demnach konstitutiv.[140]

Wegen der beschriebenen Nähe zum Arbeitslosengeldes nach dem SGB III läge es auch hinsichtlich des Befreiungszwecks nahe, auf die Befreiung des Arbeitslosengeldes nach dem SGB III zu verweisen. So begründete schließlich auch der Gesetzgeber die Einführung der Befreiung der Arbeitslosenbeihilfe nach dem SVG ins EStG damit, dass die Bezüge bereits nach § 86a SVG von der Einkommensteuer befreit seien.[141] § 86a SVG regelte dies insoweit, dass die Vorschriften des EStG über das Arbeitslosengeld entsprechend anzuwenden seien.[142] Diese Annahme ist unpräzise. Der Bund bringt die Mittel für die Arbeitslosenbeihilfe an die Soldaten gem. § 88a SVG selbst und insbesondere ohne Beitragsleistungen der begünstigten Soldaten auf.[143] Der sozialpolitisch motivierte Zweck, durch die Steuerbefreiung ein Beitrags-Leistungs-Verhältnis zu fördern, greift demnach für die Arbeitslosenbeihilfe nach dem SVG nicht. Vielmehr handelt es sich um eine staatliche Transferleistung,

---

136 BR Drs. 135/87, 7; BT Drs. 11/286, 5.

137 *Kallert*, in: Knickrehm/Roßbach/Waltermann, SGB III, § 136, Rz. 3b.

138 Stattdessen Einkünfte aus § 22 Nr. 1 EStG annehmend: *v. Beckerath*, in: K/S/M, EStG, § 3, Rz. B 2/27 (Stand: Mai 2021).

139 *Pflüger*, in: H/H/R, EStG, § 19, Rz. 600 „Bundeswehr" (Stand: August 2018).

140 Teils wird übersehen, dass § 86a SVG seit der Änderung durch G. v. 14.12.1987 (BGBl I 1987, 2602) das EStG gerade von der entsprechenden Anwendung für das Arbeitslosengeld ausnimmt und sich die Befreiung demnach nicht bereits aus § 86a SVG ergibt, so aber: *Handzik*, in: L/B/P, EStG, § 3, Rz. 118n u. 140 (Stand: Juni 2018).

141 BT Drs. 11/1161, 14.

142 § 86a SGV i. d. F. des G. v. 06.08.1987, BGBl I 1987, 2078.

143 BR Drs. 135/87, 19; BT Drs. 11/286, 9.

die den Empfängern ungeschmälert zur Verfügung stehen soll. Der Bund kann sich bei der Leistungshöhe allein daran orientieren kann, was dem Bezieher zur Verfügung stehen soll, ohne eine vorige Steuerlast abziehen zu müssen. Zusätzlich existieren allgemeine sozialpolitische Motive, da der Gesetzgeber das Engagement der Soldaten als „notwendigen Dienst für die Gemeinschaft“[144] hervorhebt.

16. Staatliche Entschädigungen für Enteignungen (§ 3 Nr. 7)

§ 3 Nr. 7 EStG[145] befreit Leistungen aus öffentlichen Mitteln, deren Anspruchsgrundlagen in sog. Kriegsfolgengesetzen oder entsprechenden Gesetzen geregelt sind.[146] Der Tatbestand listet dafür abschließend acht Gesetze auf. Im Ergebnis werden Leistungen aus dem Lastenausgleichs-, Flüchtlingshilfe-, Bundesvertriebenen-, Reparationsschäden-, Vertriebenenzuwendungs-, NS-Verfolgtenentschädigungs-, Entschädigungs- und Ausgleichsleistungsgesetz von der Einkommensteuer befreit. Die Befreiungswirkung tritt nach dem letzten Halbsatz von § 3 Nr. 7 EStG nicht ein, soweit die Leistungen Kapitalerträge gem. § 20 I Nr. 7 o. II EStG darstellen. Dies ist denkbar, wenn Zinsen auf den Entschädigungsanspruch ausgezahlt werden; diese Zinsen werden nicht mehr in Erfüllung des Anspruchs auf Entschädigung, sondern als Ertrag aus einer Kapitalforderungen geleistet, der nicht von der Befreiungswirkung betroffen sein soll.[147]

Die Entschädigungsleistungen nach den Kriegsfolgengesetzen würden stets zu steuerpflichtigen Erträgen führen, wenn sie zur Abgeltung von Schäden an Betriebsvermögen gezahlt werden.[148] Im Rahmen der Gewinneinkunftsarten wirkt die Befreiung demnach konstitutiv. Teils werden die Entschädigungen auch in wiederkehrenden Bezügen geleistet, die ohne den Befreiungstatbestand nach § 22 Nr. 1 S. 1 Hs. 1 EStG steuerpflichtig wären.[149]

---

[144] BR Drs. 135/87, 7; BT Drs. 11/286, 5.

[145] In der Fassung des EStG v. 08.10.2009, BGBl. I, 3366 (3374 ff.).

[146] BR Drs. 612/93, 58.

[147] BT Drs. 12/7588, 45.

[148] *v. Beckerath*, in: K/S/M, EStG, § 3, Rz. B 7/12 (Stand: August 2001).

[149] *Bergkemper*, in: H/H/R, EStG, § 3 Nr. 7, Rz. 2 (Stand: Mai 2023); *Handzik*, in: L/B/P, EStG, § 3, Rz. 240a (Stand: Juni 2018).

Die Norm wird zu Recht in erster Linie als Sozialzweckbefreiung klassifiziert, die die sozialpolitische Leistungsgewährung unterstützen soll.[150] Setzt man die Steuerbefreiung jedoch wie *v. Beckerath* in einen systematischen Gesamtzusammenhang, ergibt sich auch ein Fiskalzweck für die Befreiung.[151] Die unübersichtlichen Kriegsumstände zum Zeitpunkt des Schadeneintritts bergen die Gefahr, dass der damit zusammenhängende Verlust an Betriebsvermögen nicht einkommensteuerrechtlich abgebildet wird.[152] Im Lichte des objektiven Nettoprinzips ist es demnach geboten, auch die kompensierende Leistung nicht steuererhöhend zu berücksichtigen; schließlich hatte das zu kompensierende Ereignis bereits keine steuermindernde Wirkung.[153] Mit anderen Worten sorgt die Steuerfreiheit in diesem Fall für eine leistungsfähigkeitsgerechte Balance zwischen Erwerbsaufwand und -einnahme. Im Grundfall wird das Schadensereignis aber steuermindernd berücksichtigt worden sein, sodass die Befreiung durch den einleuchtenden Sozialzweck begründet ist, dass mit der Entschädigung erlittenes Unrecht ausgeglichen wird.

Anzumerken ist, dass Leistungen nach dem Lastenausgleichs-, Flüchtlingshilfe-, Bundesvertriebenen- und Reparationsschädengesetz nahezu vollständig ausgelaufen sein dürften.[154] Der Befreiungswortlaut ist demnach auf die Nennung der zeitgemäß relevanten Leistungsgesetze zu begrenzen.

17. Wiedergutmachung von nationalsozialistischem Unrecht (§ 3 Nr. 8)

§ 3 Nr. 8 EStG[155] stellt Leistungen für die Wiedergutmachung von nationalsozialistischem Unrecht von der Einkommensteuer frei, die aufgrund gesetzlicher Vorschriften gezahlt werden. Als Leistungsarten nennt § 3 Nr. 8 S. 1 EStG Geldrenten, Kapitalentschädigungen und Leistungen im Heilverfahren. Die entscheidende Frage für die Einordnung einer Leistung als steuerfrei nach § 3 Nr. 8 EStG ist, ob die anspruchsbegründende

---

150 *Bergkemper*, in: H/H/R, EStG, § 3 Nr. 7, Rz. 2 (Stand: Mai 2023).
151 *v. Beckerath*, in: K/S/M, EStG, § 3, Rz. B 7/16 (Stand: August 2001).
152 *v. Beckerath*, in: K/S/M, EStG, § 3, Rz. B 7/16 (Stand: August 2001).
153 *v. Beckerath*, in: K/S/M, EStG, § 3, Rz. B 7/16 (Stand: August 2001).
154 *Bergkemper*, in: H/H/R, EStG, § 3 Nr. 7, Rz. 2 (Stand: April 2019).
155 In der Fassung des EStG v. 08.10.2009, BGBl. I, 3366 (3374 ff.).

Norm dem Wiedergutmachungsrecht angehört.[156] Nicht befreit sind nach § 3 Nr. 8 S. 2 EStG außerdem Bezüge aus einem Dienstverhältnis, welches zur Wiedergutmachung wieder oder neu begründet worden ist.

§ 51 BEG[157] sieht Entschädigungen für einen Schaden an Eigentum durch nationalsozialistisch motivierte Zerstörung, Verunstaltung oder Plünderung vor. Soweit das zerstörte Eigentum zum Betriebsvermögen des Geschädigten gehörte, wäre die Entschädigung als Betriebseinnahmen zu erfassen.[158] Im Rahmen der Gewinneinkünfte entfaltet die Befreiung also konstitutive Wirkung. Für diesen Bereich ist der sozialpolitische Gedanke der Nettobetrachtung von § 3 Nr. 7 EStG auf Nummer 8 übertragbar.

Das Wiedergutmachungsrecht sieht teils auch Ersatzleistungen im beruflichen Fortkommen vor, die im Bereich von § 24 Nr. 1 lit. a) EStG i. V. m. § 19 I Nr. 1 EStG konstitutiv wirken.[159] Ein Beispiel für Ersatzleistungen im beruflichen Fortkommen sind die in §§ 87 ff. BEG u. a. geregelten Lohnersatzleistungen zur Kompensation des Schadens, der durch eine nationalsozialistisch motivierte Entlassung entstanden ist. Hier ließe sich eine ursprüngliche berufliche Veranlassung – wenn auch mehrere Jahrzehnte in der Vergangenheit – noch annehmen. Die einkommensteuerliche Befreiung würde jedoch auch für diesen Bereich von dem sozialen Motiv der Wiedergutmachung mitgetragen. Schließlich hat auch der BFH nachvollziehbar begründet, dass eine Leistung nur gem. § 3 Nr. 8 EStG befreit ist, wenn die anspruchsbegründende Norm eine des Wiedergutmachungsrechts ist.[160] Die Befreiung ist also auf Leistungen zur Wiedergutmachung nationalsozialistischen Unrechts beschränkt. Mithin ist es naheliegend, dass sich das sozialpolitische Motiv der Wiedergutmachungsleistung als solche auch auf die einkommensteuerrechtliche Befreiung dieser Leistung ausdehnt. Wegen der Steuerbefreiung können die Wiedergutmachungsleistungen netto erbracht werden, wenn sie direkt vom Staat getragen werden. In naher Zukunft dürfte die Norm indes

---

[156] BFH, Urteil v. 26.08.1975 – VIII R 93/70, BStBl II 1975, 884 (885).

[157] Bundesgesetz zur Entschädigung für Opfer der nationalsozialistischen Verfolgung.

[158] *v. Beckerath*, in: K/S/M, EStG, § 3, Rz. B 8/8 (Stand: August 2001).

[159] *Bergkemper*, in: H/H/R, EStG, § 3 Nr. 8, Rz. 2 (Stand: April 2019); *Handzik*, in: L/B/P, EStG, § 3, Rz. 262 (Stand: Juni 2018); für § 24 EStG ebenfalls: *v. Beckerath*, in: K/S/M, EStG, § 3, Rz. B 8/9 (Stand: August 2001).

[160] BFH, Urteil v. 26.08.1975 – VIII R 93/70, BStBl II 1975, 884 (885).

spätestens dann zu streichen, wenn nachweislich keine Wiedergutmachungsleistung nach dem BEG mehr ausgezahlt werden.[161]

18. Renten an Verfolgte (§ 3 Nr. 8a)

Durch § 3 Nr. 8a EStG[162] werden Renten aus der gesetzlichen Rentenversicherung an Verfolgte im Sinne des § 1 BEG von der Einkommensteuer freigestellt. Der Freistellung liegt zu Grunde, dass Verfolgten, die nationalsozialistischem Unrecht ausgesetzt waren, sozialversicherungsrechtliche Anrechnungszeiten für Zeiten der Verfolgung bzw. für Zeiten der Beschäftigung in einem Ghetto gewahrt werden.[163] Diese Anrechnungszeiten werden zur Kompensation eines durch die Verfolgung entstandenen Nachteils in der Rentenberechnung zugelassen.[164] § 3 Nr. 8a S. 2 EStG erweitert die Befreiung auf entsprechende Hinterbliebenenrenten. Die betroffenen Renten werden vollumfänglich und nicht nur für den Teil der Rente von der Steuer freigestellt, der auf den nachträglich gewährten Anrechnungszeiten beruht.[165]

Ohne den Befreiungstatbestand wären die Leistungen aus der gesetzlichen Versicherung als sonstige Einkünfte gem. § 22 Nr. 1 S. 3 lit. a) Doppelbuchst. aa) EStG zu qualifizieren.[166] § 3 Nr. 8a EStG wirkt demnach konstitutiv und es stellt sich die Frage nach dem Befreiungszweck. Wie bereits festgestellt, erfolgt die Gewährung der sozialversicherungsrechtlichen Anrechnungszeiten zur Kompensation von Nachteilen in der Rentenberechnung, die wegen nationalsozialistischer Verfolgung eingetreten sind. Ausgleichende Gerechtigkeitsaspekte der Gemeinwohlförderung bedingen demnach die Anrechnung. Durch die Befreiung der auf diesen Anrechnungszeiten beruhenden Renten hat der Gesetzgeber diese außerfiskalischen Gründe in das Einkommensteuerrecht übernommen. So stellt § 3 Nr. 8a EStG eine Sozialzweckbefreiung dar.[167] Laut Gesetzgeber bezweckt die Gewährung der Anrechnungszeiten aber

161 Die Relevanz der Norm, wegen Zeitablaufs der befreiten Leistungen, in Frage stellend: *Bergkemper*, in: H/H/R, EStG, § 3 Nr. 8, Rz. 2 u. 4 (Stand: April 2019).

162 In der Fassung des G. v. 07.12.2011, BGBl. I, 2592 (2599).

163 BR Drs. 253/11, 70.

164 *Paintner*, DStR 2012, 105.

165 *Bergkemper*, in: H/H/R, EStG, § 3 Nr. 8a, Rz. 2 (Stand: Mai 2023).

166 *v. Beckerath*, in: K/S/M, EStG, § 3, Rz. B 8a/3 (Stand: April 2012); *Levedag*, in: Schmidt, EStG, § 3, Rz. 33.

167 Im Ergebnis ebenso: *Bergkemper*, in: H/H/R, EStG, § 3 Nr. 8a, Rz. 1 (Stand: April 2019).

ausdrücklich keine Wiedergutmachung von nationalsozialistischem Unrecht und stattdessen sollen Nachteile in der Altersversorgung der Betroffenen ausgeglichen werden.[168] Demnach sollen die Leistungen dem Empfänger wohl ungeschmälert ohne steuerliche Belastung zur Verfügung stehen. Ob dieser Zweck die vollumfängliche Steuerbefreiung einzelner Gruppen von Rentnern rechtfertigt, wird erheblich in Zweifel gezogen.[169] Es wäre wohl verhältnismäßiger die Nachteile der Betroffenen durch eine anteilige Steuerbefreiung für den Teil der Rente auszugleichen, der tatsächlich auf den nachträglich gewährten Anrechnungszeiten beruht.[170]

19. Rentenzuschlag bei geringen Einkommen (§ 3 Nr. 14a)

§ 3 Nr. 14a EStG[171] befreit die Rente aus der gesetzlichen Rentenversicherung, soweit sie aufgrund des Zuschlags an Entgeltpunkten für langjährige Versicherung nach dem SGB VI geleistet wird. Die Anspruchsvoraussetzungen finden sich in § 76g SGB VI. Es handelt sich um einen Teil der Grundrente, der als Rentenzuschlag konzipiert ist. Dieser soll die langjährige Beitragszahlung zur Rentenversicherung auch bei unterdurchschnittlichem Einkommen lohnender machen.[172] Der Gesetzgeber möchte mit dem Zuschlag also die Lebensleistung jahrzehntelanger rentenversicherungspflichtiger Arbeit zu unterdurchschnittlichen Löhnen honorieren.[173]

Der Zuschlag ist ausdrücklich als Bestandteil der eigentlichen Rente ausgestaltet und folgt den Besteuerungsregeln, die für ebendiese Rente gelten.[174] Gesetzliche Rentenversicherungsleistungen unterfallen dem einkommensteuerrechtlichen Grundtatbestand § 22 Nr. 1 S. 3 lit. a) Doppelbuchst. aa) EStG[175], was auch für den Zuschlag gilt.[176]

Der Gesetzgeber hat den Zweck der Befreiung ausdrücklich benannt: Die mit dem Zuschlag verbundene Würdigung der Lebensleistung soll durch

---

168 BR Drs. 253/11, 70.
169 *v. Beckerath*, in: K/S/M, EStG, § 3, Rz. B 8a/5 f. (Stand: April 2012).
170 *v. Beckerath*, in: K/S/M, EStG, § 3, Rz. B 8a/6 (Stand: April 2012).
171 Eingeführt durch G v. 16.12.2022, BGBl. I 2022, 2294 (2299).
172 BT Drs. 19/18473, 2.
173 BT Drs. 19/18473, 1 u. 27.
174 BT Drs. 19/18473, 45.
175 *Neudenberger/Wernsmann*, in: K/S/M, EStG, § 22, Rz. B 161 (Stand: November 2021).
176 *v. Beckerath*, in: K/S/M, EStG, § 3, Rz. B 14a/3 (Stand: Mai 2023).

eine Besteuerung nicht geschmälert werden.[177] Demnach sei nicht nur der Zuschlag als solcher, sondern auch dessen Steuerfreistellung sozialpolitisch geboten und soll dem Empfänger als Nettoleistung belassen bleiben. Bei § 3 Nr. 14a EStG handelt es sich also um eine Sozialzweckbefreiung[178], deren Wirkungsbereich auf die sonstigen Einkünfte aus der gesetzlichen Rente beschränkt ist. Es stellt sich allerdings die Abwägungsfrage, warum ähnlich konzipierte Zuschläge zur Rente nicht begünstigt sind.[179] Aufgrund des weiten Einschätzungsspielraums[180], darf sich der Gesetzgeber wohl dazu entscheiden, dass er die Lebensleistung jahrzehntelanger rentenversicherungspflichtiger Arbeit auch steuerlich begünstigt. Die Ausgestaltung dieser Begünstigung würde aber zu weniger Ungleichbehandlungen führen, wenn sich der Steuergesetzgeber folgerichtig an den sozialversicherungsrechtlichen Zuschlägen orientiert, die eine entsprechende sozialpolitische Zielsetzung durch die Gewährung von Entgeltpunkten verfolgen. Wenn es dem Gesetzgeber hingegen nur auf die Besserstellung langjähriger Beitragszahler mit geringem Renteneinkommen ankommt, wäre es effektiver die Grundrente nachhaltig anhand von sog. Mindestsicherungselementen zu konzipieren[181], statt das Leistungsrecht durch unabgestimmte Steuerbegünstigungen zu verkomplizieren.

20. Ehrensold für Künstler (§ 3 Nr. 43)

§ 3 Nr. 43 EStG[182] befreit erstens den Ehrensold für Künstler und zweitens Zuwendungen der Deutschen Künstlerhilfe aus öffentlichen Mitteln an bedürftige Künstler. Einzelne Bundesländer gewähren Künstlern einen sog. Ehrensold, wenn sich diese um die Kunst und Kultur des Landes besonders verdient gemacht haben.[183] Die zweite Alternative befreit Zuwendungen, die „wegen“ deren Bedürftigkeit gezahlt werden. Die Leistungen der Deutschen

---

177 BT Drs. 20/3879, 86 f.

178 Ebenso: *v. Beckerath*, in: K/S/M, EStG, § 3, Rz. B 14a/5 (Stand: Mai 2023).

179 *v. Beckerath*, in: K/S/M, EStG, § 3, Rz. B 14a/5 (Stand: Mai 2023).

180 S. zur Rechtfertigung von Ungleichbehandlungen im Steuerrecht: *Hey*, in: Tipke/Lang, Steuerrecht, Rz. 3.124 f. u. 3.132.

181 Vgl. dazu: *Diehl*, in: Hauck/Noftz, SGB VI, § 76g, Rz. 8 ff. (Stand: 2023).

182 In der Fassung des EStG v. 08.10.2009, BGBl. I, 3366 (3374 ff.).

183 *Handzik*, in: L/B/P, EStG, § 3, Rz. 1621a f., m.w.N. (Stand August 2018).

Künstlerhilfe werden damit nur befreit, wenn sie den Zweck haben, der Bedürftigkeit des Künstlers abzuhelfen.[184]

Als einkommensteuerlicher Grundtatbestand kann nur § 22 Nr. 1 S. 1 Hs. 1 EStG betroffen sein. Die Leistungen werden teils in wiederkehrenden Bezügen erbracht, sodass der Grundtatbestand nach seinem Wortlaut erfüllt ist.[185] Liest man die Markteinkommenstheorie in den Grundtatbestand hinein, lassen sich die Bezüge mangels Erwirtschaftung am Markt nicht den sonstige Einkünften unterwerfen.[186] Zumindest für den Ehrensold lässt sich aber eine mittelbare Erwirtschaftung am Markt erkennen. Schließlich wird der finanzielle Ehrenerweis wegen einer künstlerischen Leistung erbracht, die seinerzeit am Markt angeboten wurde, wenn die künstlerische Tätigkeit die (Haupt-)Einkunftsquelle des Künstlers war. Zusammenfassend verfolgt die Befreiung entweder den sinnvollen klarstellenden Zweck zur Beendigung der Diskussion um die vorgenannte Auslegung des § 22 Nr. 1 S. 1 Hs. 1 EStG oder sie wirkt in diesem Bereich konstitutiv. Nimmt man Letzteres an, kann nur eine Sozialzweckbefreiung vorliegen, die den Ehrensold beim Empfänger als eine Nettogröße belassen möchte. Die Befreiung ermöglicht die effektivere Leistungsgewährung an Personen, die sich im Sinne des Gemeinwohls besonders verdient gemacht haben.[187] Dies stellt den sozialen Aspekt der Leistung dar, die auf die Freistellung abfärbt.

21. Entschädigungen nach dem Infektionsschutzgesetz (§ 3 Nr. 25)

§ 3 Nr. 25 EStG[188] befreit Entschädigungen nach dem Infektionsschutzgesetz (IfSG). § 56 IfSG sieht einen Entschädigungsanspruch für kranke, krankheitsverdächtige oder ansteckungsverdächtige Personen vor, die deswegen ihre berufliche Tätigkeit nicht ausüben dürfen.[189] Der Anspruch soll den

---

184 *v. Beckerath*, in: K/S/M, EStG, § 3, Rz. B 43/22 f. (Stand: September 2003).

185 Dies für die in Rede stehenden Bezüge bejahend: *Bergkemper*, in: H/H/R, EStG, § 3 Nr. 43, Rz. 1 (Stand: Oktober 2019).

186 So wohl: *v. Beckerath*, in: K/S/M, EStG, § 3, Rz. B 43/3 (Stand: September 2003).

187 Im Ergebnis ebenso: *Bergkemper*, in: H/H/R, EStG, § 3 Nr. 43, Rz. 1 (Stand: Oktober 2019); *Niklaus*, in: K/K/R, EStG, § 3 Nr. 43, Rz. 10.

188 In der Fassung des EStG v. 08.10.2009, BGBl. I, 3366 (3374 ff.).

189 *Gerhardt*, IfSG, § 56, Rz. 3.

so erlittenen Verdienstausfall in Geld entschädigen.[190] § 60 IfSG betrifft gesundheitliche Schäden, die im Zuge einer Impfung erlitten wurden. Wenn die Impfung zugunsten der Allgemeinheit stattgefunden hat, besteht ein Anspruch auf staatliche Übernahme der Versorgungsleistungen für etwaige Schäden.[191] § 65 IfSG sieht einen Entschädigungsanspruch zugunsten einer Person vor, die durch eine spezielle Maßnahme zur Bekämpfung übertragbarer Krankheiten einen Vermögensschaden erlitten hat.[192]

Zu steuerbaren Einkünften können nur die Leistungen nach §§ 56 u. 65 IfSG führen. § 56 IfSG kompensiert den Geldwert eines Verdienstausfalls und führt einkommensteuerlich zu steuerbaren Entschädigungen nach § 24 Nr. 1 lit. a) EStG i. V. m. § 19 I Nr. 1 EStG, soweit Arbeitnehmer anspruchsberechtigt sind.[193] Grundsätzlich kann aber jeder Erwerbstätige unter den Kreis der Anspruchsberechtigten fallen[194], sodass § 24 Nr. 1 lit. a) EStG auch in Verbindung mit anderen Einkunftsarten, deren Ausfall nach § 56 IfSG kompensiert wird, einschlägig ist. Die Entschädigungen gem. § 65 IfSG sind Betriebseinnahmen einer Gewinneinkunftsart, wenn das beschädigte Vermögen zum Betriebsvermögen zählt.[195]

Als Befreiungszweck kommt in erster Linie der sozialpolitische Effekt für die Leistungsgewährung in Betracht. Der Staat kann sich bei der Bemessung der Leistungshöhe allein daran orientieren, was dem Bezieher zur Verfügung stehen soll.[196] Dieser Gedanke passt zu den Entschädigungen nach § 56 IfSG, da sich deren Höhe am ausgefallenen Nettoeinkommen[197] orientiert. Für Entschädigungen bei Vermögensschäden passt diese Nettobetrachtung indes nicht, weil gem. § 65 II IfSG der gemeine Wert des untergegangenen Vermögens ersetzt wird. Dies stellt keine Nettogröße dar und die Steuerbefreiung dieser Leistung lässt sich nicht mehr damit rechtfertigen, dass diese ohne die

---

190 *Kümper*, in: Kießling, IfSG, § 56, Rz. 30.

191 *Philippi*, in: BeckOK InfektionsschutzR, IfSG, § 60, Rz. 1 f (Stand: Januar 2023).

192 *Kümper*, in: Kießling, IfSG, § 65, Rz. 2 ff.

193 Zu den allgemeinen Voraussetzungen von § 24 Nr. 1 lit. a) EStG siehe: *Kruse*, StuW 1981, 15 (20 ff.).

194 *Sangs*, in: Sangs/Eibenstein, IfSG, § 56, Rz. 55.

195 *v. Beckerath*, in: K/S/M, EStG, § 3, Rz. B 25/8 (Stand: Mai 2021).

196 sog. „vereinfachten Nettorechnung“. *v. Beckerath*, in: K/S/M, EStG, § 3, Rz. A 714 m.w.N. (Stand: Mai 2023) u. B 25/18 (Stand: Mai 2021).

197 BT Drs. 3/1888, 27 f.

Mittel für einen Steuerabzug bemessen und dafür steuerfrei belassen wurde. Insofern sind nur generelle Sozialzwecke ersichtlich. Der Gesetzgeber verweist lediglich darauf, dass die Leistungen bisher schon aus Billigkeitsgründen nicht besteuert wurden.[198] Solch eine Begründung benennt weder konkrete Befreiungszwecke noch lassen sich weitere Gründe des Gemeinwohls für die Befreiung in sie hineinlesen. Soweit § 3 Nr. 25 EStG andere Entschädigungen als solche nach § 56 IfSG befreit, dient der Tatbestand keinem legitimen Zweck. Der Wortlaut der Befreiung müsste demnach auf Entschädigungen begrenzt werden, deren Leistungshöhe sich an der „vereinfachten Nettorechnung"[199] orientiert.

22. Bezüge wegen Hilfsbedürftigkeit aus öffentlichen Mitteln (§ 3 Nr. 11)

§ 3 Nr. 11 S. 1 EStG[200] befreit Bezüge aus öffentlichen Mitteln oder Mitteln einer öffentlichen Stiftung, die in der ersten Alternative wegen Hilfsbedürftigkeit oder in der zweiten Alternative als Beihilfe zur Förderung von Erziehung, Ausbildung, Wissenschaft oder Kunst bewilligt werden. Nach § 3 Nr. 11 S. 2 u. 3 EStG greift die Steuerbefreiung nicht, wenn es sich bei dem Bezug um einen Kinderzuschlag oder eine Kinderbeihilfe handelt oder wenn der Empfänger der Leistungen zu einer bestimmten Gegenleistung verpflichtet ist. Satz 4 erweitert die Steuerfreiheit wiederum für Beitragsermäßigungen oder Prämienrückzahlungen, die Träger der gesetzlichen Krankenversicherungen für nicht beanspruchte Beihilfeleistungen gewähren.

Zu den Bezügen aus öffentlichen Mitteln, die wegen Hilfsbedürftigkeit bewilligt werden, zählen insbesondere Beihilfen im öffentlichen Dienst. Die Hilfsbedürftigkeit des Empfängers ist typisierend aus dem Anlass der konkreten Zuwendung (Krankheits-, Geburts- und Todesfall) abgeleitet worden.[201] Ohne § 3 Nr. 11 EStG würde die gewährte Beihilfe regelmäßig als Arbeitslohn von § 19 I Nr. 1 EStG erfasst sein, da sie durch das öffentliche Dienstverhältnis zwischen Beamtem und Dienstherr veranlasst ist.[202] Beihilfeleistungen

---

[198] BT Drs. 11/2157, 137.
[199] *v. Beckerath*, in: K/S/M, EStG, § 3, Rz. A 714 m.w.N. (Stand: Mai 2023).
[200] In der Fassung des EStG v. 08.10.2009, BGBl. I, 3366 (3374 ff.).
[201] BFH, Urteil v. 18.05.2004 – VI R 128/99, HFR 2005, 12.
[202] Ähnlich: *v. Beckerath*, in: K/S/M, EStG, § 3, Rz. B 11/10 (Stand: Mai 2021).

können ein Teil der Gegenleistung für die erbrachte Arbeitsleistung der Arbeitnehmer und damit eine Lohnzuwendung sein.[203] § 3 Nr. 11 S. 3 EStG steht der Anwendung der Befreiung in diesen Fällen nicht entgegen. Der darin normierte Ausschluss greift nur, wenn sich der Arbeitnehmer zu einer bestimmten Tätigkeit als Gegenleistung verpflichtet.[204] Arbeitslohn erfordert gerade nicht, dass er stets als Gegenleistung für eine bestimmte Dienstleistung des Arbeitnehmers erbracht wird.[205] § 3 Nr. 11 EStG wirkt also im Bereich des § 19 EStG auf konstitutive Weise.

Der Zweck der Befreiung ist auf die Förderung der Leistungsziele wie Hilfe im Bedarfsfall, Erziehung, Ausbildung, Wissenschaft oder Kunst gerichtet.[206] Die Steuerbefreiung hat folglich sozialpolitische Hintergründe. Bedauerlicherweise hat der Gesetzgeber den Befreiungszweck selbst bisher nicht erläutert oder hinterfragt, da er die seit 1920 bestehende Befreiung stets undifferenziert in neuen Gesetzesfassungen übernommen hat.[207] Diese inhaltlose Handhabe wurde durch einen Beschluss des BVerfG bestätigt. Darin entschied das BVerfG zum einen, dass § 3 Nr. 11 EStG nicht gegen Art. 3 I GG verstoße, indem nur Leistungen aus öffentlichen und nicht solche aus privaten Kassen befreit werden.[208] Zum anderen hat das BVerfG den Gesetzgeber an keiner Stelle dieser Entscheidung in die Begründungspflicht zur Benennung und Ausführung etwaiger Befreiungszwecke genommen. Die Begründung der Verfassungsmäßigkeit ist wegen der bei öffentlichen Mitteln besseren Prüfungs- und Kontrollverfahren zur Einhaltung der Leistungsziele noch vertretbar.[209] Warum das BVerfG den Gesetzgeber aber nicht zumindest auf die bestehende Begründungsverpflichtung zur Nennung der Sozialzwecke[210] hinweist, erschließt sich nicht. Unabhängig von der fehlenden Begründung

203 BFH, Urteil v. 01.12.1995 – VI R 76/91, BStBl II 1996, 239 (240 f.).

204 *Bergkemper*, in: H/H/R, EStG, § 3 Nr. 11, Rz. 8 (Stand: Juni 2019).

205 *Pflüger*, in: H/H/R, EStG, § 19, Rz. 150 (Stand: August 2018).

206 *v. Beckerath*, in: K/S/M, EStG, § 3, Rz. B 11/18 (Stand: Mai 2021).

207 Kritisch zu dieser Entstehungsgeschichte: *Bergkemper*, in: H/H/R, EStG, § 3 Nr. 11, Rz. 3 (Stand: Juni 2019).

208 BVerfG, Beschluss v. 19.02.1991 – 1 BvR 1231/85, BVerfGE 83, 395 (401 ff.).

209 So das BVerfG, Beschluss v. 19.02.1991 – 1 BvR 1231/85, BVerfGE 83, 395 (402 f.); zweifelnd dazu: *v. Beckerath*, in: K/S/M, EStG, § 3, Rz. B 11/19 (Stand: Mai 2021); *Bergkemper*, in: H/H/R, EStG, § 3 Nr. 11, Rz. 3 (Stand: Juni 2019).

210 Dazu eingehend: *Seer*, Ubg 2012, 376 (380); die Begründungspflicht könnte aus dem Rechtsstaatsprinzip hergeleitet werden: *Hey*, StuW 2019, 3 (19).

des Gesetzgebers, kann § 3 Nr. 11 EStG nur als eine Sozialzwecknorm verstanden werden, die im Sinne der Nettobetrachtung die Leistungsgewährung unterstützen soll.

23. Fulbright-Stipendien (§ 3 Nr. 42)

§ 3 Nr. 42 EStG[211] befreit Zuwendungen, die aufgrund des Fulbright-Abkommens gezahlt werden. Die Befreiung bezieht sich mittlerweile auf das sog. neue Fulbright-Abkommen vom 20.11.1962[212].[213] In der Präambel des Abkommens verpflichten sich die Bundesrepublik Deutschland und die Vereinigten Staaten von Amerika zur Förderung des zwischenstaatlichen Austausches. Nach Artikel 4 des Abkommens sollen dafür insbesondere die Potenziale von Studierenden, Wissenschaftlern, Pädagogen und Künstlern durch Stipendien gefördert werden.[214]

Soweit sich die Förderung auf eine Tätigkeit bezieht, die die geförderte Person im Rahmen eines Anstellungsverhältnis ausübt, liegen in den Förderungsleistungen Einkünfte aus nichtselbständiger Arbeit gem. § 19 I Nr. 1 EStG von dritter Seite vor.[215] Schließlich liegt auch Arbeitslohn vor, wenn die Zahlung von dritter Seite weiterhin als Gegenleistung für die Arbeitsleistung des Dienstverhältnisses gewährt wird und sie sich aus Sicht des Arbeitnehmers als Frucht seiner Arbeitsleistung darstellt.[216] Wenn beispielsweise angestellte Pädagogen gefördert werden, kommt es den Stipendiengebern nach dem neuen Fulbright-Abkommen gerade auf die Förderung deren beruflicher Tätigkeit an. Erhält hingegen ein selbstständiger Künstler ein Stipendium, zählt die Leistung zu Einkünften aus selbständiger Arbeit nach § 18 I Nr. 1 EStG.[217] In diesen Fällen ergibt sich der Veranlassungszusammenhang aus dem Ziel des Stipendiengebers, ein konkretes künstlerische Projekt des Begünstigten zu fördern. § 3 Nr. 42 EStG kommt im Ergebnis für unterschiedliche Einkunftsarten eine konstitutive Wirkung zu.

---

211 In der Fassung des EStG v. 08.10.2009, BGBl. I, 3366 (3374 ff.).
212 BGBl. II 1964, 27.
213 *Bergkemper*, in: H/H/R, EStG, § 3 Nr. 42, Rz. 2 (Stand: November 2023).
214 Artikel 4 des Abkommens ist abgedruckt im: BGBl. II 1964, 27 (30).
215 *v. Beckerath*, in: K/S/M, EStG, § 3, Rz. B 42/2 (Stand: September 2003).
216 *Eisgruber*, in: Kirchhof/Seer, EStG, § 19, Rz. 68 ff., m.w.N.
217 Abstrakter ebenso: *Bergkemper*, in: H/H/R, EStG, § 3 Nr. 42, Rz. 1 (Stand: November 2023).

Die steuerliche Freistellung der Leistungen nach dem neuen Fulbright-Abkommen soll den politischen Zweck des Abkommens selbst fördern.[218] Bei einer Besteuerung müssten die Stipendien erhöht werden, um den gewünschten Leistungszweck zu erreichen, was der Gesetzgeber durch die Freistellung bewusst verhindert.[219] Nach der Präambel des neuen Fulbright-Abkommens ist dieses auf die Förderung des gegenseitigen Völkerverständnisses von Deutschland und den Vereinigten Staaten von Amerika gerichtet. Der transatlantische Dialog führt zu interkultureller Kompetenz der beteiligten Staaten. Es werden also Projekte im Sinne des Gemeinwohls gefördert[220] und bei § 3 Nr. 42 EStG handelt es sich demnach um eine Sozialzweckbefreiung, die eine Nettoleistung an den Begünstigten ermöglichen soll.

24. Stipendien aus öffentlichen Mitteln (§ 3 Nr. 44)

§ 3 Nr. 44 EStG[221] befreit spezielle Stipendien aus öffentlichen Mitteln von der Einkommensteuer. Es sind nur Stipendien begünstigt, die zur Förderung der Forschung oder zur Förderung der wissenschaftlichen oder künstlerischen Ausbildung oder Fortbildung gewährt werden. Die Norm macht eine weitere Einschränkung hinsichtlich der Herkunft der Mittel und setzt zweckgebundene Höchstgrenzen.[222] Zuletzt muss die Vergabe aus Sicht des Fördernden uneigennützig erfolgen. Dies soll eine missbräuchliche Anwendung der Begünstigung auf Fälle verhindern, in denen zum Beispiel die Vergütung für eine Arbeitsleistung unter den altruistischen Deckmantel eines Stipendiums gehüllt wird.[223]

Stipendien können bei deren Empfängern zu unterschiedlichen Einkünften des EStG führen. Voraussetzung dafür ist, dass das Stipendium einer konkreten Erwerbstätigkeit zugeordnet werden kann.[224] Dafür sind die vorgenannten Einschränkungen der Begünstigung maßgeblich. Sobald das Stipendium den Charakter einer Vergütung für eine konkrete Arbeitsleistung annimmt, wird

---

218 *Bergkemper*, in: H/H/R, EStG, § 3 Nr. 42, Rz. 1 (Stand: November 2023).

219 *v. Beckerath*, in: K/S/M, EStG, § 3, Rz. B 42/6 (Stand: September 2003).

220 Siehe nur die Wertung von § 52 II Nr. 13 AO zum Völkerverständigungsgedanken.

221 Zuletzt geändert durch G. v. 01.11.2011, BGBl. I, 2131.

222 Zu den Höchstgrenzen eingehend: BFH, Urteil v. 24.02.2015 – VIII R 43/12, BStBl. II 2015, 691.

223 BT Drs. 4/2400, 62.

224 BFH, Urteil v. 08.07.2020 – X R 6/19, BStBl. II 2021, 557, Rz. 22.

die Begünstigung schließlich verwehrt. Allerdings sind die Voraussetzungen der Grundtatbestände nicht deckungsgleich mit den Einschränkungen des § 3 Nr. 44 EStG. Sieht die Stipendienvereinbarung beispielsweise vor, dass der Stipendiat eine bestimmte Forschungsarbeit zu erbringen und zu veröffentlichen hat, er Vorträge darüber zu halten sowie einen Abschlussbericht zu fertigen und in betroffenen Forschungsforen mitzuarbeiten hat, führt dies zu einer Zuordnung zu einer wissenschaftlichen Erwerbstätigkeit im Sinne des § 18 I Nr. 1 EStG. Gleichzeitig stellen diese Verpflichtungen keinen Ausschlussgrund für die Steuerbefreiung nach § 3 Nr. 44 S. 3 lit. b) EStG dar, weil der Stipendiat frei in seiner wissenschaftlichen Arbeit bleibt und kein vorbestimmtes wissenschaftliches Ergebnis abzuliefern hat.[225] Dies lässt sich auf Stipendien an angestellte Forschende übertragen, die zwar gewissen Vorgaben unterliegen, aber keine konkreten Ergebnisse erzielen müssen. In diesen Fällen stellt das Stipendium dann zunächst Arbeitslohn von dritter Seite dar und sodann greift § 3 Nr. 44 EStG. Passend dazu meint auch der Gesetzgeber, dass eine allgemeine Arbeitnehmertätigkeit für die Steuerfreiheit nach Nummer 44 unschädlich sei.[226] Ob sich unabhängig davon eine Steuerbarkeit von Stipendien nach § 22 Nr. 1 EStG ergeben kann, ist umstritten.[227] Während der BFH dies für bestimmte Stipendien bejaht[228], spricht *Hey* der Befreiung eine klarstellende Bedeutung zu, wenn das Stipendium keiner Erwerbstätigkeit zugeordnet werden kann[229]. Die definitiv konstitutive Wirkung für konkrete Erwerbstätigkeiten erstreckt sich mindestens auf die Einkunftsarten §§ 18 u. 19 EStG.

Der Zweck der Befreiung ist auf die Förderung der Leistungsbeziehung zwischen Stipendiaten und Stipendiengebern gerichtet. Stipendiengeber erreichen ihren Zweck mit einem geringeren Mittelaufwand, während der Begünstigte keiner Besteuerung unterliegt.[230] Grund für diese steuerliche Förderung kann nur sein, dass der Gesetzgeber das jeweilige Leistungsziel des Stipendiums, welches der Kunst, Kultur, Ausbildung, Erziehung, Wissenschaft o. ä. angehört, als Gut des Gemeinwohls ansieht. Wegen dieser

---

225 FG Hamburg, Urteil v. 05.09.2012 – 6 K 39/12, Rz. 42–53.
226 BT Drs. 16/2712, 40.
227 *v. Beckerath*, in: K/S/M, EStG, § 3, Rz. B 44/9 (Stand: Juni 2021).
228 BFH, Urteil v. 08.07.2020 – X R 6/19, BStBl. II 2021, 557.
229 *Hey*, in: Tipke/Lang, Steuerrecht, Rz. 8.124.
230 *v. Beckerath*, in: K/S/M, EStG, § 3, Rz. B 44/32 (Stand: Juni 2021).

förderungswürdigen Leistungsziele hält er wohl auch die Steuerbefreiung der zu Grunde liegenden Leistungen für geboten und diese soll dem Empfänger als Nettoleistung zugutekommen.

25. Leistungen an Entwicklungshelfer (§ 3 Nr. 61)

§ 3 Nr. 61 EStG[231] befreit ausgewählte Leistungen nach dem Entwicklungshelfer-Gesetz (EhfG). Der Befreiungstatbestand verweist auf die nach § 4 I Nr. 2 EhfG gezahlte Wiedereingliederungshilfe sowie staatliche Fürsorgeleistungen an Entwicklungshelfer gem. §§ 7, 9, 10, 13 u. 15 EhfG. Die Wiedereingliederungsbeihilfe erhält ein Entwicklungshelfer nach Beendigung seines Entwicklungsdienstes, um den Übergang in einen anderen Beruf zu erleichtern.[232] Zusätzlich soll der vor Ort entstandene Nachholbedarf an Kleidung und Ausstattung nachträglich ausglichen werden.[233]

V. Beckerath ordnet die Wiedereingliederungsbeihilfe den Einkünften aus nichtselbständiger Arbeit gem. § 19 I Nr. 1 EStG zu, da die Beteiligten einen Dienstvertrag über den Entwicklungsdienst abschließen.[234] Diese Einordnung ist zutreffend, obwohl die Wiedereingliederungshilfe zeitlich versetzt zu dem zuvor abgeleisteten Entwicklungsdienst ausgezahlt wird. § 19 I EStG erfasst nämlich auch Einnahmen, die als Ausfluss eines früheren Dienstverhältnisses anzusehen sind.[235] Die übrigen befreiten Leistungen nach dem EhfG werden separat und teils als wiederkehrende Leistungen im Bedarfsfall von Krankheit, Arbeitsunfähigkeit oder wegen anderer Risiken des Entwicklungslandes gezahlt und wären ohne die Befreiung als sonstige Einkünfte gem. § 22 Nr. 1 S. 1 EStG zu versteuern.[236] Diese Leistungen können nicht als Entschädigungen im Sinne des § 24 EStG verstanden werden, da Entwicklungshelfern keine bisherige einkommensteuerliche Einkunftsquelle wegbricht, die kompensiert werden könnte. Schließlich eröffnet sich der

---

231 In der Fassung des EStG v. 08.10.2009, BGBl. I, 3366 (3374 ff.).

232 BT Drs. 5/2696, 10.

233 BT Drs. 5/2696, 10.

234 *v. Beckerath*, in: K/S/M, EStG, § 3, Rz. B 61/5 (Stand: Juni 2004); im Ergebnis ebenso FG Niedersachsen, Urteil vom 21.06.1996 – XII 443/94; EFG 1996, 1200.

235 *Lammers*, in: H/H/R, EStG, § 19, Rz. 100 (Stand: August 2023).

236 *v. Beckerath*, in: K/S/M, EStG, § 3, Rz. B 61/6 (Stand: Juni 2004); *Bergkemper*, in: H/H/R, EStG, § 3 Nr. 61, Rz. 1 (Stand: Oktober 2019); wohl auch *Handzik*, in: L/B/P, EStG, § 3, Rz. 2091 (Stand: August 2018).

Anwendungsbereich des EhfG erst für Personen, die Entwicklungsdienst leisten und dafür keine erwerbsbestimmte Vergütung erhalten.[237] Das Wegfallen der vorgenannten Wiedereingliederungsbeihilfe wird ebenfalls nicht kompensiert, da diese gerade selbst erst nachträglich ausgezahlt wird. Der konstitutive Wirkungsbereich von § 3 Nr. 61 EStG bezieht sich demnach auf die Einkunftstatbestände §§ 19 u. 22 EStG.

Bezüglich der sonstigen Einkünfte wirkt die Befreiung jedoch systemimmanent im Sinne der Markteinkommenstheorie. Teils wird deswegen bereits die Annahme des § 22 Nr. 1 S. 1 EStG dem Grunde nach abgelehnt.[238] Wesentlich relevanter ist die Befreiung, soweit sie die Einkünfte aus nichtselbständiger Arbeit betrifft, da sie insoweit Bezüge ausklammert, die nach der Markteinkommenstheorie in die einkommensteuerliche Bemessungsgrundlage gehören. Der Gesetzgeber hält die Befreiung vollumfänglich aus sozialen Gesichtspunkten für geboten.[239] Die Befreiung soll der besonderen sozialen Situation Rechnung tragen, in der sich der Entwicklungshelfer nach seiner Rückkehr im Anschluss an eine mehrjährige Auslandstätigkeit befindet.[240] In diesem Zuge soll der Staat die Leistungsbemessung anhand der vereinfachten Nettorechnung vornehmen können, damit die Leistung dem Empfänger ungeschmälert zugutekommt.

26. Wohnraumfürsorge (§ 3 Nr. 58)

§ 3 Nr. 58 EStG[241] stellt das Wohngeld und weitere Leistungen zur sog. Wohnraumfürsorge von der Steuer frei. Bei den befreiten Leistungen handelt es sich um staatliche Leistungen. Aus den entsprechenden Leistungsgesetzen[242] geht hervor, dass die Leistungen das Ziel haben, Haushalten mit geringen Einkommen eine angemessene Versorgung mit Wohnraum zu gewährleisten.

Empfänger von Wohngeld oder vergleichbaren Leistungen und Vorteilen sparen durch den Erhalt dieser geldwerten Vorteile Wohnkosten.[243] Mithin

---

237 BT Drs. 5/2696, 9.

238 So wohl: *v. Beckerath*, in: K/S/M, EStG, § 3, Rz. B 61/6 (Stand: Juni 2004).

239 BT Drs. 5/2696, 13.

240 *v. Beckerath*, in: K/S/M, EStG, § 3, Rz. B 61/13 (Stand: Juni 2004).

241 In der Fassung des EStG v. 08.10.2009, BGBl. I, 3366 (3374 ff.).

242 Wie z. B. § 1 I Wohngeldgesetz (WoGG) oder § 1 II Wohnraumförderungsgesetz (WoFG).

243 Dies ergibt sich bereits aus dem in § 1 WoGG bzw. §§ 1, 2 WoFG niedergelegten Zweck der Förderungszuschüsse.

wird geldwertes Vermögen erworben, was u. a. zur Bezahlung von Steuern befähigt. Die befreiten Leistungen steigern demnach die wirtschaftliche Leistungsfähigkeit der Empfänger.[244] Insbesondere das Wohngeld wird monatlich auf das Konto des Empfängers ausgezahlt.[245] Als wiederkehrende und leistungsfähigkeitssteigernde Leistung unterfällt das Wohngeld damit grundsätzlich dem Grundtatbestand der wiederkehrenden Bezüge gem. § 22 Nr. 1 S. 1 Hs. 1 EStG. Das Gegenargument der fehlenden Erwirtschaftung aus einer Erwerbstätigkeit[246] führt aber allenfalls dazu, die Befreiung insoweit als notwendig klarstellend einzuordnen, um die Diskussion über die Steuerbarkeit zu beenden.[247] Um den Grundtatbestand der sonstigen Einkünfte nicht mit Auslegungsfragen zu überlasten, ist der Befreiungszweck jedoch wie bei zuvor behandelten Befreiungen als systemimmanent konstitutiv zu verstehen. Für Nummer 58 besteht die Besonderheit, dass sich der konstitutive Wirkungsbereich nicht auf die sonstigen Einkünfte in Form von wiederkehrenden Bezügen nach § 22 Nr. 1 S. 1 Hs. 1 EStG beschränkt. § 3 Nr. 58 EStG befreit u. a. öffentliche Zuschüsse nach § 2 II WoFG i. V. m. § 45 WoFG. Dabei handelt es sich um Förderungsleistungen in Form von Wohnungsfürsorgemitteln für Angehörige des öffentlichen Dienstes.[248] *V. Beckerath* geht diesbezüglich von steuerbarem Arbeitslohn der öffentlich Bediensteten aus.[249] Zu diesem Ergebnis führt auch die folgende Herleitung. Ein Dienstverhältnis besteht für Angehörige des öffentlichen Dienstes mit den jeweiligen Behörden oder anderen öffentlichen Einrichtungen. Die in Rede stehenden Zuschüsse sind aus der Sicht des Arbeitnehmers auch Frucht seiner Arbeitsleistung und stehen nicht im überwiegenden eigenbetrieblichen Interesse des Arbeitgebers. § 45 WoFG formuliert als Anspruchsvoraussetzung die Angehörigkeit im öffentlichen Dienst. Dem anspruchsberechtigten Arbeitnehmer im öffentlichen Dienst ist also ersichtlich, dass er den Zuschuss gerade wegen seiner beruflichen Tätigkeit erhält. Die soziale Wohnraumförderung des Arbeitnehmers ist außerdem dessen Privatsache. Demnach verkörpert

---

244 Im Ergebnis ebenso: *v. Beckerath*, in: K/S/M, EStG, § 3, Rz. B 58/25 (Stand: Juni 2021).
245 *Winkler*, in: BeckOK SozR, WoGG, § 26, Rz. 13 u. 16 (Stand: Juni 2023).
246 Eingehend: *v. Beckerath*, in: K/S/M, EStG, § 3, Rz. B 58/23 f. (Stand: Juni 2021).
247 Siehe dazu bereits die Ausführungen zu § 3 Nr. 20 u. 23 EStG dieser Arbeit.
248 *Bergkemper*, in: H/H/R, EStG, § 3 Nr. 58, Rz. 4 (Stand: Oktober 2019).
249 *v. Beckerath*, in: K/S/M, EStG, § 3, Rz. B 58/20 (Stand: Juni 2021).

der Zuschuss keine notwendige Begleiterscheinung einer betriebsfunktionalen Zielsetzung[250], was dem Entlohnungscharakter des Zuschusses im Wege gestanden hätte. Dass die Zahlung des Zuschusses aus einer anderen öffentlichen Kasse als der des Dienstherrn erfolgt, ist für die Annahme von Arbeitslohn ebenfalls unschädlich, da Lohnzahlungen auch von Dritter Seite möglich sind. Entscheidend ist auch für die Lohnzahlung durch Dritte, dass sie sich für den Arbeitnehmer als Frucht seiner Arbeitsleistung darstellt, während der Arbeitgeber noch nicht einmal Kenntnis von dem Vorgang zu haben braucht.[251] Der konstitutive Anwendungsbereich von § 3 Nr. 58 EStG betrifft damit auch Einkünfte aus nichtselbständiger Arbeit. Für diesen Wirkungsbereich der Norm lässt sich das systemimmanente Argument nicht vorbringen, da die Bezüge gerade auf die Erwerbstätigkeit des Arbeitnehmers zurückzuführen sind und demnach im Sinne der Markteinkommenstheorie in der einkommensteuerlichen Bemessungsgrundlage zu erfassen wären.

Soweit sich die Befreiung auf § 19 EStG erstreckt, müssen andere Befreiungsmotive als die Markteinkommenstheorie gefunden werden. Die sog. Bareis-Kommission ging bei einer Forderung der Streichung von Nummer 58 davon aus, dass es sich vollumfänglich um eine Sozialzweckbefreiung handelt.[252] Dies ist wegen der vorigen Gedanken nur für den Wirkungsbereich richtig, der sich auf die Einkünfte aus nichtselbständiger Arbeit bezieht. Insoweit existiert keine systemimmanente Berechtigung für die Befreiung und der soziale Zweck der befreiten Leistung dehnt sich auf die Befreiung aus. Teilt man den gesetzgeberischen Willen künstlich in Zuständigkeiten auf, ergibt sich folgendes Bild: Der „Sozialgesetzgeber" will mit den Leistungen zur Wohnungsfürsorge Haushalten mit geringem Einkommen die Versorgung mit Wohnraum fördern.[253] Der „Steuergesetzgeber" hält diesen Sozialzweck ebenfalls für förderungswürdig und ordnet demnach eine Steuerbefreiung an, um den Zweck der Wohnraumförderung bestmöglich als Nettoleistung zu gewährleisten.[254]

---

[250] Dies als überzeugendes Abgrenzungskriterium erörtert: *Schneider*, FR 2015, 791 (792).
[251] *Eisgruber*, in: Kirchhof/Seer, EStG, § 19, Rz. 68–70.
[252] Schriftenreihe des BMF, Heft 55, 41 f.
[253] Dieses Ziel hat der Gesetzgeber u.a. direkt in § 1 I WoGG und § 1 II WoFG festgehalten.
[254] BT Drs. 16/814, 24.

27. Weitere Wohnraumförderungen (§ 3 Nr. 59)

§ 3 Nr. 59 EStG[255] stellt bestimmte Wohnraumförderungen für Mieter von der Steuer frei. Der Tatbestand listet zunächst Leistungsgesetze auf, die die einkommensorientierte Wohnkostenentlastung für Mieter gewährleisten. Befreit werden entsprechende Maßnahmen nach den § 88e II. WoBauG, § 51 f. WoBauG Saarland und der §§ 5 ff. WoFG. Die §§ 88e II. WoBauG, § 51 f. WoBauG Saarland sind zwar mittlerweile aufgehoben worden, aber Leistungsverpflichtungen, die auf deren Grundlage ergangen sind, gelten gem. § 46 ff. WoFG weiter fort.[256] Die Förderzusagen reichen von garantierten Mietpreisen bis hin zu Entlastungszahlungen an die Mieter. Die einkommensteuerliche Befreiung in § 3 Nr. 59 EStG nimmt die Entlastungszahlungen an die Mieter in den Blick.[257] In der zweiten Alternative befreit § 3 Nr. 59 EStG die Vorteile aus einer Wohnungsüberlassung im Zusammenhang mit einem Arbeitsverhältnis.

Der Gesetzgeber geht davon aus, dass die von der ersten Alternative erfassten Entlastungszahlungen bei den Mietern grundsätzlich zu wiederkehrenden Bezügen gem. § 22 Nr. 1 S. 1 Hs. 1 EStG führen würden.[258] Lässt man die reine Wiederkehr der Bezüge sowie die gesteigerte Leistungsfähigkeit der Bezieher für die Tatbestandsverwirklichung ausreichen, trifft diese Annahme zu. Darüber hinaus sollte die Markteinkommenstheorie nicht in den Tatbestand der wiederkehrenden Bezüge hineingelesen werden[259], sondern Nummer 59 als konstitutive Befreiungen qualifiziert werden, die systemimmanent wirkt. Die Befreiung wäre alternativ als notwendig klarstellend einzuordnen, um die Diskussion über die Steuerbarkeit zu beenden. Die zweite Alternative von § 3 Nr. 59 EStG setzt ein Arbeitsverhältnis voraus und betrifft demnach Einkünfte aus nichtselbständiger Arbeit. Die verbilligte Überlassung von Wohnraum des Arbeitgebers an den Arbeitnehmer führt zu einem geldwerten Vorteil, der regelmäßig Teil des steuerbaren Arbeitslohns ist.[260] Die zweite

---

255 In der Fassung des EStG v. 08.10.2009, BGBl. I, 3366 (3374 ff.).
256 BR Drs. 249/01, 191.
257 BR Drs. 249/01, 219.
258 BT Drs. 12/6616, 31.
259 So auch in Bezug auf Nummer 59: *v. Beckerath*, in: K/S/M, EStG, § 3, Rz. B 59/11 (Stand: November 2007).
260 BFH, Urteil v. 16.02.2005 – VI R 46/03, BStBl. II 2005, 529 (530).

Alternative wirkt also konstitutiv im Bereich des § 19 I Nr. 1 EStG.[261] Für diesen Wirkungsbereich der Norm lässt sich das systemimmanente Argument nicht vorbringen, da die Bezüge gerade auf die Erwerbstätigkeit des Arbeitnehmers zurückzuführen sind und demnach im Sinne der Markteinkommenstheorie in der einkommensteuerlichen Bemessungsgrundlage zu erfassen wären. Wie bei Nummer 58, müssen insofern andere Gründe gefunden werden, die die Befreiung rechtfertigen: So kann sich der Befreiungszweck von Nummer 59 in Bezug auf die Einkünfte aus nichtselbständiger Arbeit nur auf die sozialen Hintergründe der Leistungsgewährung beziehen, die der Grund für die soziale Nettobetrachtung dieser Bezüge sind.

II. Lenkungsnormen

1. Wirtschaftspolitische Lenkung

a) Mitarbeiterkapitalbeteiligungen (§ 3 Nr. 39)

§ 3 Nr. 39 EStG[262] stellt unentgeltliche oder verbilligte Überlassungen von Mitarbeiterkapitalbeteiligungen bis zu 1.440 Euro im Jahr von der Steuer frei. Diese Grenze ist nach dem gemeinen Wert der Beteiligung zu bestimmen (§ 3 Nr. 39 S. 4 EStG). Die Befreiung greift nur für bestimmte Beteiligungen im Sinne des Fünften Vermögensbildungsgesetzes (5. VermBG) und die Beteiligung muss eine an dem Unternehmen des Arbeitgebers sein. Des Weiteren stellt die Befreiung die Anforderung, dass das zu Grunde liegende Beteiligungsprogramm einzelne Arbeitnehmer nicht ausschließen darf (§ 3 Nr. 39 S. 2 EStG).

Die Anteile gibt der Arbeitgeber insbesondere zur Belohnung der Arbeitnehmer aus, sodass spätestens zum Zeitpunkt des Erwerbs der Anteile steuerpflichtiger Arbeitslohn zufließt.[263] § 3 Nr. 39 EStG wirkt demnach konstitutiv für Einkünfte aus nichtselbstständiger Arbeit gem. § 19 I Nr. 1 EStG.

Der Gesetzgeber sieht in Mitarbeiterbeteiligungen ein Modell, welches wünschenswerte Investitionen fördern kann. So steige durch Mitarbeiterbeteiligungen für die Arbeitgeber die Chance zur Gewinnung und Bindung

---

[261] Im Ergebnis ebenso BT Drs. 12/6616, 31; *v. Beckerath*, in: K/S/M, EStG, § 3, Rz. B 59/9 (Stand: November 2007).

[262] Zuletzt geändert durch G. v. 03.06.2021, BGBl. I, 1498 (1525).

[263] Ebenso: *v. Beckerath*, in: K/S/M, EStG, § 3, Rz. B 39/40 (Stand: April 2022); zum Zufluss von Arbeitnehmeraktien aus zeitlicher Sicht: BFH, Urteil v. 30.06.2011 – VI R 37/09, BStBl. II 2011, 923 (924).

von Mitarbeitern sowie zur Verbesserung der Eigenkapitalbasis.[264] Für die Arbeitnehmer steige die Motivation, sich für das „eigene" Unternehmen einzusetzen.[265] Der Gesetzgeber sieht in der Befreiung also ein lenkendes Instrument im Sinne der Wirtschaftsförderung. *Breinersdorfer* mahnt bezüglich der gesetzgeberischen Ziele jedoch, dass der Arbeitnehmer im Falle einer Insolvenz des Arbeitgebers nicht nur seinen Arbeitsplatz verliert, sondern auch sein gebildetes Vermögen.[266] *Roggemann* hält dem entgegen, dass Privateigentum zwangsläufig Recht und Risiko verbinde und fordert gar eine Erhöhung des steuerlichen Freibetrages für Mitarbeiterbeteiligungen auf 3.600 Euro.[267] Diese gegenteiligen Auffassungen zeigen, dass auf der abstrakten Ebene die Sinnhaftigkeit der steuerlichen Förderung von Mitarbeiterbeteiligungen sowohl bezweifelt als auch bejaht werden kann. Eine evidenzbasierte Ex-Post-Evaluierung könnte Aufschluss darüber geben, ob die gesetzgeberischen Ziele in der Realität erreicht werden oder nicht.

b) INVEST-Zuschuss (§ 3 Nr. 71)

Durch § 3 Nr. 71 EStG[268] wird der sog. INVEST-Zuschuss steuerbefreit.[269] Es handelt sich um einen allein aus Bundesmitteln finanzierten Zuschuss für Wagniskapitalfinanzierungen.[270] Der Gesetzgeber hat den Fall vor Augen, dass sich ein privater Investor (natürliche Person) dazu entscheidet, durch seine finanzielle Kraft einem jungen Unternehmen zum Durchbruch zu verhelfen.[271] In diesem Bereich haben sich die Anglizismen „Business Angel"[272] für den Investor und „Start-Up"[273] für das junge Unternehmen etabliert. Der Zuschuss wird nur für Investitionen in Start-Ups gewährt, die nicht an der

---

264 BT Drs. 16/10531, 1.
265 BT Drs. 10/337, 10.
266 *Breinersdorfer*, DStR 2009, 453 (454).
267 *Roggemann*, ZRP 2011, 49 (50 u. 52).
268 Zuletzt geändert durch G v. 16.12.2022, BGBl. I, 2294 (2295).
269 BT Drs. 18/3017, 37 f.; BT Drs. 20/3879, 74.
270 BT Drs. 18/3017, 37 f.
271 BMWK-Richtlinie v. 21.02.2022, BAnz AT 01.03.2022 B2.
272 BT Drs. 18/3017, 37.
273 BMWK, Broschüre, INVEST – Zuschuss für Wagniskapital, 2 (Stand: April 2023), abrufbar unter https://www.bmwk.de/Redaktion/DE/Dossier/invest.html.

Börse notiert sind.[274] Der Zuschuss kann zum Investitionszeitpunkt (sog. Erwerbszuschuss) und zusätzlich als pauschale Kompensation der auf den Veräußerungsgewinn zu entrichtenden Steuern (sog. Exitzuschuss) jeweils an den Investor gewährt werden.[275] Die Steuerbefreiung bezieht sich in § 3 Nr. 71 lit. a) EStG auf den Erwerbszuschuss und in § 3 Nr. 71 lit. b) EStG auf den Exitzuschuss.

Unmittelbarer Zuschussempfänger ist in beiden Fällen der investierende Business Angel, sodass auch die einkommensteuerliche Würdigung des Zuschusses aus Sicht des Investors vorzunehmen ist. Der Zuschuss ist für den Investor als Betriebseinnahme zu erfassen, wenn er die Beteiligung an der förderungsfähigen Kapitalgesellschaft im Betriebsvermögen hält.[276] Hält der Investor die förderungsfähige Beteiligung hingegen im Privatvermögen, besteht ein Veranlassungszusammenhang des Erwerbszuschusses zu der privaten Beteiligung, sodass dieser – wie entsprechende Dividenden aus der Beteiligung – als Einnahme aus Kapitalvermögen im Sinne des § 20 EStG zu qualifizieren ist.[277] § 3 Nr. 71 EStG wirkt also konstitutiv und einkünfteübergreifend.

Der Steuergesetzgeber erhofft sich, dass durch die Befreiung die Wagniskapitalfinanzierungen nachhaltig attraktiver werden und in diesem Bereich mehr privates Beteiligungskapital mobilisiert wird.[278] Die Steuerbefreiung sei darüber hinaus notwendig, damit der öffentlich finanzierte INVEST-Zuschuss nicht durch eine Besteuerung teilweise wirkungslos wird.[279] Es liegt also eine wirtschaftslenkende Sozialzweckbefreiung vor, da sich die wirtschaftspolitischen Förderungsgedanken des Zuschusses auf die flankierende Steuerbefreiung übertragen lassen. Da der Steuergesetzgeber nicht gehindert ist, nichtfiskalische Förderungs- und Lenkungsziele aus Gründen des Gemeinwohls[280] – auch basierend auf wirtschaftspolitischen Prognoseentscheidungen[281] – zu verfolgen, bestehen gegen § 3 Nr. 71 EStG zunächst keine

---

274 BMWK-Richtlinie v. 21.02.2022, BAnz AT 01.03.2022 B2.
275 BMWK-Richtlinie v. 21.02.2022, BAnz AT 01.03.2022 B2.
276 *Cölln*, DStR 2017, 1185 (1188 f.) m.w.N.
277 *Cölln*, DStR 2017, 1185 (1189) m.w.N.
278 BT Drs. 18/3017, 37 f.
279 BT Drs. 18/3017, 37 f.
280 Siehe nur: BVerfG, Urteil v. 06.03.2002 – 2 BvL 17/99, BVerfGE 105, 73 (112 f.).
281 BVerfG, Beschluss v. 21.06.2006 – 2 BvL 2/99, BVerfGE 116, 164 (182).

Bedenken. Auch hier muss aber eine Ex-post-Evaluierung angestrebt werden, um endgültige Sicherheit über den tatsächlichen Eintritt der gewünschten Investitionsförderung er erlangen.

c) Corona-Sonderleistungen (§ 3 Nr. 11a)

§ 3 Nr. 11a EStG[282] stellt Corona-Sonderleistungen bis zu einem Betrag von 1.500 Euro von der Steuer frei, die Beschäftigte zwischen dem 01.03.2020 und dem 31.03.2022 erhalten haben. Diese sog. Beihilfen und Unterstützungen müssen zusätzlich zum ohnehin geschuldeten Arbeitslohn und aufgrund der Coronakrise geleistet werden. Der Gesetzgeber wollte im Sinne der Rechtssicherheit eine gesetzliche Grundlage für die Steuerfreiheit schaffen, die zuvor in einem BMF-Schreiben[283] geregelt war.[284]

Der Gesetzeswortlaut spricht von „zusätzlich zum ohnehin geschuldeten Arbeitslohn (…) gewährten Beihilfen". Der Gesetzgeber geht also davon aus, dass auch die gewährte Beihilfe zum insgesamt geschuldeten Arbeitslohn gehört. Beihilfen werden nicht im überwiegenden Eigeninteresse des Arbeitgebers geleistet und zählen damit zu den Einkünften aus nichtselbstständiger Arbeit gem. § 19 I Nr. 1 EStG.[285] Die einkommensteuerliche Einordnung als Arbeitslohn ist demnach zutreffend und der Tatbestand wirkt im Bereich der Einkünfte aus nichtselbständiger Arbeit konstitutiv.

Das ursprüngliche BMF-Schreiben, dessen Aussage der Gesetzgeber in dem neu geschaffenen Tatbestand aufgegriffen hat, legte den Tatbestand von § 3 Nr. 11 EStG noch weit aus, um Corona-Hilfen steuerfrei zu stellen.[286] Das BMF begründete diese weite Auslegung damit, dass die gesamtgesellschaftliche Betroffenheit durch die Coronakrise abgemildert werden sollte.[287] Mit Einführung des speziellen § 3 Nr. 11a EStG hat sich der Gesetzgeber diese Sozialzwecke kommentarlos zu eigen gemacht.[288] Die konkrete Ausgestaltung des Sozialzwecks der Steuerbefreiung ist nach *v. Beckerath* in der Förderung

---

282 Zuletzt geändert durch G. v. 02.06.2021, BGBl. I, 1259.
283 BMF, Schreiben v. 09.04.2020 – IV C 5 - S 2342/20/10009 :001, BStBl I 2020, 503.
284 BT Drs. 19/19601, 33.
285 Im Ergebnis ebenso: *v. Beckerath*, in: K/S/M, EStG, § 3, Rz. B 11a/4 (Stand: April 2022); *Bergkemper*, in: H/H/R, EStG, § 3 Nr. 11a, Rz. 1 (Stand: April 2022).
286 BMF, Schreiben v. 09.04.2020 – IV C 5 - S 2342/20/10009 :001, BStBl I 2020, 503.
287 BMF, Schreiben v. 09.04.2020 – IV C 5 - S 2342/20/10009 :001, BStBl I 2020, 503.
288 *v. Beckerath*, in: K/S/M, EStG, § 3, Rz. B 11a/10 (Stand: April 2022).

der eigentlichen Leistungsgewährung zu sehen.[289] Dies spricht grundsätzlich dafür, dass die Befreiung im Sinne der sozialen Nettobetrachtung wirkt. Allerdings muss die befreite Corona-Sonderleistungen des Arbeitgebers auf die Abmilderung der gesamtgesellschaftlichen Folgen der Pandemie gerichtet ein, damit die Befreiung greift.[290] Damit soll bereits die befreite Leistung einen positiven Effekt auf die Wirtschaft erzielen, indem der Leistungsempfänger (trotz Krise und dank der erhaltenen Leistung) seine übliche Kaufkraft behalten soll. Wenn man diesen Lenkungseffekt auf die Befreiung überträgt, handelt es sich im Ergebnis um eine Lenkungsbefreiung zur Förderung der Wirtschaft.

Aus verfassungsrechtlicher Sicht kommen jedoch Zweifel an dem Gesetzgebungsverfahren auf, da sich der Sozialzweck nur anhand rechtswissenschaftlicher Kommentare herleiten lässt und der Gesetzgeber sie selbst nicht klar zum Ausdruck gebracht hat. Des Weiteren erschließt sich nicht, wie sich die Beschränkung auf Arbeitnehmer als begünstigter Personenkreis rechtfertigen lässt. Wenn beispielsweise ein selbständig tätiger Pfleger eine freiwillige zusätzliche Zahlung wegen der besonderen Belastungen durch die Coronakrise erhält, ist diese Zahlung steuerpflichtig, obwohl dieselbe Interessenslage wie bei Corona-Hilfen für Arbeitnehmer besteht.[291] Wenn der Gesetzgeber künftig von temporären Lenkungszweckbefreiungen Gebrauch macht, sollten diese demnach zumindest das sozialpolitische Motiv erkennen lassen und nicht auf einzelne Einkunftsarten begrenzt werden, damit es zu weniger Ungleichbehandlungen kommt.

d) Pandemiebedingte Zuschüsse zum Kurzarbeitergeld (§ 3 Nr. 28a)

§ 3 Nr. 28a EStG[292] befreit Zuschüsse des Arbeitgebers zum Kurzarbeitergeld. Das Kurzarbeitergeld muss für Lohnzahlungszeiträume, die nach dem 29.02.2020 beginnen und vor dem 01.07.2022 enden, geleistet werden. Die Befreiung ist damit auf den Zeitraum der Coronakrise und deren wirtschaftlichen Folgen zugeschnitten.[293]

---

[289] *v. Beckerath*, in: K/S/M, EStG, § 3, Rz. B 11a/10 (Stand: April 2022).
[290] BMF, Schreiben v. 09.04.2020 – IV C 5 - S 2342/20/10009 :001, BStBl I 2020, 503.
[291] Ebenfalls in diese Richtung: *v. Beckerath*, in: K/S/M, EStG, § 3, Rz. B 11a/25 (Stand: April 2022).
[292] Zuletzt geändert durch G. v. 19.6.2022, BGBl. I, 911.
[293] BT Drs. 19/19150, 11 f.

Zuschüsse zum Kurzarbeitergeld zahlt der Arbeitgeber in der Regel wegen Betriebs-, Individualvereinbarungen oder Tarifverträgen.[294] Die Zuschüsse sind demnach durch das ursprünglich geschlossene Dienstverhältnis veranlasst und werden zusätzlich im Interesse des Arbeitnehmers erbracht. Mithin liegt Arbeitslohn vor. Ohne die Befreiung zählen die Zuschüsse zu den Einkünften aus nichtselbständiger Arbeit gem. § 19 I Nr. 1 EStG. Von dieser Ausgangslage ging auch der Gesetzgeber bei der Einführung der Befreiung aus.[295]

Die Freistellung der Bezüge sollte soziale Härten während der Coronakrise verhindern, da es in dieser Zeit zum flächendeckenden Einsatz von Kurzarbeitergeld sowie entsprechender Zuschüsse kam.[296] Des Weiteren war die Befreiung Teil eines Maßnahmenbündels zur Bekämpfung der wirtschaftlichen Auswirkungen der Corona-Pandemie.[297] Damit liegt eine Sozialzweckbefreiung vor, die die negativen wirtschaftlichen Folgen der Pandemie abmildern soll.

e) Carried Interest (§ 3 Nr. 40a)

§ 3 Nr. 40a EStG[298] befreit 40 Prozent der Vergütungen im Sinne des § 18 I Nr. 4 EStG. Nach § 18 I Nr. 4 EStG zählen erfolgsabhängige Tätigkeitsvergütungen (sog. Carried Interest) aus Venture Capital Fonds und Private Equity Fonds zu den Einkünften aus selbständiger Arbeit.[299] Unter Carried Interest ist die an sog. Initiatoren gezahlte Vergütung zu verstehen, die diese für ihr Anlagemanagement einer investierenden Personengesellschaft erhalten. Die Personengesellschaft sammelt dabei Geld, welches nach der Strategie des Initiators in Anteile an meist nicht börsennotierten Unternehmen investiert wird.[300]

Mit Einführung der Nummer 4 in § 18 EStG schloss sich der Gesetzgeber einer Auffassung der Finanzverwaltung an. Die Finanzverwaltung vertrat, dass solche Tätigkeitsvergütungen verdeckte Entgelte für Initiatoren darstellen, die diese für eine Dienstleistung an die übrigen Gesellschafter des

---

294 *Lunk/Hackethal*, NZA 2020, 837.
295 BT Drs. 19/19150, 11.
296 BT Drs. 19/19150, 11 f.
297 BT Drs. 19/19150, 1.
298 In der Fassung des EStG v. 08.10.2009, BGBl. I, 3366 (3374 ff.).
299 BT Drs. 15/3336, 7.
300 *Buge*, Ubg 2019, 432 f.

Fonds erhalten.[301] Deswegen unterwarf die Finanzverwaltung solche Vergütungen bereits vor der Einführung des § 18 I Nr. 4 EStG den Einkünften aus § 18 I Nr. 3 EStG.[302] Trotz entsprechender Kritik an dieser Handhabe kam es zu der Einführung von § 18 I Nr. 4 EStG, sodass Carried Interest Vergütungen seither eindeutig zu den Einkünften aus selbständiger Arbeit zählen.[303] Vor diesem Hintergrund wirkt die 40-prozentige Freistellung nach § 3 Nr. 40a EStG unstrittig konstitutiv und beschränkt sich auf die Einkünfte aus selbständiger Arbeit.

Aufgrund der Nähe zu § 3 Nr. 40 EStG und derselben Befreiungshöhe liegt zunächst der Schluss nahe, den Sinn des Teileinkünfteverfahrens der Nummer 40 auf die Nummer 40a zu übertragen. Dann würde auch Nummer 40a dem Fiskalzweck dienen, einer steuerlichen Doppelbelastung auf Unternehmens- und Anteilseignerebene entgegenzuwirken. Dies ließe sich für die zu Grunde liegende Sachverhalte jedoch nur wie folgt herleiten: Carried Interest Vergütungen werden mittelbar aus Gewinnen der im Fondsvermögen gehaltenen Kapitalgesellschaften erzielt, auf deren Ebene eine Belastung mit Unternehmensteuern stattfand.[304] Dies entsprach ursprünglich auch tatsächlich der Intention des Gesetzgebers, da Vergütungen von der Befreiung ausgenommen waren, die nicht aus Anteilen an Kapitalgesellschaften stammten.[305] In der aktuellen Version von § 3 Nr. 40a EStG fehlt solch eine Einschränkung jedoch, da der Gesetzgeber bewusst darauf verzichtete.[306] In der Gesetzesbegründung heißt es dazu, dass die Bereitstellung von Wagniskapital in Deutschland in Gänze förderungsbedürftig sei.[307] *V. Beckerath* leitet daraus für den Befreiungszeck von Nummer 40a ab, dass Deutschland als Standort für Private Equity-Fonds und vergleichbare Finanzgebilde attraktiv gemacht werden soll.[308] *Kanzler* bezeichnet diese Entwicklung von § 3 Nr. 40a EStG als „Wandel von einer Fiskalweck- zu einer Lenkungsnorm"[309]. Versteht

---

301 BMF, Schreiben v. 16.12.2003, IV A 6-S 2240-153/03, BStBl. I 2004, 40, Rz. 24.
302 BMF, Schreiben v. 16.12.2003, IV A 6-S 2240-153/03, BStBl. I 2004, 40, Rz. 24.
303 *Behrens*, FR 2004, 1211 f.
304 *Kanzler*, in: H/H/R, EStG, § 3 Nr. 40a, Rz. 3 (Stand: Oktober 2017).
305 BT Drs. 15/3189, 3.
306 BT Drs. 15/3336, 7.
307 BT Drs. 15/3336, 6.
308 *v. Beckerath*, in: K/S/M, EStG, § 3, Rz. B 40a/26 (Stand: November 2008).
309 *Kanzler*, in: H/H/R, EStG, § 3 Nr. 40a, Rz. 3 (Stand: Oktober 2017).

man das Fondsmanagement indes als Leistung des Initiators gegenüber der Gesellschaft, hat die Vergütung keinen Dividendencharakter[310] und die Freistellung hätte sich schon von Beginn an nicht mit Fiskalzwecken rechtfertigen lassen. Nunmehr lässt sich die Befreiung ohnehin nur noch als lenkendes Instrument zu Gunsten des Wirtschaftsstandorts Deutschland verstehen, sodass eine entsprechende Lenkungszweckbefreiung vorliegt. Fraglich ist, ob § 3 Nr. 40a EStG tatsächlich im Sinne der Allgemeinheit wirtschaftsfördernd oder nur im Partikularinteresse bestimmter Beteiligungsmodelle wirkt. Wenn sich die steuerbegünstigende Wirkung der Norm nur auf einzelne Gruppen beschränkt und darüber hinaus keine flächendeckende Wirtschaftsförderung eintritt, wären sich ergebende Ungleichbehandlungen vor Art. 3 I GG besonders rechtfertigungsbedürftig.[311] Ob eine flächendeckende Wirtschaftsförderung durch die Befreiung erreicht wird oder nicht, könnte auch in diesem Fall eine sog. Ex-post-Evaluierungen beantworten.

f) Veräußerungen an REITs (§ 3 Nr. 70)

§ 3 Nr. 70 EStG[312] stellt die Erträge aus der Veräußerung von Grund und Boden sowie Gebäuden zur Hälfte von der Steuer frei, wenn die Veräußerung an eine REIT-AG oder einen sog. Vor-Reit erfolgt. Aus zeitlicher Sicht gilt die Befreiung nur für Sachverhalte, die zwischen dem 01.01.2007 und dem 31.12.2009 verwirklicht wurden und das veräußerte Grundstück muss mindestens fünf Jahre zum Anlagevermögen gehört haben.[313] Die Begünstigung erstreckt sich außerdem auf sog. Aufstockungsgewinne, die im Zuge eines Wechsels einer steuerpflichtigen Aktiengesellschaft in den steuerbefreiten REIT-Status entstehen können.[314] In diesem Fall müssen die Grundstücke vor dem 01.01.2005 angeschafft oder hergestellt und die Bilanz zur Schlussbesteuerung auf einen Zeitpunkt vor dem 01.01.2010 aufgestellt worden sein. Satz 2 der Befreiungsnorm listet zahlreiche Versagungsgründe für die Befreiung auf, während in Satz 3 geregelt ist, dass die Befreiung rückwirkend entfällt, wenn die erwerbende Gesellschaft den REIT-Status nicht rechtzeitig

---

310 Zu dieser Frage eingehend: *Altfelder*, FR 2005, 6.

311 *Kanzler*, in: H/H/R, EStG, § 3 Nr. 40a, Rz. 4 (Stand: Oktober 2017).

312 Zuletzt angepasst durch G v. 22.06.2011, BGBl. I, 1126 (1167).

313 *Dettmeier/Gemmel/Kaiser*, BB 2007, 1191 (1196).

314 BT Drs. 16/4779, 37.

oder nicht lange genug erfüllt.[315] Im Ergebnis wurde mit § 3 Nr. 70 EStG eine befristete Steuererleichterung für diejenigen geschaffen, die ihre Grundstücke an eine REIT-AG oder an einen Vor-REIT veräußern.[316]

Die Betriebsvermögensmehrungen und Einnahmen aus der Veräußerung von Grund und Boden und Gebäuden, die zum Anlagevermögen eines inländischen Betriebsvermögens des Steuerpflichtigen gehören, wären ohne die Befreiung in voller Höhe im Rahmen dieser Gewinneinkunftsarten zu erfassen.[317] § 3 Nr. 70 EStG wirkt demnach konstitutiv im Bereich der Gewinneinkünfte.[318]

Der gesetzgeberische Impuls für die Befreiung bestand darin, dass Kapital mobilisiert werden sollte, um die Liquidität und Eigenkapitalquote von Unternehmen im Wirtschaftsstandort Deutschland zu stärken.[319] Vorgesehen war eine hälftige Steuerbefreiung für die Erträge aus jeglichen Veräußerungen von nicht betriebsnotwendigen Immobilien, um bisher nicht frei verfügbares Eigenkapital für wirtschaftliche Betätigungen zu gewinnen.[320] Auf dem Weg von dieser Grundidee zu der gesetzlichen Befreiungsvorschrift hat es zahlreiche Änderungen im Gesetzgebungsverfahren gegeben.[321] Insbesondere wurde der potenzielle Erwerberkreis auf Gesellschaften mit sog. REIT-Status begrenzt. Diese Einschränkung sollte gezielt das damals neuartige Anlagevehikel REIT (Real-Estate-Investment-Trust) fördern.[322] Im internationalen Wettbewerb sollte der günstigere Erwerb von Immobilien für nationale REIT-AGs und Vor-REITs ermöglicht werden, um diese Investmentform schnell und mit ausreichender Größe „am Markt" zu etablieren.[323] Die ursprünglich weit gedachte Wirtschaftsförderung wurde demnach auf eine spezielle Form der Immobilienanlage zugeschnitten. Mit dem REIT-Gesetz (REITG) wurde dafür in Deutschland diese Form der indirekten Immobilienanlage individuell

---

[315] *Intemann*, in: H/H/R, EStG, § 3 Nr. 70, Rz. 1 (Stand: Juni 2019); zu den Einzelheiten der (rückwirkenden) Versagungsgründe: BT Drs. 16/4026, 35 f.; BT Drs. 850/10, 89 u. 152; *Dettmeier/Gemmel/Kaiser*, BB 2007, 1191 (1197 f.).

[316] BT Drs. 850/10, 152.

[317] *v. Beckerath*, in: K/S/M, EStG, § 3, Rz. B 70/10 (Stand: April 2012).

[318] *v. Beckerath*, in: K/S/M, EStG, § 3, Rz. B 70/10 (Stand: April 2012).

[319] BT Drs. 15/5554, 12.

[320] BT Drs. 15/5554, 12.

[321] Dazu vertiefend: *v. Beckerath*, in: K/S/M, EStG, § 3, Rz. B 70/2–8 (Stand: April 2012).

[322] BT Drs. 850/10, 152.

[323] BT Drs. 16/4779, 36.

gesetzlich geregelt.[324] Flankiert wurde das REITG von § 3 Nr. 70 EStG. Nach alldem handelt es sich um eine wirtschaftslenkende Sozialzweckbefreiung.[325] Fraglich ist, wie sich die Beschränkung der Befreiung auf das spezielle Anlagevehikel REIT erklären lässt.[326] Nach *Intemann* war die damit verbundene Privilegierung im Vergleich zu anderen Anlageformen als Maßnahme zur Stärkung des Wirtschaftsstandorts Deutschland gerechtfertigt.[327] Zum Zeitpunkt der Gesetzesänderung mochte dies noch zutreffend gewesen sein, da das BVerfG dem Steuergesetzgeber entsprechende wirtschaftspolitische Einschätzungen erlaubt[328]; im Nachhinein sollte sich der gewünschte Effekt aber auch in der Realität abgezeichnet haben. Wie *Kovermann* und *Kühnberger* im Jahr 2018 herausgearbeitet haben, hat die besondere Rechtsform REIT in Deutschland kaum praktische Bedeutung erlangt.[329] Trotz der entworfenen rechtlichen Rahmenbedingungen für eine entsprechende nationale Investitionsförderung hat „der Markt" diese Investmentform also nicht angenommen.[330] Die Gründe für diese „Misserfolgsgeschichte"[331] nationaler REIT sind umstritten und entsprechende Vermutungen reichen von zu engen gesetzgeberischen Handlungsvorgaben für die Unternehmensführung[332] bis hin zu überschießenden Ausnahmeregeln für den REIT-Status[333] im REITG. Für eine steuersystematische Ex-post-Betrachtung des § 3 Nr. 70 EStG ist jedenfalls festzuhalten, dass der gewünschte Befreiungszweck nicht im geplanten Maße eingetreten ist. So zeigt sich, dass sich die Ziele, die eine Ungleichbehandlung auf der abstrakten Ebene noch rechtfertigten, in der Realität nicht verwirklicht haben. Gesetzgeberische Maßnahmen zur Wirtschaftslenkung konnen auf fehlerhaften Prognosen und sollten die Ausnahme bleiben. Das Risiko für fehlerhafter Annahmen ist umso größer, je enger der Förderzweck

324 BR Drs. 779/06, 1 f.

325 Im Ergebnis ebenso: *Intemann*, in: H/H/R, EStG, § 3 Nr. 70, Rz. 3 (Stand: Juni 2019).

326 Zur Rechtfertigung der körperschaft- und gewerbesteuerlichen Befreiung der REIT-AG siehe: *Spoerr/Hollands/Jacob*, DStR 2007, 49.

327 *Intemann*, in: H/H/R, EStG, § 3 Nr. 70, Rz. 3 (Stand: Juni 2019).

328 Siehe nur: BVerfG, Beschluss v. 21.06.2006 – 2 BvL 2/99, BVerfGE 116, 164 (182).

329 *Kovermann*, AG 2018, 22; *Kühnberger*, DStR 2018, 1832.

330 *Kovermann*, AG 2018, 22 (26).

331 *Kovermann*, AG 2018, 22; *Kühnberger*, DStR 2018, 1832.

332 *Kühnberger*, DStR 2018, 1832 (1833 ff.).

333 *Kovermann*, AG 2018, 22 (25).

definiert ist.[334] Wegen der reinen Ausrichtung auf deutsche REIT als Immobilienerwerber, die mittelbar von § 3 Nr. 70 EStG begünstigt werden, wird die Norm zusätzlich als unionsrechtswidrig eingestuft.[335]

g) Sonderleistung zum Inflationsausgleich (§ 3 Nr. 11c)

§ 3 Nr. 11c EStG[336] befreit Zuschüsse und Sachbezüge, die der Arbeitgeber zur Abmilderung der gestiegenen Verbraucherpreise an den Arbeitnehmer zahlt. Die Befreiung greift bis zu einem Betrag von 3.000 Euro und gilt für Zahlungen zwischen dem 26.10.2022 und 31.12.2024. Voraussetzung für die Steuerfreiheit ist, dass die Leistung zusätzlich zum ohnehin geschuldeten Arbeitslohn gewährt wird.[337] Des Weiteren genügt es, wenn der Arbeitgeber in beliebiger Form deutlich macht, dass die Leistung im Zusammenhang mit dem Anstieg der Verbraucherpreise gewährt wird.[338]

Einkommensteuerrechtlich liegt in dem Zuschuss Arbeitslohn vor, weil sich kein überwiegendes Eigeninteresse des Arbeitgebers ausmachen lässt. § 3 Nr. 11c EStG wirkt folglich konstitutiv im Bereich der Einkünfte aus nichtselbständiger Arbeit gem. § 19 I Nr. 1 EStG. Wie der ausgezahlte Zuschuss an sich soll auch die steuerliche Freistellung für einen Inflationsausgleich sorgen. Der Gesetzgeber will durch die steuerliche Begünstigung gestiegene Energie- und Nahrungsmittelpreise ausgleichen.[339] Mithin soll eine außerfiskalische Förderung des Gemeinwohls mit dem Instrument einer sachlichen Steuerbefreiung unterstützt werden und damit erschöpf sich der Befreiungszweck in der Förderung einer sozialen Leistungsgewährung. Die Tatsache, dass § 3 Nr. 11c EStG durch weitere außerfiskalische Begünstigungsnormen für Verbraucher und Arbeitnehmer flankiert wird[340], spricht ebenfalls dafür, dass die Befreiung in diesem Leistungsbündel fördernd wirken soll. Der Unterschied zu der Befreiung des Kaufkraftausgleiches nach Nummer 64 des Befreiungskataloges besteht darin, dass die nach Nr. 64 befreiten Leistungen

---

[334] Abstrakt so bereits: *Hey*, in: Tipke/Lang, Steuerrecht, Rz. 19.3.
[335] *Intemann*, in: H/H/R, EStG, § 3 Nr. 70, Rz. 3 (Stand: Juni 2019).
[336] In der Fassung des G. v. 19.10.2022, BGBl. I, 1743.
[337] BT Drs. 20/3736, 6.
[338] BT Drs. 20/3736, 6.
[339] BT Drs. 20/3736, 6.
[340] Vgl. dazu: BT Drs. 20/3744, 1 ff.

zum Kaufkraftausgleich Netto gezahlt werden.[341] Für die von Nummer 11c befreiten Zahlungen zu der Abmilderung der gestiegenen Verbraucherpreise ist hingegen nicht erkennbar, dass diese als Nettoleistung konzipiert sind.[342] Demnach enthalten diese einen Teil, der für die Steuerzahlung verfügbar ist. Die gezahlte (Netto-)Prämie gleicht die Inflation jedoch anteilig aus, sodass ein Fiskalzweck in der Steuerbefreiung auszumachen ist, soweit die (Netto)-Prämie die Leistungsfähigkeit nominell, aber nicht faktisch erhöht. Allerdings wird der Arbeitgeber die Prämie in der Realität unter dem Titel „Inflationsprämie" in erster Linie auch zur herkömmlichen Belohnung des Arbeitnehmers einsetzen und es existieren keine Berechnungsformeln, die den tatsächlichen Inflationsausgleich der Prämie für die Besteuerungspraxis handhabbar ausrechen. Folglich wiegt der Sozialzweck der Befreiung schwerer als der anteilige Fiskalzweck. Im Vergleich zu Nummer 64 ist Nummer 11c folglich nicht durch das Leistungsfähigkeitsprinzip geboten und die Einordnung als wirtschaftsfördernde Sozialzweckbefreiung hat Bestand. Die reine Nettobetrachtung der sozialen Leistung tritt indes für die Zuordnung hinter die Lenkungszwecke zurück, da das angesprochene Leistungsbündel zum Inflationsausgleich bereits wirtschaftsfördernde Lenkungszwecke verfolgt, die sich demnach auch in der Befreiung niederschlagen.

2. Umwelt- und gesundheitspolitische Lenkung

a) Jobticket (§ 3 Nr. 15)

§ 3 Nr. 15 EStG[343] stellt Zuschüsse des Arbeitgebers für Fahrten des Arbeitnehmers mit öffentlichen Verkehrsmitteln frei; die Befreiung gilt auch, wenn die unentgeltliche oder verbilligte Nutzungsmöglichkeit von öffentlichen Verkehrsmitteln gewährt wird. Für die Befreiung ist irrelevant, ob der Zuschuss für eine berufliche oder private Fahrt des Arbeitnehmers geleistet wird.[344] Nicht befreit sind aber Zuschüsse zu Taxifahrten oder übrigen Fahrten

341 Dazu: *v. Beckerath*, in: K/S/M, EStG, § 3, Rz. B 64/33 (Stand: Februar 2010).
342 BT Drs. 20/3763, 4 ff.
343 Eingeführt durch G v. 11.12.2018, BGBl. I, 2338 (2341).
344 BT Drs. 19/5595, 75.

außerhalb des öffentlichen Nahverkehrs.[345] Der wesentliche Anwendungsbereich beläuft sich damit auf die Bereitstellung sog. Jobtickets.[346]

Für die einkommensteuerrechtliche Einordnung ist entscheidend, dass sich die Wirkung auf Zuschüsse und Sachleistungen im Rahmen eines Arbeitsverhältnisses beschränkt, die zusätzlich zum ohnehin geschuldeten Arbeitslohn geleistet werden[347]. Damit besteht ein Zusammenhang zu den Einkünften aus nichtselbstständiger Arbeit nach § 19 I Nr. 1 EStG. Auch Preisvorteile und Rabatte, die Arbeitnehmer von Dritten erhalten, können Arbeitslohn sein, wenn sie sich für den Arbeitnehmer als geldwerter Vorteil seiner Arbeitsleistung darstellen und im Zusammenhang mit dem Dienstverhältnis stehen.[348] Davon ist auszugehen, sobald der Arbeitnehmer vom Arbeitgeber nicht mehr nur die Chance auf beispielsweise ein Jobticket in Aussicht gestellt bekommt, sondern er diesen Vorteil bereits erhalten hat.[349] Die von § 3 Nr. 15 EStG erfassten Bezüge zeichnen sich dadurch aus, dass sie nicht nur in Aussicht gestellt werden, sondern dem Arbeitnehmer bereits zur Verfügung stehen. Somit stellen sie Einkünfte aus nichtselbstständiger Arbeit gem. § 19 I Nr. 1 EStG dar.

Der Gesetzgeber hält die Befreiung für gerechtfertigt, da so Umwelt- und Verkehrsbelastungen durch den motorisierten Individualverkehr vermindert und der Energieverbrauch gesenkt werden könnten.[350] Eine Reduzierung der Schadstoffbelastung wirke zudem gesundheitsfördernd und Arbeitnehmerinnen und Arbeitnehmer erhielten einen attraktiven Anreiz zur Nutzung öffentlicher Verkehrsmittel auf dem Weg zur Arbeit.[351] Der Gesetzgeber benennt an dieser Stelle ausdrücklich außerfiskalische Zwecke, die eine Ungleichbehandlung rechtfertigen sollen. Diese Lenkungszwecke sollten des Weiteren nicht nur benannt, sondern auch erreicht werden. Ansonsten käme es mangels Erreichung des legitimen Zwecks zu gleichheitsrechtlichen

---

345 BT Drs. 19/5595, 75; zur Definition des öffentlichen Nahverkehrs: *Bergkemper*, in: H/H/R, EStG, § 3 Nr. 15, Rz. 4 (Stand: Juni 2019).

346 *Geserich*, DB 2019, 509 (513).

347 BT Drs. 19/5595, 75.

348 BFH, Urteil v. 14.11.2012 – VI R 56/11, BStBl II 2013, 382 (383 f.).

349 *Bergkemper*, FR 2013, 472 (475).

350 BT Drs. 19/5595, 75.

351 BT Drs. 19/4455, 89.

Bedenken.[352] Für die mit § 3 Nr. 15 EStG angestrebten Ziele sollte der Gesetzgeber eine Selbstkontrolle in Form einer sog. Ex-post-Evaluierungen[353] durchführen und sich im Idealfall selbst per Gesetz dazu verpflichten. Für die steuerliche Begünstigung sog. Jobtickets muss in diesem Sinne zukünftig in regelmäßigen Abständen gefragt werden, ob die gewünschte Verhaltenslenkung noch ein ausreichend wichtiges Gut des Gemeinwohls darstellt. Die steuerliche Förderung von Jobtickets wäre beispielsweise bereits obsolet, wenn umweltschützendes Verhalten so selbstverständlich geworden ist, dass dafür keine steuerlichen Anreize mehr gesetzt zu werden brauchen.

b) Überlassung eines betrieblichen Fahrrads (§ 3 Nr. 37)

§ 3 Nr. 37 EStG[354] befreit Vorteile für die Überlassung eines betrieblichen Fahrrads, das kein Kraftfahrzeug im Sinne des § 6 I Nr. 4 S. 2 EStG ist. Die Vorteile müssen zusätzlich zum ohnehin geschuldeten Arbeitslohn vom Arbeitgeber gewährt werden. Mit der Überlassung eines Dienstfahrrades gewährt der Arbeitgeber dem Arbeitnehmer einen geldwerten Vorteil.[355] Dies erfolgt nicht im überwiegenden Eigeninteresse des Arbeitgebers. Vielmehr hat die Gewährung einen Belohnungscharakter, sodass grundsätzlich steuerpflichtiger Arbeitslohn vorliegt. Dasselbe gilt schließlich auch für die herkömmliche Dienstwagengestellung[356], die mit dem Fall der Fahrradgestellung vergleichbar ist. § 3 Nr. 37 EStG wirkt demnach konstitutiv im Bereich der Einkünfte aus nichtselbstständiger Arbeit gem. § 19 I Nr. 1 EStG.

Der Gesetzgeber hält das umweltfreundliche Engagement der Nutzer von Fahrradern für steuerlich förderungswert.[357] Die Steuerbefreiung soll also dem Gemeinwohl dienen, indem Arbeitnehmer und -geber zu umweltfreundlichen Verhalten animiert werden sollen. Aus der Gesetzesbegründung geht eindeutig hervor, dass die Begünstigung verhaltenslenkend hin zu einer umweltverträglichen Mobilität wirken soll.[358] § 3 Nr. 37 EStG ist also eine

---

[352] Dazu eingehend: *Hey*, StuW 1998, 298 (301–304).
[353] *Hey*, FR 2021, 293 (299).
[354] Eingeführt durch G. v. 11.12.2018, BGBl. I, 2338 (2341).
[355] BT Drs. 19/5595, 75.
[356] *Geserich*, in: Brandis/Heuermann, EStG, § 19, Rz. 280 „Kraftfahrzeuge" (Stand: August 2021).
[357] BT Drs. 19/5595, 75.
[358] BT Drs. 19/5595, 75.

Lenkungszweckbefreiung und der Gesetzgeber lässt den verhaltenslenkenden Charakter der Norm im Gesetzgebungsverfahren auch klar zum Ausdruck kommen. Der Gesetzgeber bekennt sich dazu, dass er der Besteuerung nach der wirtschaftlichen Leistungsfähigkeit wegen außerfiskalischer Ziele bewusst Grenzen setzt. Dies ist zunächst positiv hervorzuheben, da der Lenkungszweck nicht unterstellt, hergeleitet oder nachgeschoben werden muss.[359] Diese außerfiskalischen Ziele sollten dennoch erreicht werden, damit die Privilegierung möglichst vollumfänglich gerechtfertigt werden kann. Auch in diesem Fall sollte sich der Gesetzgeber zu einer sog. Ex-post-Evaluierungen[360] verpflichten, um die Wirksamkeit des Tatbestandes zu überprüfen. Des Weiteren lässt sich die Überlegung zu der Befreiung von Jobtickets auf diese Befreiung übertragen: Die steuerliche Förderungswürdigkeit läuft aus, wenn umweltschützendes Verhalten so selbstverständlich geworden ist, dass dafür keine steuerlichen Anreize mehr gesetzt zu werden brauchen.

c) Förderung der Elektromobilität (§ 3 Nr. 46)

§ 3 Nr. 46 EStG[361] befreit gewährte Vorteile in Form des elektrischen Aufladens eines Elektrofahrzeugs oder Hybridelektrofahrzeugs. Die Vorteilsgewährung muss von einem Arbeitgeber an einen Arbeitnehmer zusätzlich zum ohnehin geschuldeten Arbeitslohn geleistet werden. Die Ladung muss an einer ortsfesten betrieblichen Einrichtung des Arbeitgebers oder eines verbundenen Unternehmens stattfinden. Der Befreiungswortlaut umfasst zusätzlich den Fall, dass betriebliche Ladevorrichtungen zur privaten Nutzung überlassen werden. Es ist eine Befreiungsvoraussetzung, dass die gewährten Vorteile vom Arbeitgeber zusätzlich zum ohnehin geschuldeten Arbeitslohn gewährt werden. Mithin fließen diese im Rahmen eines Dienstverhältnisses zu. Außerdem liegen keine Anhaltspunkte für ein überwiegendes Eigeninteresse des Arbeitgebers vor. Die Befreiung wirkt somit konstitutiv im Bereich der Einkünfte aus nichtselbstständiger Arbeit gem. § 19 I Nr. 1 EStG.

---

[359] Das Nachschieben eines solchen Zwecks als unzulässig einordnend: *Seer*, Ubg 2012, 376 (380).

[360] Dazu: *Hey*, FR 2021, 293.

[361] In der Fassung des G. v. 07.11.2016, BGBl. I, 2498.

Der Gesetzgeber sieht in der Begünstigung einen weiteren Baustein zur Förderung der Elektromobilität.[362] Die Förderung der Elektromobilität soll wiederum zur Senkung der CO2-Emissionen beitragen.[363] Bei § 3 Nr. 46 EStG handelt es sich demnach um eine umweltpolitische Lenkungsnorm. Nach *Bergkemper* stellt die Förderung der Elektromobilität bereits keine ausreichende sachliche Rechtfertigung für einen Verstoß gegen die Besteuerungsgleichheit dar.[364] Da in dieser Arbeit keine abschließenden verfassungsrechtlichen Prüfungen erfolgen, kann diese These weder bestätigt noch verneint werden. Es fällt jedoch auf, dass zumindest Zweifel bestehen, ob die Förderung der Elektromobilität überhaupt ein Anliegen des Gemeinwohls darstellt. Schließlich ist erstens noch nicht abschließend geklärt, inwieweit die Elektromobilität tatsächlich umweltfreundlicher ist als langlebigere Verbrennungsmotoren. Zweitens existieren wirtschaftswissenschaftliche Bedenken, ob steuerliche Lenkungsnormen im Bereich der sachlichen Steuerbefreiungen überhaupt zu einer entsprechenden Investitionsförderung beitragen können.[365] Somit sollte – unabhängig eines Nachweises der Umweltfreundlichkeit von Elektroautos – auf andere Fördermaßnahmen der Nachhaltigkeit gesetzt werden. Im Bereich des Steuerrechts sollten punktuelle marktwirtschaftliche Eingriffe wegen ihrer Anfälligkeit für gesetzgeberischer Fehlallokationen die Ausnahme bleiben.[366]

d) Anpassungsgelder für Stilllegungen von Kohlekraftwerken (§ 3 Nr. 60)

§ 3 Nr. 60 EStG[367] befreit Anpassungsgelder für Arbeitnehmer, die wegen der Stilllegung eines Braunkohle- oder Steinkohlekraftwerkes ihren Arbeitsplatz verloren haben. Die Anpassungsgelder sind Teil des geplanten Ausstiegs aus dem Braunkohlebergbau und sollen diesen sozialverträglicher machen, indem in diesem Sektor frühere Übergänge in den Ruhestand für Beschäftigte

362 BT Drs. 18/8828, 13.
363 BT Drs. 18/8828, 1.
364 *Bergkemper*, in: H/H/R, EStG, § 3 Nr. 46, Rz. 1 (Stand: Oktober 2019).
365 Siehe nur *Kußmaul/Kloster*, BB 2016, 1817 (1821).
366 *Hey*, in: Tipke/Lang, Steuerrecht, Rz. 19.3; gegen die Nr. 46 im Befreiungskatalog spricht zusätzlich das unionsrechtliche Bedenken des reinen Inlandsbezugs, vgl.: *Kessler/Spengel*, DB 2018, Beilage 1 zu Heft 5 (5).
367 In der Fassung des G. v. 08.08.2020, BGBl. I, 1818 (1848).

ermöglicht werden.[368] Aus Sicht des Gesetzgebers handelt es sich bei den Anpassungsgeldern um Lohnersatzleistungen.[369]

Der Anspruch auf das Anpassungsgeld ergibt sich aus § 57 I Kohleverstromungsbeendigungsgesetz (KVBG), sodass die Lohnersatzleistung nicht mehr in Erfüllung der ursprünglichen Leistungsverpflichtung des Arbeitgebers, sondern aus staatlichen Mitteln erbracht wird. Aus einkommensteuerrechtlicher Sicht führen Lohnersatzleistung gem. § 24 Nr. 1 lit. a) EStG i. V. m. § 19 I Nr. 1 EStG zu Einkünften aus nichtselbständiger Arbeit.[370] Wer die Anwendung § 24 EStG auf Lohnersatzleistungen ablehnt, käme zu einer konstitutiven Wirkung der Befreiung im Bereich der sonstigen Einkünfte nach § 22 Nr. 1 S. 1 EStG, da die befreiten Leistungen in wiederkehrenden Bezügen gezahlt werden.[371]

Der Gesetzgeber möchte den Ausstieg aus der Kohleindustrie ökologisch und sozial ausgewogenen gestalten.[372] Wirtschaftspolitische Transformationsprozesse, die primär ein umweltpolitisches Motiv verfolgen, werden seit jeher durch sozialpolitische Maßnahmen flankiert, die die Gesellschaft entlasten sollen. So erhielten Arbeitnehmer, die bereits 1967 von der Stilllegung von Bergwerken betroffen waren, erstmals Kompensationsleistungen aus öffentlichen Mitteln.[373] Diese wurden durch die erste Fassung von § 3 Nr. 60 EStG[374] von der Steuer freigestellt, um soziale Härten zu vermeiden.[375] Es gibt keine Anhaltpunkte dafür, wie sich dieses Motiv bezüglich der heutigen Befreiung geändert haben sollte. Im Ergebnis stellt § 3 Nr. 60 EStG also eine Lenkungszweckbefreiung dar.[376] Der gesetzlich forcierte Ausstieg aus der Braun- und Steinkohle ist in Gänze als verhaltenslenkende Umweltpolitik zu bewerten. Die Steuerbefreiung soll in erster Linie die Gewährung der Kompensationsleistung unterstützen, die Teil dieser Gesamtmaßnahme ist. Das leitende

---

368 BR Drs. 51/20, 160.

369 BR Drs. 51/20, 168.

370 Dazu bereits ausführlich zu dem von § 3 Nr. 2 lit. b) Alt. 1 EStG befreiten Insolvenzgeld; für § 3 Nr. 60 EStG im Ergebnis ebenso: *v. Beckerath*, in: K/S/M, EStG, § 3, Rz. B 60/6 (Stand: Juni 2021).

371 So z. B.: *Bergkemper*, in: H/H/R, EStG, § 3 Nr. 60, Rz. 1 (Stand: April 2021).

372 BR Drs. 51/20, 160.

373 *v. Beckerath*, in: K/S/M, EStG, § 3, Rz. B 60/2 (Stand: Juni 2021).

374 BGBl. I 1967, 403 (406).

375 BT Drs. 5/1080, 10.

376 *v. Beckerath*, in: K/S/M, EStG, § 3, Rz. B 60/10 (Stand: Juni 2021).

umweltpolitische Motiv der Gesamtmaßnahme schlägt damit auf die Steuerbefreiung durch, die diesen wünschenswerten Effekt unterstützen soll.

e) Einnahmen für Pflegemaßnahmen (§ 3 Nr. 36)

§ 3 Nr. 36 EStG[377] befreit Bezüge für Pflegepersonen für deren Pflegeleistungen an Pflegebedürftige. Als begünstigte Pflegepersonen kommen nur Angehörige des Pflegebedürftigen oder solche Personen in Betracht, die damit eine sittliche Pflicht im Sinne des § 33 II EStG gegenüber dem Pflegebedürftigen erfüllen. Solche Verpflichtungen gegenüber Personen, die keine Angehörigen sind, setzen ein spezielles persönliches Verhältnis voraus, das eine Unterstützung gerade durch den Steuerpflichtigen gebietet.[378] In der Regel dürfte der Befreiung folgende Dreiecksbeziehung zu Grunde liegen: Die Pflegekasse zahlt Pflegegeld an den Pflegebedürftigen, welches dieser an den Pflegenden weiterleitet.[379]

Bezüge, die auf diese Weise im Rahmen der familiären Lebensgemeinschaft zufließen, erfüllen laut BFH grundsätzlich nicht die Voraussetzungen eines steuerlichen Grundtatbestandes. Es fehle in diesen Fällen an einem auf die Einkommensmehrung ausgerichteten Leistungsaustausch.[380] Relativierend stellt der BFH allerdings fest, dass auch nahe Angehörige untereinander Verträge mit steuerrechtlicher Wirkung schließen können.[381] Folgerichtig führen vorgenannte Dreiecksbeziehungen zu steuerbaren Einnahmen beim Pflegenden, wenn er ein formelles Arbeitsverhältnis mit der pflegebedürftigen Person eingegangen ist.[382] Als weitere Voraussetzungen muss dabei – wenn auch nur als „Nebenabsicht" – die Einkünfteerzielungsabsicht des Pflegenden hinzutreten.[383] Die von § 3 Nr. 36 EStG profitierenden Pflegenden erzielen demnach Einkünfte aus nichtselbstständiger Arbeit, wenn ein solches formelles Arbeitsverhältnis vorliegt. Die Norm hat damit einen konstitutiven Wirkungsbereich, der sich auf die Einkünfte aus nichtselbständiger gem. § 19 I Nr. 1 EStG beschränkt.

Der Kreis der Begünstigten zeigt, dass die Norm auf die Förderung der häuslichen Pflege zugeschnitten ist. In den geförderten Pflegekonstellationen

---

377 Zuletzt angepasst durch G. v. 11.12.2018, BGBl. I, 2338 (2339).
378 *Mellinghoff*, in: Kirchhof/Seer, EStG, § 33, Rz. 39, m.w.N.
379 *v. Beckerath*, in: K/S/M, EStG, § 3, Rz. B 36/51 f. (Stand: August 2019).
380 BFH, Urteil v. 14.09.1999 – IX R 88/95, BStBl II 1999, 776 (777).
381 BFH, Urteil v. 14.09.1999 – IX R 88/95, BStBl II 1999, 776 (777).
382 *v. Beckerath*, in: K/S/M, EStG, § 3, Rz. B 36/8 (Stand: August 2019).
383 *Zugmaier*, DStR 1995, 872 (873).

bleiben die sozialen Bindungen erhalten, weil die Pflege im Rahmen der gewohnten Umgebung stattfindet und von vertrauten Personen ausgeübt wird.[384] Dies sieht der Steuergesetzgeber vor dem Hintergrund der steigenden Zahl an Pflegebedürftigen als förderungswürdige Verbesserung der Pflege an.[385] Diese Wertung ergibt sich jedoch nur aus der zitierten Begründung zum Pflegepauschbetrag nach § 33b VI EStG und nicht aus der zu der Steuerbefreiung. Mithin war es von Kommentatoren wie *Bergkemper* überlassen, diese Wertung auf die Steuerbefreiung zu übertragen.[386] Der Gesetzgeber selbst ist seiner Begründungspflicht bezüglich der Steuerbefreiung bisher nicht ausreichend nachgekommen. Im Ergebnis kann dennoch eine verhaltenslenkende Sozialzweckbefreiung zur Gesundheitsförderung angenommen werden. Der Gesetzgeber sollte aber nachträglich Stellung dazu beziehen, ob er diese Wertung auch selbst vertritt und sich sodann zu einer sog. Ex-post-Evaluierungen[387] bezüglich der tatsächlichen Auswirkungen der Norm verpflichten.

f) Einnahmen einer Gastfamilie für die Betreuung behinderter Menschen (§ 3 Nr. 10)

§ 3 Nr. 10 EStG[388] befreit alle Einnahmen, die einer Gastfamilie für die Versorgung eines behinderten Menschen zufließen und auf Leistungen eines oder mehrerer Sozialleistungsträger beruhen.[389] § 3 Nr. 10 S. 2 EStG bezieht Fälle in die Befreiung ein, in denen ebenso zweckgebundene Einnahmen aus Leistungen eines selbstzahlenden behinderten Menschen oder eines anderen Dritten generiert werden, soweit die Höhe der Einnahmen den sozialrechtlichen Vorgaben entspricht.[390] Für überschießende Einnahmen von dritter Seite greift die Steuerbefreiung demnach nicht. Zusätzlich werden nach § 3 Nr. 10 S. 3 EStG nur solche Aufwendungen zum Abzug zugelassen, die den steuerfreien Teil der Einnahmen übersteigen.[391]

---

384 *Kanzler*, FR 1996, 189 (190).
385 BT Drs. 11/2157, 152.
386 *Bergkemper*, in: H/H/R, EStG, § 3 Nr. 36, Rz. 3 (Stand: Oktober 2023).
387 Siehe dazu: *Hey*, FR 2021, 293.
388 Zuletzt geändert durch G v. 09.12.2020, BGBl. I, 2770.
389 BT Drs. 16/11108, 11.
390 BT Drs. 16/11108, 11.
391 Dazu eingehend: *v. Beckerath*, in: K/S/M, EStG, § 3, Rz. B 10/56-59 (Stand: Mai 2021).

Die sozialrechtlichen Leistungen müssen gem. § 3 Nr. 10 S. 1 EStG zur Pflege, Betreuung, Unterkunft oder Verpflegung des behinderten Menschen erbracht werden. Diese vier sozialen Komponenten müssen zwar nicht kumulativ vorliegen[392], bewirken aber eine finale Verknüpfung zwischen der Leistung und deren sozialen Nutzen[393]. Trotz dieser Finalität ist es üblich, dass der empfangenden Gastfamilie nach Abzug der sozial veranlassten Kosten ein Überschuss verbleibt. Dies führt zu einer erhöhten wirtschaftlichen Leistungsfähigkeit. Ob durch den Erhalt dieser Leistungen zusätzlich einzelne einkommensteuerrechtliche Grundtatbestände verwirklicht werden, wird indes unterschiedlich beurteilt. So qualifiziert *Nacke* die Leistungen als Einkünfte nach § 22 Nr. 3 EStG[394], während die bayrische Finanzverwaltung in vergleichbaren Fällen die Anwendung von § 18 I Nr. 1 EStG verfügt hat[395]. *Bergkemper* hingegen geht von einer klarstellenden Wirkung aus, da die im Rahmen einer familiärer Lebensgemeinschaft empfangenen Leistungen schon keiner Einkunftsart des EStG unterfallen könnten.[396] Soweit jedoch kein Angehörigenverhältnis zu dem betreuten Menschen besteht, kann die Grenze der familiären Lebensgemeinschaft überschritten werden.[397] Zumindest in diesen Fällen verwirklichen die erhaltenen Leistungen eine der genannten Einkunftsarten, sodass § 3 Nr. 10 EStG einen konstitutiven Wirkungsbereich für mehrere Einkunftsarten hat.

Laut Gesetzgeber erfüllen Gastfamilien einen Unterstützungsbedarf von behinderten Menschen für die Teilhabe am Leben in der Gesellschaft.[398] Wer diese Aussage im Zuge der Einführung eines Befreiungstatbestand des EStG tätigt, will mit der erzielten Entlastungswirkung wohl das gemeinnützige Verhalten der Gastfamilien fördern. Folglich liegt eine verhaltenslenkende Sozialzweckbefreiung zur Gesundheitsförderung vor.[399]

---

392 *Bergkemper*, in: H/H/R, EStG, § 3 Nr. 10, Rz. 2 (Stand: April 2021).
393 *Handzik*, in: L/B/P, EStG, § 3, Rz. 354 (Stand: Juni 2018).
394 *Nacke*, DB 2008, 2792.
395 BayLfSt, Verfügung v. 17.09.2010 - S 2121.1.1-5/3 St32.
396 *Bergkemper*, in: H/H/R, EStG, § 3 Nr. 10, Rz. 1 (Stand: April 2021).
397 *v. Beckerath*, in: K/S/M, EStG, § 3, Rz. B 10/11 f. (Stand: Mai 2021).
398 BT Drs. 16/11108, 11.
399 Ebenso: *Bergkemper*, in: H/H/R, EStG, § 3 Nr. 10, Rz. 1 (Stand: April 2021); *Handzik*, in: L/B/P, EStG, § 3, Rz. 339 (Stand: Juni 2018); *v. Beckerath*, in: K/S/M, EStG, § 3, Rz. B 10/21 (Stand: Mai 2021).

g) Corona-Prämien an Pflegekräfte (§ 3 Nr. 11b)

Grundsätzlich befreit § 3 Nr. 11b EStG[400] Prämien an Pflegekräfte, die zur Würdigung besonderer Leistungen während der Corona-Pandemie aufgrund bundes- oder landesrechtlicher Regelungen bis zum 31.12.2022 gezahlt wurden. Der so freigestellte Betrag beläuft sich auf 4.500 Euro. Die Sätze 2 bis 4 der Norm regeln, in welchen Einrichtungen die Begünstigten tätig sein müssen, erweitern den Kreis der Begünstigten auf sog. Leiharbeiter, die kein direktes Arbeitsverhältnis zu einer genannten Einrichtung haben, aber dort eingesetzt werden, und stellen klar, dass Nr. 11a nicht neben Nr. 11b anzuwenden ist.[401] § 3 Nr. 11b S. 5 EStG erweitert die Befreiungswirkung bis zum 31.05.2022 auf Bezüge nach § 150c SGB XI, wobei es sich um Sonderleistungen zur Anerkennung und Umsetzung zusätzlicher Infektionsschutzaufgaben nach § 35 I IfSG handelt.[402]

Einkommensteuerrechtlich zählen die Sonderleistungen unstrittig zum Arbeitslohn und damit zu Einkünften aus nichtselbstständiger Arbeit gem. § 19 I Nr. 1 EStG.[403] Die Auszahlung dieser Prämien erfolgt durch den Arbeitgeber, der die Kosten durch den Bund erstattet bekommt.[404] Mithin kommt der Steuerbefreiung aus Sicht des Bundes eine vereinfachende Wirkung zu, da dieser bei der Leistungserstattung keine lohnsteuerrechtlichen Größen zu berücksichtigen hat. Allerdings soll durch die Steuerfreistellung ausdrücklich die finanzielle Wirkung der geleisteten Sonderprämien verstärkt werden und die Boni als solche sollen die besonderen Herausforderungen der Pflegekräfte im Gesundheitssektor finanziell anerkennen.[405] Mithin kommt es dem Gesetzgeber primär auf die steuerliche Begünstigung der Arbeitskraft von Pflegepersonal an, welches besonders in Pandemiezeiten der gesamtgesellschaftlichen Gesundheit dient. Im Ergebnis handelt es sich also um eine Sozialzweckbefreiung, die gesundheitspolitisch wünschenswerte Zustände begünstigen soll.

---

[400] Zuletzt angepasst durch G. v.16.12.2022, BGBl. I, 2294 (2295).
[401] BT Drs. 20/1111, 19.
[402] BT Drs. 20/4729, 129.
[403] Ebenso: *v. Beckerath*, in: K/S/M, EStG, § 3, Rz. B 11b/4 (Stand: Mai 2023).
[404] BR Drs. 83/22, 14.
[405] BR Drs. 83/22, 14.

3. Arbeitsmarktpolitische Lenkung

a) Förderung der Altersteilzeit (§ 3 Nr. 28)

§ 3 Nr. 28 EStG[406] befreit Leistungen nach dem Altersteilzeitgesetz (AltTZG) sowie ähnliche Leistungen nach dem SGB III u. VI. Das Konzept der Altersteilzeit sieht einen gleitenden Übergang in den Ruhestand vor, indem die verbleibende Arbeitszeit bis zur Rente halbiert wird. Würde dementsprechend auch der Lohn halbiert, verbliebe den Betroffenen zu wenig für ihre Lebensführung.[407] Damit die Altersteilzeit nicht unattraktiv wird, ist der Teilzeitlohn gem. § 3 I Nr. 1 AltTZG vom Arbeitgeber in der Regel um 20 Prozent des Altersteilzeit-Brutto aufzustocken.[408] In der ersten Variante werden Aufstockungsbeträge, Beiträge und Aufwendungen nach dem AltTZG befreit. Die zweite Variante befreit Zuschläge an versicherungsfrei Beschäftigte nach beamtenrechtlichen Vorschriften oder Grundsätzen. Nach § 27 I Nr. 1 bis 3 SGB III sind bestimmte Personen wie Beamte, Richter oder einige Geistliche von der Pflicht zur Arbeitslosenversicherung freigestellt. Nach beamtenrechtlichen Vorschriften wie z. B. § 93 BBG i. V. m. § 6 II BBesG erhalten diese im Altersteilzeitmodell ebenfalls Zuschüsse des Arbeitgebers, welche somit steuerfrei sind. Die dritte Variante stellt Zahlungen des Arbeitgebers zur Übernahme der Beiträge nach § 187a SGB VI von der Steuer frei, soweit sie 50 Prozent der Beiträge nicht übersteigen. Durch die vorzeitige Inanspruchnahme einer Rente wegen Alters können Rentenminderungen entstehen. Nach § 187a SGB VI kann die zu erwartende Minderung durch Zahlung zusätzlicher Beiträge des Arbeitgebers ganz oder teilweise ausgeglichen werden.[409]

Die von § 3 Nr. 28 EStG befreiten Leistungen haben die Gemeinsamkeit, dass sie vom Arbeitgeber geleistet werden und dem Arbeitnehmer zugutekommen[410]. Schließlich gewährleisten die Aufstockungsbeträge u. a. dessen reibungslosen Übergang in den vorzeitigen Ruhestand und haben damit den Charakter einer Entlohnung. Somit sind sie Teil des Arbeitslohns

---

406 In der Fassung des EStG v. 08.10.2009, BGBl. I, 3366 (3374 ff.).

407 *Rittweger*, in: Rittweger/Petri/Schweikert, AltTZG, § 3, Rz. 5.

408 *Rittweger*, in: Rittweger/Petri/Schweikert, AltTZG, § 3, Rz. 5.

409 *v. Koch*, in: Kreikebohm/Roßbach, SGB VI, § 187a, Rz. 3.

410 *v. Beckerath* in: Kirchhof/Seer, EStG, § 3, Rz. 57.

und die Befreiungswirkung ist auf die Einkunftsart der nichtselbstständigen Arbeit (§ 19 I Nr. 1 EStG) begrenzt.[411]

Die Befreiung kann allenfalls mit der Förderung des Konzepts der Altersteilzeit begründet werden. Der Gesetzgeber bietet mit der steuerlichen Freistellung der o. g. Leistungen einen steuerlichen Anreiz, von der Altersteilzeit Gebrauch zu machen.[412] Der Gesetzgeber nutzt das EStG damit als sozialpolitisches Lenkungsinstrument. Das Altersteilzeitkonzept an sich sollte 1989 zu der „Humanisierung des Arbeitslebens“[413] sowie der „Entlastung des Arbeitsmarktes“[414] beitragen. Ob sich das Modell auch in der aktuellen Zeit des Fachkräftemangels gesamtgesellschaftlich positiv auswirkt, ist zu bezweifeln. Demnach müsste die Geeignetheit des vorgebrachten Sozialzwecks im Zuge einer Rechtfertigungsprüfung der steuerlichen Privilegierung neu bewertet werden. Weite Teile der Gesellschaft profitiert schließlich nicht davon, dass ältere Arbeitnehmer in Zeiten des Fachkräftemangels möglichst früh in den Ruhestand geleitet werden. Mittlerweile müssten stattdessen gegenteiligen Maßnahmen ergriffen werden, um das Knowhow von älteren Beschäftigten so lange wie möglich in den Betrieben zu binden. Dieses Beispiel zeigt, dass auch ursprünglich sachgerechte Lenkungsnormen wegen veränderter Umstände im Laufe der Zeit neu zu bewerten sind und eventuell aus der Rechtfertigung „herauswachsen“.[415]

b) Trinkgelder (§ 3 Nr. 51)

§ 3 Nr. 51 EStG[416] befreit Trinkgelder, die Arbeitnehmer anlässlich ihrer Arbeitsleistung erhalten. Der Tatbestand präzisiert außerdem zur Klarstellung, was unter Trinkgeld zu verstehen ist. Befreit werden nur Leistungen von Dritten, die freiwillig zusätzlich zum eigentlich geschuldeten Betrag gegeben werden.[417] Es darf ausdrücklich kein Rechtsanspruch auf die Leistung

---

411 Im Ergebnis ebenso: *Bergkemper*, in: H/H/R, EStG, § 3 Nr. 28, Rz. 1, m.w.N. (Stand: Oktober 2019).

412 *Offerhaus*, FR 1989, 138 (139).

413 *Schaub*, BB 1989, 1751.

414 *Schaub*, BB 1989, 1751.

415 Für Typisierungen im EStG so bereits: *P. Kirchhof*, in: Kirchhof/Seer, EStG, Einleitung, Rz. 39.

416 In der Fassung des EStG v. 08.10.2009, BGBl. I, 3366 (3374 ff.).

417 BT Drs. 14/9428, 6.

bestehen. Als trinkgeldtypisch ist damit die freiwillige kleinere Honorierung einer in Anspruch genommenen Mühe anzusehen.[418] Solche Trinkgelder gehören nach ständiger BFH-Rechtsprechung zu dem Arbeitslohn des Arbeitnehmers, der diese erhält.[419] Von diesen Grundsätzen ist der Gesetzgeber bei der Aufhebung der betragsmäßigen Deckelung der Befreiung ausgegangen.[420] Zusätzlich entspricht diese Auffassung weiten Teilen des Schrifttums[421], was sich wegen folgender Überlegung zur Arbeitslohnzahlung durch Dritte als korrekt erweist. Das Trinkgeld soll aus der Sicht des Zahlenden die erbrachte Arbeitsleistung belohnen und stellt sich für den Arbeitnehmer damit wirtschaftlich als Frucht seiner Dienstleistung für den Arbeitgeber dar.[422] § 3 Nr. 51 EStG wirkt damit konstitutiv im Bereich der Einkünfte aus nichtselbständiger Arbeit gem. § 19 I Nr. 1 EStG.

Als die Befreiung in Nummer 51 noch betragsmäßig begrenzt war, hat der Gesetzgeber im Zuge von Erhöhungen der Befreiungsgrenze in erster Linie Gründe der Vereinfachung als Befreiungszweck angeführt. So sollte ein erhöhter Freibetrag beispielsweise „kleinliche Ermittlungen“[423] bzw. „kleinliche Streitigkeiten im Besteuerungsverfahren“[424] vermeiden. Nachdem die Steuerbefreiung nunmehr unbegrenzt gewährt wird, könne die Norm in dieser Hinsicht sogar noch effektiver vereinfachen.[425] Ob sich damit auch Ungleichbehandlungen rechtfertigen lassen, die von der Begünstigung ausgehen, ist damit aber noch nicht entschieden. Wie dargelegt wurde, gilt die Befreiung nur für Arbeitnehmer, während Selbständige vereinnahmte Trinkgelder voll zu versteuern haben. Diese Besserstellung von Arbeitnehmern lässt sich wohl nur schwerlich mit den genannten Vereinfachungsgründen rechtfertigen.[426] Die Vereinfachungswirkung besteht im Wesentlichen darin, dass dem

---

418 BFH, Urteil v. 18.12.2008 – VI R 49/06, BStBl. II 2009, 820 (821).

419 Siehe nur BFH, Urteil v. 19.02.1999 – VI R 43/95, BStBl. II 1999, 361 (362).

420 BT Drs. 14/9029, 3.

421 *Bergkemper*, in: H/H/R, EStG, § 3 Nr. 51, Rz. 1 (Stand: Oktober 2019); *v. Beckerath*, in: K/S/M, EStG, § 3, Rz. B 51/16 f., m.w.N. (Stand: Mai 2013).

422 Zur Arbeitslohnzahlung von Dritten im Allgemeinen *Pflüger*, in: H/H/R, EStG, § 19, Rz. 170 ff. (Stand: August 2018)

423 BT Drs. 8/3688, 16.

424 BT Drs. 11/2157, 138.

425 *v. Beckerath*, in: K/S/M, EStG, § 3, Rz. B 51/37 (Stand: Mai 2013).

426 *v. Beckerath*, in: K/S/M, EStG, § 3, Rz. B 51/37 (Stand: Mai 2013); *Bergkemper*, in: H/H/R, EStG, § 3 Nr. 51, Rz. 1 (Stand: Oktober 2019); *Hey*, in: Tipke/Lang, Steuerrecht, Rz. 8.139.

Erfassungsproblem von Trinkgeldern vorgebeugt wird.[427] Das Erfassungsproblem wiederum besteht bei einem selbständigen Taxifahrer ebenso wie bei einem angestellten Kellner. Es müsste folglich ein weiterer Differenzierungsgrund gegeben sein, der rechtfertigt, dass sich die Vereinfachung nur auf Arbeitnehmer beschränkt. Ein solcher könnte in der Missbrauchsgefahr[428] bei Selbständigen gesehen werden. So könnten Selbständige ihre regulären Preise reduzieren und in nicht unwesentlicher Höhe steuerfreie Trinkgelder mit den Kunden vereinbaren. Allerdings dürften solche Zusatzzahlungen schon nicht mehr von der vorgenannten Definition des Trinkgelds erfasst sein, da sie nicht mehr als rein freiwillige Gefälligkeit des Kunden zu bewerten sind. Zusätzlich besteht eine ähnliche Gefahr ebenso bei Arbeitnehmern. Ein geringeres Grundgehalt ermöglicht dem Arbeitgeber zunächst einen niedrigeren Verkaufspreis. Der Arbeitnehmer erhält dann durch höhere Trinkgelder eine steuerfreie Aufstockung seines Gehalts. Auch hier bleibt aber die Frage, ob der Kunde solche Trinkgelder noch freiwillig bzw. ohne rechtliche Verpflichtung zahlt. Diese Abgrenzungsfrage stellt sich indes bereits anhand der aktuellen Rechtslage in Betriebs- oder Lohnsteuerprüfungen. So ergibt sich eine weitere Schwäche des vereinfachenden Gedankens in Bezug auf § 3 Nr. 51 EStG: Das aufgehobene tatsächliche Erfassungsproblem wurde durch ein rechtliches Abgrenzungsproblem ersetzt. Des Weiteren verliert das tatsächliche Erfassungsproblem im zunehmend bargeldlosen Zahlungsverkehr immer mehr an Bedeutung. Jüngere Studien zeigen, dass auch Trinkgelder vermehrt bargeldlos gezahlt werden.[429] Regelungen wie § 35a V 3 EStG zeigen zusätzlich, dass sich unbare Geldbewegungen gut nachvollziehen und zuordnen lassen. Ungewissheiten im Einzelfall kann außerdem im Rahmen der Schätzung Rechnung getragen werden. Die Beschränkung der Befreiung auf Arbeitnehmer ließe sich folglich nur durch Sozialzwecke rechtfertigen. Die Gesetzesmaterialen zu der Aufhebung der betragsmäßigen Begrenzung

---

427 BT Drs. 8/3688, 16; BT Drs. 11/2157, 138.

428 Das BVerfG sieht in der Missbrauchsabwehr grundsätzlich einen legitimen Zweck zur Rechtfertigung von Ungleichbehandlungen, zuletzt BVerfG Beschluss v. 29.03.2017 – 2 BvL 6/11, BVerfGE 145, 106, Rz. 126.

429 Entsprechende Ergebnisse einer repräsentativen Umfrage des Marktforschungsinstituts Innofact sind abrufbar auf https://www.eat-pay-love.com/pay-bezahltrends (zuletzt aufgerufen am 15.11.2024).

der Befreiung zeigen, dass der Gesetzgeber einen Wandel von vereinfachenden hin zu sozialpolitischen Motiven vollzogen hat. Die unbegrenzte Steuerbefreiung von Trinkgeldern solle in erster Linie den Niedriglohnsektor durch Steuerentlastungen fördern.[430] Wie der BFH einst erkannte, ergeben sich durch die volle Freistellung aber auch Ungleichbehandlungen innerhalb der Gruppe von Arbeitnehmern.[431] Insbesondere zwischen Arbeitnehmern im angeblich geförderten Niedriglohnsektor ergeben sich Belastungsunterschiede. Auch dort gibt es Beschäftigte, die keine Trinkgelder erhalten und deren Arbeitslohn dann trotz gleicher wirtschaftlicher Leistungsfähigkeit vollumfänglich in die Besteuerung einbezogen wird. Ob die unbegrenzte Höhe der Steuerbefreiung für Trinkgelder durch die mittlerweile dominierenden Sozialzwecke der Norm gerechtfertigt ist, erscheint demnach ebenfalls zweifelhaft. Die Herleitung, dass die Begrenzung der Norm auf Arbeitnehmer am ehesten mit dem Argument gerechtfertigt werden könnte, dass der Niedriglohnsektor entlasten werden soll, hat gezeigt, dass aus heutiger Sicht eine Lenkungszweckbefreiung vorliegt. Die Befreiung für Trinkgelder ist das wohl anschaulichste Beispiel des Befreiungskatalogs dafür, dass es für die Zweckermittlung einer Befreiung förderlich ist, sich gedanklich an den Ausgangspunkt einer gleichheitsrechtlichen Prüfung zu stellen, ohne diese Prüfung vollenden zu müssen. Vielmehr ist nur nach dem legitimen Zweck zu fragen, der eine etwaige Ungleichbehandlung am ehesten rechtfertigen könnte.

c) Gesundheitsförderung von Arbeitnehmern (§ 3 Nr. 34)

§ 3 Nr. 34 EStG[432] befreit Leistungen des Arbeitgebers für die Prävention von Krankheiten und zu der Gesundheitsförderung, soweit sie zusätzlich zum ohnehin schon geschuldeten Arbeitslohn gezahlt werden und 600 Euro im Jahr nicht überschreiten. Es läge Arbeitslohn vor, wenn die Leistungen nicht im überwiegenden Eigeninteresse des Arbeitgebers gewährt werden. An der eigenen Gesundheit trifft den Arbeitnehmer jedoch per se ein nicht unerhebliches Eigeninteresse, sodass die erbrachten Leistungen des Arbeitgebers

---

[430] BT Drs. 14/9029, 3.
[431] BFH, Urteil v. 19.02.1999 – VI R 43/95, BStBl. II 1999, 361 (363).
[432] Zuletzt geändert durch G v. 22.11.2019, BGBl. I, 1746 (1748).

weitestgehend zum Arbeitslohn der Arbeitnehmer zählen.[433] Die Gesunderhaltung der Arbeitnehmer ist lediglich im Ausnahmefall von Soldaten oder vergleichbaren Einsatzkräften eine betriebsnotwendige Begleiterscheinung der Wehrdiensttätigkeit, sodass dann das Eigeninteresse des Arbeitgebers überwiegt.[434] Arbeitslohn liegt ebenfalls nicht vor, wenn der Arbeitgeber Maßnahmen zur Prävention von spezifischen berufsbedingten Beeinträchtigungen finanziert.[435] In den übrigen Fällen wirkt § 3 Nr. 34 EStG konstitutiv für Einkünfte aus nichtselbstständiger Arbeit.[436]

Die Abgrenzungsschwierigkeit, ob in Gesundheitsförderungsmaßnahmen des Arbeitgebers Arbeitslohn vorliegt oder nicht, hat auch der Gesetzgeber gesehen und damit explizit die Befreiung begründet.[437] Dies lässt entweder eine klarstellende Tendenz erkennen oder die konstitutive Vereinfachung der Norm besteht darin, die rechtliche Abgrenzungsproblematik bezüglich des Vorliegens von Arbeitslohn für die befreiten Bezüge zu umgehen. Leitendes gesetzgeberisches Motiv ist jedoch, dass die Bereitschaft des Arbeitgebers zur Gesundheitsförderung der Arbeitnehmer erhöht werden soll.[438] Auf diese Weise soll eine private Tätigkeit zur Erfüllung öffentlicher Aufgaben unterstützt werden. Arbeitgeber werden dazu motiviert, gesundheitsfördernde Maßnahmen für ihre Arbeitnehmer zu finanzieren. § 3 Nr. 34 EStG ist folglich primär als lenkende Sozialzweckbefreiung einzuordnen[439], die sich positiv auf die Gesundheit von Arbeitnehmern und im Ergebnis positiv auf den Arbeitsmarkt auswirken soll.

d) Arbeitgeberleistung zur Betreuung in Kindergärten (§ 3 Nr. 33)

§ 3 Nr. 33 EStG[440] befreit Leistungen des Arbeitgebers zur Unterbringung und Betreuung von nicht schulpflichtigen Kindern der Arbeitnehmer in Kindergärten oder vergleichbaren Einrichtungen, die zusätzlich zum ohnehin geschuldeten Arbeitslohn erbracht werden.

---

433 BFH, Urteil v. 21.11.2018 – VI R 10/17, BStBl. II 2019, 404 (406).
434 Siehe dazu: *v. Beckerath*, in: K/S/M, EStG, § 3, Rz. B 4/24 (Stand: Mai 2015).
435 BFH, Urteil v. 30.05.2001 – VI R 177/99, BStBl. II 2001, 671 (672 f.).
436 BFH, Urteil v. 21.11.2018 – VI R 10/17, BStBl. II 2019, 404 (406).
437 BT Drs. 16/10189, 47 f.
438 BT Drs. 16/10189, 47.
439 *v. Beckerath*, in: K/S/M, EStG, § 3, Rz. B 34/14 (Stand: Juni 2021).
440 In der Fassung des EStG v. 08.10.2009, BGBl. I, 3366 (3374 ff.).

Durch die Leistungen spart der Arbeitnehmer Kosten, die er sonst privat hätte tragen müssen. Mithin führt die Leistung beim Empfänger zu einem wirtschaftlichen Vorteil. Zusätzlich bezieht sich § 3 Nr. 33 EStG auf Leistungen, die zusätzlich zum ohnehin geschuldeten Arbeitslohn erbracht werden. Folglich soll die Befreiung nur für Bezüge gelten, die als Teil des Arbeitslohns mit durch das Arbeitsverhältnis veranlasst sind. Sog. Kindergartenzuschüsse werden in der Praxis durch schriftliche Betriebs-, Individualvereinbarungen, Tarifverträge oder mündlich zugesichert.[441] Dabei handelt es sich um keine betriebsnotwendige Begleiterscheinung, die im Eigeninteresse des Arbeitgebers liegt. Vielmehr wird dieser Vorteil dem Arbeitnehmer als Teil seines „Entlohnungspakets" für die überlassene Arbeitskraft gewährt. Die Zuschüsse zählen also grundsätzlich zum steuerpflichtigen Arbeitslohn gem. § 19 I Nr. 1 EStG.[442]

Der Gesetzgeber wollte mit der Befreiung ursprünglich Zuschüsse zu betriebsfremden Kindergärten mit solchen zu betriebseigenen geleichstellen, da letztere seiner Zeit nicht als steuerpflichtiger Arbeitslohn bewertet wurden.[443] Ein Grund für die Privilegierung von Arbeitnehmern im Vergleich zu anderen Berufsgruppen ist dies nicht. Diese Ungleichbehandlung rechtfertigt der BFH wiederum mit sozialpolitischen Lenkungszwecken. Arbeitnehmer seien in ihren Arbeitszeiten fremdbestimmt und damit besonders auf die arbeitsbegleitende Betreuung ihrer Kinder angewiesen.[444] Zusätzlich würde die Befreiung der Zuschüsse einen Anreiz für Arbeitgeber schaffen, entsprechende Zuschüsse überhaupt erst zu zahlen.[445] Dies stärkt laut BFH die gesamtgesellschaftliche Aufgabe der „qualifizierten Kinderbetreuung", weswegen die Beschränkung auf Arbeitnehmer schließlich sachlich vertretbar sei.[446] Für die Einordung zu einer Normengruppe bedeutet dies, dass die steuerliche Förderung die bessere Vereinbarkeit von Beruf und Familie fördern und sich damit positiv auf den Arbeitsmarkt auswirken soll. Vor diesem Hintergrund wäre zu überprüfen, ob die gesamtgesellschaftliche Aufgabe der

---

441 LAG Schleswig-Holstein, Urteil v. 19.03.2014 – 3 Sa 388/13, juris Rz. 40.

442 Zu betriebsfremden Kindergärten ebenso: BFH, Urteil v. 25.07.1986 – VI R 203/83, BStBl. II 1986, 868 (869).

443 BT Drs. 12/1466, 1.

444 BFH, Urteil v. 05.07.2012 – III R 80/09, BStBl. II 2012, 816 (821).

445 BFH, Urteil v. 05.07.2012 – III R 80/09, BStBl. II 2012, 816 (821).

446 BFH, Urteil v. 05.07.2012 – III R 80/09, BStBl. II 2012, 816 (821).

„qualifizierten Kinderbetreuung" durch die Befreiung tatsächlich gefördert wird. Schließlich besteht in dem Erfüllen dieser Aufgabe das wünschenswerte Verhalten, zu dem Arbeitnehmer und -geber animiert werden sollen. Diesbezüglich führt der BFH lediglich aus, dass dieser Effekt wegen der hohen Zahl an Arbeitnehmern erwartbar sei und erreicht werden könne.[447]

e) Weitere Arbeitgeberleistung zur Kinderbetreuung (§ 3 Nr. 34a)

§ 3 Nr. 34a EStG[448] befreit ebenfalls Leistungen des Arbeitgebers an die Arbeitnehmer, die im Zusammenhang mit der Betreuung von Kindern oder pflegebedürftigen Angehörigen gezahlt werden. Buchstabe a) der Norm befreit Beratungs- und Vermittlungsleistungen hinsichtlich der Betreuung von Kindern oder pflegebedürftigen Angehörigen. Der Gesetzgeber hatte bei der Einführung den Fall vor Augen, dass der Arbeitgeber die Kosten eines dritten Dienstleisters übernimmt, der auf vorgenannte Weise beratend bzw. vermittelnd für den Arbeitnehmer tätig wird.[449] Buchstabe b) befreit Leistungen zur kurzfristigen Betreuung von Kindern oder pflegebedürftigen Angehörigen, wenn diese aus beruflich veranlassten Gründen zwingend ist. Über § 3 Nr. 33 EStG hinaus sollen hier außergewöhnliche Betreuungskonstellationen erfasst werden, wie z. B. die nächtliche Betreuung in der Privatwohnung bei einem zwingenden beruflichen Einsatz des Elternteils.[450] Die Befreiung in Buchstabe b) ist auf 600 Euro begrenzt.

Aufgrund der Überlegungen zu § 3 Nr. 33 EStG zählen auch die von Nummer 34a befreiten Bezüge grundsätzlich zu den Einkünften aus nichtselbstständiger Arbeit gem. § 19 I Nr. 1 EStG.[451] Mit der Befreiung sollen möglichst gute Rahmenbedingungen für eine bessere Vereinbarkeit von Beruf und Familie geschaffen werden. Insbesondere der Wiedereinstieg von Arbeitnehmern nach der Elternzeit würde durch die befreiten Leistungen begünstigt.[452] Die Befreiung der Leistungen soll mithin leistungsfähigkeitssteigernde Umstände für Arbeitnehmer ermöglichen und auf diese Weise letztlich den Arbeitsmarkt stärken.

---

447 BFH, Urteil v. 05.07.2012 – III R 80/09, BStBl. II 2012, 816 (821).
448 In der Fassung des G. v. 22.12.2014, BGBl. I, 2417 (2421 f.).
449 BR Drs. 432/14, 44.
450 BR Drs. 432/14, 45.
451 Ebenso: *Bergkemper*, in: H/H/R, EStG, § 3 Nr. 34a, Rz. 1 (Stand: Oktober 2019).
452 BR Drs. 432/14, 45.

4. Gemeinnützige Lenkung

a) Übungsleiterpauschale (§ 3 Nr. 26)

§ 3 Nr. 26 EStG[453] beinhaltet die sog. Übungsleiterpauschale. Sie befreit Einnahmen aus nebenberuflichen Tätigkeiten als Übungsleiter, Ausbilder, Erzieher, Betreuer oder vergleichbaren Tätigkeiten in Höhe von 3.000 Euro. Diese müssen im Dienst oder Auftrag einer juristischen Person des öffentlichen Rechts oder einer im Sinne der §§ 51 ff. AO als steuerbegünstigt geltenden Einrichtung erbracht werden. Zusätzlich muss die ausgeübte Tätigkeit zur Förderung gemeinnütziger, mildtätiger oder kirchlicher Zwecke ausgeübt werden, auch wenn diese gegenüber einer juristischen Person des öffentlichen Rechts erbracht wird.[454] Satz 2 der Norm sieht eine von § 3c EStG abweichende Beschränkung des Ausgabenabzugs vor.[455]

Soweit die Einnahmen 3.000 Euro übersteigen, können sie den Grundtatbeständen der §§ 15, 18, 19 oder 22 EStG unterfallen[456], sodass der Befreiung unstrittig eine konstitutive Wirkung für mehrere Einkunftsarten zukommt. Dem Gesetzgeber kam es bei der Einführung der Norm auf die Förderung der nebenberuflichen Tätigkeiten im gemeinnützigen Sektor an.[457] Auch bei späteren Anpassungen hat er die Freistellung mit dem das Gemeinwohl fördernden Charakter der ausgeübten Tätigkeiten begründet.[458] Dem BFH ist also zuzustimmen, wenn er den Tatbestand als Sozialzwecknorm bezeichnet[459], die im Ergebnis das gemeinnützige Verhalten der Begünstigten honoriert.

b) Nebenberufliche gemeinnützige Tätigkeiten (§ 3 Nr. 26a)

§ 3 Nr. 26a EStG[460] enthält einen Freibetrag von 840 Euro für nebenberufliche gemeinnützige Tätigkeiten. Im Verhältnis zu Nummer 26 wird lediglich auf die spezielle Voraussetzung der persönlichen Eigenschaft des Ehrenamtlers

---

453 Zuletzt geändert durch G v. 21.12.2020, BGBl. I, 3096 (3100).

454 *Richter*, FR 1980, 425 (427).

455 Siehe dazu: *Dürr*, FR 2016, 849.

456 *v. Beckerath*, in: K/S/M, EStG, § 3, Rz. B 26/17, m.w.N. (Stand: Mai 2021).

457 BT Drs. 8/3898, 8.

458 BT Drs. 11/ 5582, 27; BT Drs. 14/2070, 16.

459 BFH, Urteil v. 11.05.2005 – VI R 25/04, BStBl II 2005, 791 (793) unter Verweis auf *Bergkemper*, der diese Auffassung nach wie vor vertritt, in: H/H/R, EStG, § 3 Nr. 26, Rz. 2 (Stand: April 2021).

460 Zuletzt geändert durch G v. 21.12.2020, BGBl. I, 3096 (3100).

als Übungsleiter oder ähnliche Person verzichtet und die Subsidiarität des Freibetrags gegenüber den Nr. 12, 26 und 26b angeordnet. Die den Freibetrag übersteigenden Bezüge führen zu Einkünften gem. §§ 15, 18, 19 oder 22 EStG[461] und es handelt sich um eine Lenkungszweckbefreiung zur Ehrenamtsstärkung[462].

c) Erstattungen an Kindertagespfleger (§ 3 Nr. 9)

§ 3 Nr. 9 EStG[463] befreit bestimmte Erstattungen nach dem SGB VIII[464]. Die befreiten Erstattungen stehen Personen der Kindertagespflege zu. Sie erhalten die Hälfte ihrer Beiträge zu der Kranken-, Pflege- und Unfallversicherung sowie zur Alterssicherung zurück.[465] Erstattungspflichtige Stelle ist ein Träger der öffentlichen Jugendhilfe.[466] Der Erstattungsanspruch besteht nur für selbstständige Personen der Kindertagespflege, da solch ein Anspruch für Arbeitnehmer bereits gegenüber dem Arbeitgeber besteht.[467]

Einkommensteuerrechtlich üben selbstständig tätige Personen der Kindertagespflege eine „erzieherischen Tätigkeit“ i. S. d. § 18 I Nr. 1 S. 2 EStG aus.[468] Wenn solche Personen nach dem SGB VIII Versicherungsbeiträge erstattet bekommen, gehen der Gesetzgeber sowie die Finanzverwaltung zu Recht davon aus, dass diese Erstattungen zu den Einnahmen aus der selbstständigen Tätigkeit im Sinne des § 18 I Nr. 1 EStG gehören.[469] Schließlich lassen sich die Erstattungen wirtschaftlich unmittelbar auf die Tätigkeit als Person der Kindertagespflege zurückführen. § 3 Nr. 9 EStG wirkt demnach konstitutiv im Bereich der Einkünfte aus selbständiger Arbeit.

---

461 *v. Beckerath*, in: K/S/M, EStG, § 3, Rz. B 26a/8 (Stand: Mai 2021).
462 *Hüttemann*, Gemeinnützigkeitsrecht und Spendenrecht, Rz. 9.29.
463 In der Fassung des EStG v. 08.10.2009, BGBl. I, 3366 (3374 ff.).
464 Befreit sind Erstattungen nach: § 23 II 1 Nr. 3 und 4 sowie § 39 IV 2 SGB VIII.
465 BT Drs. 16/10357, 26 f.
466 BT Drs. 16/10357, 26.
467 *Rixen*, in: Schlegel/Voelzke, SGB VIII, § 23, Rz. 18 (Stand: August 2022).
468 BMF, Schreiben v. 11.11.2016 – IV C 6 - S 2246/07/10002 :005, BStBl I 2016, 1236; *Meickmann/Wernsmann* in: K/S/M, EStG, § 18, Rz. B 400 „Kindertagespflege“ (Stand: Dezember 2022).
469 BT Drs. 16/10357, 26; BMF, Schreiben v. 11.11.2016 – IV C 6 - S 2246/07/10002 :005, BStBl I 2016, 1236.

Hinsichtlich des Befreiungszwecks ist der Grund der Erstattungen nach dem SGB VIII entscheidend, der auf den Befreiungszweck abfärbt. Die hälftige Erstattung der genannten Beiträge ist Teil der im SGB VIII geregelten Jugendhilfe und soll die Förderung von Kindern in Tageseinrichtungen mit begünstigen, indem die dort arbeitenden Personen eine Begünstigung erhalten.[470] Die Förderung von Kindern muss als gesamtgesellschaftliches Ziel angesehen werden, was damit auch durch die steuerliche Begünstigung in § 3 Nr. 9 EStG gefördert werden soll. Die Befreiung könnte zusätzlich zu einer gewissen Vereinfachung führen: Wenn die Erstattungen als steuerpflichtig beurteilt werden, müssten die gegenüberstehenden Aufwendungen als Sonderausgaben erfasst werden, was den betroffenen Steuerpflichtigen und den Finanzbehörden durch die Befreiung erspart bleibt. Da es sich hier aber nur um hälftige Erstattungen handelt, verbleibt für die andere Hälfte ohnehin der Erklärungsaufwand, sodass der Vereinfachungsgedanke nicht durchgreift. Es bleibt also bei einer reinen Lenkungszweckbefreiung, die zum Engagement in der Kindertagespflege anregen soll.

---

470 *Bergkemper*, in: H/H/R, EStG, § 3 Nr. 9, Rz. 1 (Stand: Mai 2023).

Vereinfachungszweckbefreiungen

I. Ersatz von Erwerbsaufwendungen

1. Aufwandsentschädigung aus öffentlichen Kassen (§ 3 Nr. 12)

Der Wortlaut von § 3 Nr. 12 EStG[1] befreit in Satz 1 Aufwandsentschädigung aus öffentlichen Kassen, die in bestimmter Form festgesetzt sind und so im Haushaltsplan ausgewiesen werden. Satz 2 stellt Bezüge frei, die aus öffentlichen Kassen an öffentliche Dienste leistende Personen als Aufwandsentschädigungen gezahlt werden. Für die Sätze 1 und 2 ist wegen der unterschiedlichen Befreiungsvoraussetzungen[2] zunächst separat zu beurteilen, ob diese konstitutiv wirken.

Einkommensteuerrechtlich würden die von Satz 1 befreiten festgestellten und im Haushaltsplan ausgewiesenen Aufwandsentschädigungen regelmäßig § 19 I Nr. 1 EStG unterfallen. Die von der Befreiung erfassten Bezüge können in Form von Ersatz für Werbungskosten, Zeitaufwand, Verdienstausfall sowie Arbeitsleistung erbracht werden. Wie § 8 I 2 EStG vorgibt, sind erstattete Aufwendungen stets Einnahmen aus der betroffenen Einkunftsart.[3] Soweit der Ersatz von Zeitaufwand, Verdienstausfall sowie Arbeitsleistung eines Arbeitnehmers befreit wird, sind die Bezüge unmittelbar durch das Dienstverhältnis veranlasst[4]; insoweit lägen ohne die Befreiung Einkünfte aus nichtselbstständiger Arbeit vor.

---

1 Zuletzt angepasst durch G. v. 25.7.2014, BGBl. I, 1266 (1267).

2 Dazu eingehend: *Carl*, FR 1991, 125.

3 Dazu: *Kister*, in: H/H/R, EStG, § 8, Rz. 51 (Stand: Februar 2021). Zum begrifflichen Unterschied zwischen Erstattung und Rückfluss von Aufwendungen: *Wüllenkemper*, Rückfluß von Aufwendungen im EStR, 3 f.

4 *Pflüger*, in: H/H/R, EStG, § 19, Rz. 215 (Stand: August 2018).

Satz 2 befreit ebenfalls ausdrücklich Aufwandsentschädigungen. Diese dürfen lediglich nicht dem spezielleren Satz 1 unterfallen oder für Verdienstausfall oder Zeitverlust gewährt werden. Zusätzlich sieht Satz 2 eine Ausnahme der Befreiung vor, wenn die Aufwandsentschädigung den tatsächlich entstandenen Aufwand des Empfängers offenbar übersteigt. Der Empfängerkreis beschränkt sich indes auf Personen, die öffentliche Dienste leisten und demnach regelmäßig Einkünfte aus nichtselbstständiger Arbeit gem. § 19 I Nr. 1 EStG erzielen.[5] Der konstitutive Wirkungsbereich von § 3 Nr. 12 EStG erstreckt sich demnach ganz überwiegend auf die Einkünfte aus nichtselbstständiger Arbeit.

Bei der Befreiung kommt es dem Gesetzgeber in erster Linie auf die Vereinfachungswirkung an.[6] Die Aufwandsentschädigung muss nicht als Einnahme versteuert werden und spiegelbildlich erübrigt sich der sog. „Erklärungsaufwand" für die gegenüberstehenden Werbungskosten.[7] In Zweifel zu ziehen ist aber, ob der Vereinfachungszweck auch „echte" Steuerbegünstigungen[8] rechtfertigen kann. Erstens kommen die Begünstigten in den zusätzlichen Genuss des Werbungskostenpauschbetrages und zweitens übersteigt die Aufwandsentschädigung teils die tatsächlich erwachsenen Aufwendungen des Empfängers. Daraus ergibt sich eine Ungleichbehandlung für Personen, die den überschießenden Teil der Aufwandsentschädigung mangels Befreiung zu versteuern haben. Dies hat das BVerfG zu Recht als Verletzung von Art. 3 I GG gewertet.[9] Insbesondere sei kein Befreiungszweck erkennbar, der zu dem der Vereinfachung hinzutrete und die Ungleichbehandlung rechtfertigen könne.[10] Dies ist auf Satz 2 der Norm zu

---

5 *v. Beckerath*, in: K/S/M, EStG, § 3, Rz. B 12/13 (Stand: August 2019), der zu Recht anmerkt, dass in Einzelfällen auch die Einkunftsart der Selbstständigen Arbeit gem. § 18 EStG betroffen sein kann.

6 *Tipke*, Steuerrechtsordnung, Bd. II, 752.

7 Ebenso *v. Beckerath*, in: K/S/M, EStG, § 3, Rz. B 12/32 (Stand: August 2019).

8 Zur sog. „echten" Begünstigungswirkung bei vermeintlichen Vereinfachungszwecken: *v. Beckerath*, in: K/S/M, EStG, § 3, Rz. A 692 (Stand: Mai 2023); für Nummer 12: *v. Beckerath*, in: K/S/M, EStG, § 3, Rz. B 12/22 (Stand: August 2019).

9 BVerfG, Beschluss v. 11.11.1998 – 2 BvL 10/95, BStBl II 1999, 502; dazu *Tipke*, Steuerrechtsordnung, Bd. II, 752.

10 BVerfG, Beschluss v. 11.11.1998 – 2 BvL 10/95, BStBl II 1999, 502 (507).

übertragen, da es – der unbestimmten Ausschlussregel zum Trotz[11] – zu vorgenannten Begünstigungen kommt.[12] In der Folge wurde die Befreiung vom BFH verfassungskonform ausgelegt[13] und *Bergkemper* forderte sie im Sinne der Systemgerechtigkeit in Gänze zu streichen.[14] Diese Forderung hat insofern Gewicht, da keine Gründe ersichtlich sind, die die echte Begünstigungswirkung rechtfertigen könnten und eine verfassungskonforme Auslegung kompliziert über den Wortlaut der Norm zu erfolgen hat. Der Gesetzgeber sollte nach alldem zumindest den Normtext in der Weise anpassen, dass die Befreiungswirkung auf die tatsächlich gegenüberstehenden Aufwendungen begrenzt ist.

2. Reise- und Umzugskostenvergütungen aus öffentlichen Kassen (§ 3 Nr. 13)

§ 3 Nr. 13 EStG[15] befreit Reise- und Umzugskostenvergütungen sowie Trennungsgelder, die aus öffentlichen Kassen gezahlte werden. Satz 2 beschränkt die Befreiung für Reisekostenvergütungen und Trennungsgelder auf die Höhe des Pauschbetrages nach § 9 IVa EStG und für Trennungsgelder zusätzlich auf die Höhe der nach § 9 I 3 Nr. 5 EStG abziehbaren Aufwendungen. Reise- und Umzugskostenvergütungen sind die als solche bezeichneten Leistungen, die dem Grunde und der Höhe nach unmittelbar nach Maßgabe der reise- oder umzugskostenrechtlichen Vorschriften des Bundes oder der Länder gewährt werden.[16] Trennungsgelder werden hingegen z. B. nach § 15 BRKG im Fall der Abordnung an einen Ort außerhalb des bisherigen Dienst- und Wohnortes gezahlt. Das Trennungsgeld soll die dadurch entstehenden notwendigen Aufwendungen unter Berücksichtigung der häuslichen Ersparnis abgelten.

---

11 Der Tatbestand versagt die Befreiung nur, wenn die Entschädigung die tatsächlichen Aufwendungen „offenbar übersteigt". Wann dies der Fall ist und ob dies der Finanzverwaltung auffällt, vermag nicht abschließend beurteilt zu werden, vgl. dazu: *Bergkemper*, in: H/H/R, EStG, § 3 Nr. 12, Rz. 18 (Stand: Juni 2019).

12 *v. Beckerath*, in: K/S/M, EStG, § 3, Rz. B 12/29 (Stand: August 2019).

13 So aber BFH, Urteil v. 27.08.2013 – VIII R 34/11, BStBl II 2014, 248.

14 Ebenso: *Bergkemper*, FR 1999, 517 (519).

15 Zuletzt geändert durch G v. 20.2.2013, BGBl. I, 285.

16 R 3.13 (2) S. 1 LStR.

Es deckt damit im Wesentlichen die mit einer doppelten Haushaltsführung verbundenen Kosten ab.[17]

Gemeinsame Befreiungsvoraussetzung ist laut BFH, dass es sich bei jedem der drei erfassten Vergütungsgelder um Werbungskostenersatz handelt.[18] Dies ist mit dem neutralen Wortlaut der Norm vereinbar und ergibt sich insbesondere aus einem Vergleich mit § 3 Nr. 16 EStG.[19] § 3 Nr. 16 EStG befreit identische Vergütungsgelder an Arbeitnehmer außerhalb des öffentlichen Dienstes und enthält im Wortlaut einen klaren Hinweis, die befreiende Wirkung auf den Werbungskostenersatz zu beschränken. Demnach ist die entsprechende Auslegung des BFH für § 3 Nr. 13 EStG richtig, obwohl solch ein klarer Hinweis im Wortlaut dieses Tatbestands fehlt. Die Beschränkung auf Werbungskostenersatz deckt sich indes mit dem Willen des Gesetzgebers, den er im Zuge einer Anpassung der Norm zum Ausdruck gebracht hat. Die Befreiung der Vergütungen beruhe auf der Erwägung, dass „diese zur Abgeltung dienstlich veranlasster Aufwendungen gezahlt werden"[20]. Solch ein Werbungskostenersatz zeichnet sich dadurch aus, dass der Arbeitgeber dem Arbeitnehmer Aufwendungen als Lohnbestandteil ersetzt, die ihrer Natur nach Werbungskosten sind.[21] Darauf aufbauend begrenzt sich der Anwendungsbereich von § 3 Nr. 13 EStG größtenteils auf Einkünfte aus nichtselbstständiger Arbeit gem. § 19 I Nr. 1 EStG.

Befreiungen für Werbungskostenersatz haben in erster Linie vereinfachende Wirkung. Bei der Nachprüfung, ob das Vergütungsgeld Werbungskosten abdeckt, soll nicht kleinlich verfahren und dem Empfänger ein ins Einzelne gehender Nachweis nicht zugemutet werden.[22] Die vereinfachende Wirkung verläuft sich aber, wenn der Werbungskostenersatz der Höhe nach hinter den als Werbungskosten berücksichtigungsfähigen Beträgen zurückbleibt und der Steuerpflichtige diese Differenz dann als Werbungskosten geltend macht.[23] Da sich die Befreiung nur auf Arbeitnehmer begrenzt, stellt sich zudem die Frage nach der Ungleichbehandlung im Verhältnis zu

---

[17] *Bergkemper*, in: H/H/R, EStG, § 3 Nr. 13, Rz. 12 (Stand: Juni 2019).
[18] BFH, Urteil v. 12.4.2007 – VI R 53/04, BStBl. II 2007, 536.
[19] BFH, Urteil v. 12.4.2007 – VI R 53/04, BStBl. II 2007, 536 (537 f.).
[20] BT Drs. 11/2157, 137.
[21] BFH, Urteil v. 12.4.2007 – VI R 53/04, BStBl. II 2007, 536 (538).
[22] BFH, Urteil v. 27.5.1994 – VI R 67/92, BStBl. II 1995, 17 (21).
[23] *v. Beckerath*, in: K/S/M, EStG, § 3, Rz. B 13/30 (Stand: Mai 2015).

den übrigen Einkunftsarten. Der BFH behilft sich in diesem Fall durch eine Ausweitung des Tatbestandes z. B. auf Selbstständige.[24] Statt an dem fragilen Vereinfachungszweck sowie einer unterschiedlichen Auslegung je nach Einzelfall festzuhalten, sollte der Befreiungstatbestand durch eine Anpassung des Wortlauts auf alle Einkunftsarten ausgedehnt werden.

3. Rechtsgrundverweis v. a. auf Nr. 12 u. 13 (§ 3 Nr. 35)

§ 3 Nr. 35 EStG[25] befreit Einnahmen der bei der Deutsche Post AG, Deutsche Postbank AG oder Deutsche Telekom AG beschäftigten Beamten, soweit die Einnahmen ohne Neuordnung des Postwesens und der Telekommunikation nach den Nummern 11 bis 13 und 64 steuerfrei wären. Im Zuge der Neuordnung des Postwesens wollte der Gesetzgeber sicherstellen, dass die bei den Nachfolgeunternehmen der Deutschen Bundespost beschäftigten Beamten steuerrechtlich weiterhin wie unmittelbare Beamte behandelt werden.[26] Zahlungen an Beamte der Nachfolgeunternehmen werden nicht aus öffentlichen Kassen geleistet. Insofern musste mit Nummer 35 eine Verweisnorm auf alle Steuerbefreiungen für öffentlich Bedienstete geschaffen werden, die ihre Wirkung an die Herkunft der Zahlung aus einer öffentlichen Kasse knüpfen.[27] In diesem Lichte macht ein Verweis auf die Nummern 11a, 11b und 11c keinen Sinn, was sich damit erklärt, dass diese Tatbestände erst wesentlich später eingeführt wurden. Der Verweis in § 3 Nr. 35 EStG wäre in diesem Zuge umzuformulieren gewesen, indem nur die Nummern „11, 12 und 13" statt „11 bis 13" genannt werden.

Bei Nummer 35 handelt es sich um eine Rechtsgrundverweisung[28], die somit auf die Nummern 11, 12, 13 und 64 begrenzt ist. Folglich müssten die Befreiungszwecke dieser Nummern auf § 3 Nr. 35 EStG durchgreifen. Mit Nummer 11 werden in erster Linie Hilfen wegen der Hilfsbedürftigkeit des Empfängers befreit, was als Sozialzweckbefreiung einzuordnen ist, wie die Einzelbetrachtung von Nummer 11 gezeigt hat. Für die Nummern 12 und 13 sind hingegen die vorgenannten Vereinfachungszwecke herausgearbeitet

---

24 BFH, Urteil v. 8.10.2008 – VIII R 58/06, BStBl II 2009, 405 (406 f.).

25 In der Fassung des EStG v. 08.10.2009, BGBl. I, 3366 (3374 ff.).

26 BR Drs. 115/94, 123.

27 BT Drs. 15/1562, 32.

28 *Bergkemper*, in: H/H/R, EStG, § 3 Nr. 35, Rz. 1 (Stand: Oktober 2019).

worden, während Nummer 64 den Kaufkraftausgleich im Ausland systemimmanent im Sinne des Leistungsfähigkeitsprinzips befreit. Diese unterschiedlichen Zwecke haben in Nummer 35 nicht denselben Stellenwert. Die Praxisrelevanz der Nummern 12 und 13 ist wesentlich größer als die der Nummern 11 und 64, sodass es sich bei dem Rechtsgrundverweis in Nummer 35 in erster Linie ebenfalls um eine Vereinfachungszweckbefreiung handelt. Die betroffene Einkunftsart lässt sich hingegen direkt aus Nummer 35 ableiten. Der begünstigte Empfängerkreis wird dort nämlich auf beschäftigte Beamte der Deutschen Post AG, Deutschen Postbank AG oder Deutschen Telekom AG beschränkt. Damit sind von § 3 Nr. 35 EStG nur Arbeitnehmer betroffen, die Einkünfte aus nichtselbständiger Arbeit gem. § 19 I Nr. 1 EStG erzielen.

4. Reise- und Umzugskostenvergütungen in der Privatwirtschaft (§ 3 Nr. 16)

§ 3 Nr. 16 EStG[29] befreit Reise- und Umzugskostenvergütungen sowie Vergütungen für Mehraufwendungen bei doppelter Haushaltsführung an Arbeitnehmer außerhalb des öffentlichen Dienstes. Die Befreiung ist auf die Höhe der Aufwendungen begrenzt, die der Vergütung tatsächlich als Werbungskosten gegenüberstehen. Das heißt, Vergütungen sind steuerpflichtig, soweit sie die tatsächlich angefallenen Aufwendungen übersteigen. Bereits die Ausführungen zu § 3 Nr. 13 EStG haben gezeigt, dass sich § 3 Nr. 16 EStG auf den Werbungskostenersatz für Arbeitnehmer außerhalb des öffentlichen Dienstes in den drei genannten Vergütungsvarianten beschränkt. Die Wirkung bezieht sich demnach nur auf Einkünfte aus nichtselbstständiger Arbeit nach § 19 I Nr. 1 EStG.

Zusätzlich gilt auch für § 3 Nr. 16 EStG, dass die Steuerbefreiung von dem Werbungskostenersatz primär das Nachweisverfahren sog. „durchlaufender Posten“ in der Steuererklärung vereinfachen soll.[30] Der Tatbestand entfaltet trotz der Deckelung auf die tatsächlich angefallenen Werbungskosten eine gewisse Begünstigungswirkung. Dieser besteht in der zusätzlich gewährten Freistellung des Werbungskostenpauschbetrag für Arbeitnehmer, wohingegen diese Möglichkeit für nicht begünstigte Arbeitnehmer entfällt, wenn

[29] Zuletzt geändert durch G v. 20.2.2013, BGBl. I, 285.
[30] BFH, Urteil v. 27.5.1994 – VI R 67/92, BStBl. II 1995, 17 (21).

die tatsächlichen Werbungskosten ebendiesen übersteigen.[31] Teils wird diese Begünstigung durch Vereinfachungszwecke als nicht mehr gerechtfertigt angesehen.[32] Das BVerfG hat in diesem Zusammenhang lediglich den Werbungskostenpauschbetrag und nicht § 3 Nr. 16 EStG für verfassungsgemäß erklärt.[33] Im Ergebnis wäre dieser geringe Begünstigungseffekt durch das Zusammenspiel zwischen der Befreiung und dem Werbungskostenpauschbetrag jedoch hinnehmbar, wenn der Vereinfachung ein ausreichendes Gewicht zukommt.

5. Aufwandspauschalen im Ehrenamt (§ 3 Nr. 26b)

§ 3 Nr. 26b EStG[34] stellt Aufwandspauschalen nach § 1878 BGB steuerfrei, soweit sie zusammen mit den steuerfreien Einnahmen im Sinne des § 3 Nr. 26 EStG den Freibetrag nach § 3 Nr. 26 EStG nicht überschreiten. Aus § 1875 I BGB ergibt sich, dass die Aufwandspauschalen nach § 1878 BGB nur ehrenamtliche Betreuer erhalten.

Einkommensteuerlich zählt die Tätigkeit eines Berufsbetreuers nach überzeugender BFH-Rechtsprechung zu Einkünften aus selbständiger Arbeit nach § 18 I Nr. 3 EStG.[35] Aus einem weiteren BFH-Urteil geht hervor, dass die Bezüge eines Betreuers auch zu § 18 I Nr. 3 EStG zählen können, wenn dieser seine Tätigkeit *ehrenamtlich* ausübt.[36] Diese Entscheidung lässt sich jedoch nicht auf die Aufwandspauschalen nach § 1878 BGB übertragen, die von § 3 Nr. 26b EStG befreit werden. In der Entscheidung ging es um einen Betreuer, der nicht mit denen vergleichbar ist, die nach heutiger Rechtslage Aufwandspauschalen nach § 1878 BGB erhalten, sondern mit solchen, die nach dem Vormünder- und Betreuungsvergütungsgesetz (VBVG) vergütet werden.[37] Folglich ist weiten Teilen der Literatur[38] sowie den Argumenten

---

31 Diesen Effekt bereits für § 3 Nr. 12 EStG beschreibend: *v. Beckerath*, in: K/S/M, EStG, § 3, Rz. B 12/22 (Stand: August 2019).

32 *v. Beckerath*, in: K/S/M, EStG, § 3, Rz. B 16/26, m.w.N. (Stand: Mai 2021).

33 BVerfG, Beschluss v. 10.4.1997 – 2 BvL 77/92, BVerfGE 96, 1 (10).

34 Zuletzt geändert durch G. v. 04.05.2021, BGBl. I, 882 (936).

35 BFH, Urteil v. 15.06.2010 – VIII R 10/09, BStBl II 2010, 906 (908).

36 BFH, Urteil v. 17.10.2012 – VIII R 57/09, BStBl II 2013, 799 (800).

37 Dies geht aus dem vorinstanzlichen Urteil hervor: FG Baden-Württemberg v. 24.09.2009 – 3 K 1350/08, Rz. 25.

38 *Tegelkamp/Krüger*, ZErb 2011, 125 (127); *v. Beckerath*, in: K/S/M, EStG, § 3, Rz. B 26b/12 (Stand: April 2022); *Handzik*, in: L/B/P, EStG, § 3, Rz. 1064a (Stand August 2018).

des Gesetzgebers[39] zu folgen. Diese zählen die Aufwandspauschalen nach § 1878 BGB zu den Bezügen gem. § 22 Nr. 3 EStG, da der Tätigkeitsumfang dieser Betreuer weniger als zehn Betreuungen umfasst und sie damit keine sog. Berufsbetreuer sind.[40] Die konstitutive Wirkung von § 3 Nr. 26b EStG ist demnach auf die sonstigen Einkünfte nach § 22 Nr. 3 EStG begrenzt.

Der Gesetzgeber erkannte bei Einführung der Norm, dass die Empfänger dieser Aufwandspauschalen steuerliche Nachteile auch vermeiden könnten, wenn sie den Nachweis der gegenüberstehenden Einzelausgaben betreiben.[41] Dieser bürokratische Mehraufwand soll für ehrenamtliche Betreuer vermieden werden, indem die Aufwandspauschale direkt von der Steuer freigestellt wird.[42] Folglich handelt es sich um eine Vereinfachungszweckbefreiung. Ehrenamtliche Betreuer müssen in der Steuererklärung nicht die Vergütungspauschale und auch nicht die gegenüberstehenden Aufwendungen eintragen. Gleichzeitig müssen diese Eintragungen von keinem Finanzbeamten überprüft werden. Dieser Effekt kippt allerdings in eine Begünstigung für die Betreuer gegenüber anderen Steuerpflichtigen, wenn die tatsächlich gegenüberstehenden Aufwendungen geringer sind als die Aufwandspauschale. Wegen der geringen Höhe der Aufwandspauschalen dürfte dieser Effekt für Nummer 26b verfassungsrechtlich unbedenklich sein.[43] *V. Beckerath* warnt in diesem Kontext aber vor der Zerfaserung des Befreiungskatalogs.[44] Dieser Gedanke sollte durch eine Generalklausel für Ehrenamtler jeder Art aufgegriffen werden, die sich am Vereinfachungsgedanken des Aufwandersatzes orientiert und mit den sozialen Gedanken der Nummern 26 und 26a verbindet.[45]

6. Werkzeuggeld (§ 3 Nr. 30)

§ 3 Nr. 30 EStG[46] befreit das sog. Werkzeuggeld für Arbeitnehmer. Verwendet beispielsweise ein angestellter Bauarbeiter eigenes Werkzeug auf der Baustelle

---

39 BR Drs. 318/1/10, 4.
40 *v. Beckerath*, in: K/S/M, EStG, § 3, Rz. B 26b/12 (Stand: April 2022).
41 BR Drs. 318/1/10, 4.
42 BR Drs. 318/1/10, 4.
43 *v. Beckerath*, in: K/S/M, EStG, § 3, Rz. B 26b/18 (Stand: April 2022).
44 *v. Beckerath*, in: K/S/M, EStG, § 3, Rz. B 26b/18 (Stand: April 2022).
45 *v. Beckerath*, in: K/S/M, EStG, § 3, Rz. B 26b/18 (Stand: April 2022).
46 In der Fassung des EStG v. 08.10.2009, BGBl. I, 3366 (3374 ff.).

oder im Außendienst, kann ihm der Arbeitgeber jeden Monat einen bestimmten Betrag zahlen, welches den Verschleiß dieses Werkzeugs abgelten soll. Die Befreiung greift nicht, wenn das Werkzeuggeld die entsprechenden Aufwendungen des Arbeitnehmers offensichtlich übersteigt. Bereits der Wortlaut der Befreiung ist auf Arbeitnehmer zugeschnitten. Passend dazu handelt es sich um steuerpflichtigen Arbeitslohn, wenn der Arbeitgeber Abnutzung eines Gegenstandes kompensiert, der im Eigentum des Arbeitnehmers steht und die Abnutzung betrieblich veranlasst ist.[47] Folglich ist der Wirkungsbereich der Norm auf § 19 I Nr. 1 EStG begrenzt.

Der Gesetzgeber sieht den Zweck der Befreiung in der dadurch geförderten Senkung der Betriebskosten des Arbeitgebers, der Vereinfachung der betrieblichen Lohnabrechnung sowie der Vermeidung einer Steuerbelastung für die Arbeitnehmer.[48] Darin verbinden sich Vereinfachungs- und Sozialzwecke. Im Licht einer etwaigen Rechtfertigungsprüfung würde aber der Vereinfachungszweck dominieren. Zunächst fallen für Werkzeuge verhältnismäßig geringe Anschaffungskosten an, sodass sich die Wahl auf den Begriff „Werkzeug“ in seinem engen Sinn als handwerkliches Arbeitsgerät ergibt.[49] Nur bei geringwertigen Wirtschaftsgütern wären die Anschaffungskosten gem. § 9 II Nr. 7 S. 2 EStG i. V. m. § 6 II 1 EStG sofort abzugsfähig und nicht über einen längeren Zeitraum abzuschreiben, sodass § 3 Nr. 30 EStG beispielsweise nicht auf ein Instrumentengeld anwendbar ist, das für abschreibungspflichtige hochwertige Instrumente gezahlt wird.[50] Die Begrenzung auf – meist geringwertige – Werkzeuge ermöglicht demnach eine echte Vereinfachung, da das Werkzeuggeld sonst einen „durchlaufenden Posten“ in der Steuererklärung des Arbeitnehmers darstellen würde. Dem Werkzeuggeld stünde der sofortige Abzug der Anschaffungskosten des Werkzeugs als geringwertiges Wirtschaftsgut gegenüber.

---

47 BFH, Urteil v. 21.08.1995 – VI R 30/95, BStBl. II 1995, 906 (907).

48 BT Drs. 11/4803, 17.

49 BFH, Urteil v. 21.08.1995 – VI R 30/95, BStBl. II 1995, 906 (908).

50 BFH, Urteil v. 21.08.1995 – VI R 30/95, BStBl. II 1995, 906 (908).

7. Überlassung von Berufskleidung (§ 3 Nr. 31)

§ 3 Nr. 31 EStG[51] stellt in der ersten Alternative die unentgeltliche oder verbilligte Überlassung von Berufskleidung des Arbeitgebers an den Arbeitnehmer frei. In der zweiten Alternative werden entsprechende Barablösungen befreit. Der typische Fall solch einer Barablösung liegt vor, wenn der Arbeitnehmer sich die typische Berufskleidung eigens beschafft und ihm diese Aufwendungen vom Arbeitgeber ersetzt werden.[52]

Die Steuerbarkeit wird hinsichtlich der beiden Alternativen unterschiedlich beurteilt. Weite Teile der Literatur sehen in der Überlassung von Berufsbekleidung keinen steuerbaren Arbeitslohn.[53]Auch laut BFH liegt aus Sicht des Arbeitnehmers in solch einer Überlassung kein geldwerter Vorteil vor. Vielmehr steht das eigenbetriebliche Interesse des Arbeitgebers in Form des einheitlichen Erscheinungsbilds aller Mitarbeiter im Vordergrund.[54] Im Gegensatz dazu wirkt die zweite Alternative von § 3 Nr. 31 EStG konstitutiv im Bereich der Einkünfte aus nichtselbstständiger Arbeit gem. § 19 I Nr. 1 EStG, da es sich um einen Fall des Werbungskostenersatzes handelt.[55] Schließlich sind erstattete Aufwendungen gem. § 8 I 2 EStG den Einnahmen der betroffenen Einkunftsart zuzuordnen.[56] *V. Beckerath* arbeitet heraus, dass auch bei überlassender Berufskleidung, also in der ersten Alternative von § 3 Nr. 31 EStG steuerpflichtiger Arbeitslohn vorliegen kann, zum Beispiel, wenn besonders hochwertige Kleidung überlassen wird.[57] Zusammenfassend kann § 3 Nr. 31 EStG in beiden Alternativen konstitutiv wirken. Die betroffene Einkunftsart ist jeweils § 19 I Nr. 1 EStG.

Der Zweck der Befreiung liegt in der Vereinfachung der Steuererklärung betroffener Arbeitnehmer sowie im Lohnsteuerverfahren, welches diesen betrifft. Der Arbeitnehmer hat die ersetzen Aufwendungen nicht in der

---

51 In der Fassung des EStG v. 08.10.2009, BGBl. I, 3366 (3374 ff.).

52 R 3.31 (2) LStR.

53 *Valta*, in: Brandis/Heuermann, EStG, § 3 Nr. 31, Rz. 1 (Stand: November 2020); *Tormöhlen*, in: Korn, EStG, § 3 Nr. 31, Rz. 5 (Stand: April 2015); *Handzik*, in: L/B/P, EStG, § 3, Rz. 1171 (Stand August 2018); *Bergkemper*, in: H/H/R, EStG, § 3 Nr. 31, Rz. 1 (Stand: Oktober 2019).

54 BFH, Urteil v. 22.06.2006 – VI R 21/05, BStBl. II 2006, 915 (917).

55 *Thomas*, in: StbJb 1990/91, 183 (197).

56 Dazu: *Kister*, in: H/H/R, EStG, § 8, Rz. 51 (Stand: Februar 2021).

57 *v. Beckerath*, in: K/S/M, EStG, § 3, Rz. B 31/6, m.w.N. (Stand: Mai 2023).

Steuererklärung anzugeben und der Arbeitgeber muss entsprechende Vorgänge nicht dem Lohnsteuerabzug unterwerfen.[58]

8. Werbungskostenersatz nach dem SGB III (§ 3 Nr. 2 lit. a) Var. 7)

Der Tatbestand des § 3 Nr. 2 lit. a) EStG[59] befreit in der siebten Variante übrige Leistungen nach dem SGB III an Arbeitnehmer oder Arbeitssuchende sowie zur Förderung der Aus- oder Weiterbildung oder Existenzsicherung. Ebenfalls befreit werden die vorgenannten Leistungen, wenn sie aus entsprechenden Programmen des Bundes und der Länder gewährt werden. Da der Tatbestand als dynamischer Verweis auf das SGB III ausgestaltet ist, werden diverse weitere sozialrechtliche Leistungen zur Arbeitsförderung von der Einkommensteuer befreit. Allein als Leistungen an Arbeitnehmer oder Arbeitssuchende existieren im SGB III sog. Beratungs- und Vermittlungsleistungen gem. §§ 29 ff. SGB III, die Kostenübernahme gem. §§ 44 ff. SGB III sowie befristete Leistungen gem. §§ 130 ff. SGB III[60].

Die in §§ 29 ff. SGB III geregelten Beratungs- und Vermittlungsleistungen dienen in erster Linie der Berufsorientierung und Perspektivfindung jugendlicher und erwachsener Menschen.[61] Diese Leistungen haben zwar einen gewissen Wert für die empfangende Person, sind einkommensteuerrechtlich aber der privaten Sphäre des Empfängers zuzurechnen. Die so erhaltene Leistung unterfällt demnach keiner Einkunftsart des EStG. Das BVerfG hat bereits ausgeführt, dass der Berufseinstieg eine besondere Nähe zur Persönlichkeitsentwicklung aufweist und der Gesetzgeber Kosten der Erstausbildung demnach nicht als Erwerbsaufwendungen behandeln muss.[62] Als Reflex dieses Ergebnisses ergibt sich: Leistungen, die zwar im Gesamtkontext der Berufsfindung dienen, aber noch keiner konkreten Einkunftsquelle zugeordnet werden können, gehören zur privaten Sphäre und sind damit nach dem EStG nicht steuerbar.

Gem. § 44 SGB III bezuschusst die BA Kosten, die im Rahmen der Anbahnung oder der Aufnahme eines konkreten bzw. zumindest hinreichend

58 *v. Beckerath*, in: K/S/M, EStG, § 3, Rz. B 31/17 (Stand: Mai 2023).
59 In der Fassung des G. v. 25.7.2014, BGBl. I, 1266 (1279).
60 Aktuell nur § 131a SGB III.
61 BT Drs. 13/4941, 159.
62 BVerfG, Beschluss v. 19.11.2019 – 2 BvL 22/14, BVerfGE 152, 274, Rz. 115 ff.

konkretisierten Arbeitsverhältnisses bestehen.[63] So werden auf dieser Grundlage beispielsweise Bewerbungskosten oder Kosten für die Arbeitskleidung ersetzt.[64] Die BA übernimmt mithin regelmäßig Aufwendungen, die beim Empfänger (vorab entstandene) Werbungsosten gem. § 9 EStG dargestellt hätten. Nach § 8 I 2 EStG führen erstattete Werbungskosten stets zu Einnahmen aus der betroffenen Einkunftsart.[65] Dies gilt auch, wenn der Rückfluss von Dritter Seite erfolgt.[66] Folglich wirkt § 3 Nr. 2 lit. a) Var. 7 EStG konstitutiv, wenn der Werbungskostenersatz der BA an Arbeitnehmer freigestellt wird. Die Befreiung hat primär eine vereinfachende Wirkung. Es werden Bezüge von der Steuer freigestellt, denen ohnehin abzugsfähige Aufwendungen in identischer Höhe gegenüberstehen.[67]

Auch die übrigen, von § 3 Nr. 2 lit. a) Var. 7 EStG befreiten Leistungen werden im Binnenbereich von abstrakter Berufsfindungsphase bis hin zur konkreten Bewerbungsphase gewährt. Liegt der Leistungszeitpunkt in der Phase, in dem sich eine Erwerbstätigkeit noch nicht hinreichend bestimmen lässt, ist die private Sphäre betroffen und es liegen keine Einkünfte des EStG vor. § 3 Nr. 2 lit. a) Var. 7 EStG wirkt in diesen Fällen klarstellend. Erfolgt die Leistung hingegen als Werbungskostenersatz in einer konkreten Bewerbungsphase, liegt darin zunächst eine Einnahme aus § 19 I Nr. 1 EStG vor und § 3 Nr. 2 lit. a) Var. 7 EStG wirkt konstitutiv als Vereinfachungsnorm. Soweit Leistungen zur Arbeitsförderung nach dem SGB III nicht als Werbungskostenersatz, sondern z. B. als Prämie oder Ausbildungsgeld geleistet werden, liegt keine vereinfachende Wirkung vor. Solche Freistellungen ließen sich ggf. durch Sozialzwecke rechtfertigen, die der Gesetzgeber zu benennen hat. Vorgeschaltet würden Prämien und Ausbildungsgelder als öffentliche Zuschüsse indes auch zu Einkünften aus § 19 I Nr. 1 EStG führen.

---

63 *Herbst*, in: Schlegel/Voelzke, SGB III, § 44, Rz. 100 u. 106 (Stand: März 2023).

64 *Herbst*, in: Schlegel/Voelzke, SGB III, § 44, Rz. 225 (Stand: März 2023).

65 Dazu: *Kister*, in: H/H/R, EStG, § 8, Rz. 51 (Stand: Februar 2021).

66 *Kreft und Bergkemper*, in: H/H/R, EStG, § 9, Rz. 85 u. 90, m.w.N. (Stand: Oktober 2020).

67 Zusätzlich besteht ein Begünstigungseffekt und damit eine „echte Steuerbefreiung". Dieser besteht in der zusätzlich gewährten Freistellung des Werbungskostenpauschbetrag, wohingegen diese Möglichkeit für nicht begünstigte Arbeitnehmer entfällt, wenn die tatsächlichen Werbungskosten ebendiesen übersteigen, diesen Effekt für § 3 Nr. 12 EStG beschreibend, *v. Beckerath*, in: K/S/M, EStG, § 3, Rz. B 12/22 (Stand: August 2019).

Sie sind nämlich akzessorisch an Teilnahmeleistungen des Empfängers (z. B. an Ausbildungsmaßnahmen)[68] geknüpft, sodass der Empfänger mit dieser Teilnahmeleistung erst die Voraussetzungen für die Zuschusserlangung erfüllt. In solch einer Zweckbindung ist eine ausreichende einkommensteuerrechtliche Veranlassung zwischen der nichtselbstständig ausgeübten Teilnahme an der Ausbildungsleistung und dem Zuschuss zu sehen.[69] Kein Arbeitslohn liegt indes vor, wenn die Zuschüsse im ganz überwiegenden eigenbetrieblichen Interesse des Arbeitgebers liegen.[70]

Die übrigen befreiten Leistungen zur Förderung der Aus- oder Weiterbildung oder Existenzsicherung treten in Form der Förderung der Ausbildung[71] sowie zur Förderung der beruflichen Weiterbildung[72] auf. Zusätzlich wird das Ausbildungsgeld gem. §§ 122 ff. SGB III an behinderte Menschen befreit. Ob auch bestimmte Leistungen des SGB IX unter den Befreiungstatbestand gefasst werden können, ist umstritten.[73] Im Ergebnis sind nur solche Leistungen des SGB IX unter § 3 Nr. 2 lit. a) EStG zu fassen, die nach Ihrer Ausgestaltung eigentlich dem SGB III zugehörig sind und nur durch redaktionelle Ungenauigkeiten des Gesetzgebers in das SGB IX gelangt sind. Mit befreit sind demnach insbesondere Gelder, die Menschen mit Behinderungen oder von Behinderung bedrohten Menschen nach den §§ 65 bis 72 SGB IX gezahlt werden.[74]

Da der Tatbestand als dynamischer Verweis auf das Leistungsrecht ausgestaltet ist, sind auch künftige sozialrechtliche Maßnahmen zur Arbeitsförderung miterfasst. Demnach kann sich die hier vorgenommene als teils klarstellende und teils vereinfachende Befreiung auf Dauer ändern. Die Betrachtung einzelner aktuell bestehender „übriger Leistungen nach dem SGB III" hat aufgezeigt, dass die Abgrenzung von der abstrakten Berufsfindungsphase (private Sphäre) zu der konkreten Bewerbungsphase

---

68 Das Ausbildungsgeld gem. § 122 I SGB III.

69 *Nieland*, DStZ 1986, 216 (217).

70 Zum Merkmal des ganz überwiegenden Eigeninteresses eingehend: *Schneider*, FR 2015, 791.

71 Gem. §§ 48 ff.; 51 ff.; 56 ff. u. 73 ff. SGB III.

72 Gem. §§ 81 ff. SGB III.

73 Bejahend: R 3.2 (4) LStR; zweifelnd: *Handzik*, in: L/B/P, EStG, § 3, Rz. 117r (Stand: Juni 2018).

74 R 3.2 (4) LStR.

(berufliche Sphäre) äußerst kompliziert ist. Die Abgrenzung würde demnach im Rahmen von Steuererklärungen erhebliche Ermittlungsschwierigkeiten für Steuerpflichtige sowie die Finanzämter mit sich bringen. Ein weiterer Zweck von § 3 Nr. 2 lit. a) Var. 7 EStG besteht also in der Vorbeugung dieser Abgrenzung und wirkt vereinfachend für das Besteuerungsverfahren.

9. Kostenersatz nach dem SGB II (§ 3 Nr. 2 lit. d)

§ 3 Nr. 2 lit. d) EStG[75] befreit Leistungen zur Sicherung des Lebensunterhalts und zur Eingliederung in Arbeit nach dem SGB II. Bei den befreiten Leistungen „zur Sicherung des Lebensunterhalts" handelt es sich um solche gem. §§ 19 bis 34c SGB II.[76] Die Leistungen „zur Eingliederung in Arbeit" regelt das SGB II in den §§ 14 bis 18e.[77] Es ist fraglich, ob die Einschränkung des Empfängerkreises auf Arbeitnehmer aus § 3 Nr. 2 lit. a) EStG auf lit. d) übertragbar ist. Da beispielsweise § 16e SGB II auch Zuschüsse an Arbeitgeber ermöglicht[78], ist die Bestimmung des begünstigten Empfängerkreises für § 3 Nr. 2 lit. d) EStG relevant. Das Hessische FG hat die Einschränkung des Empfängerkreises auf eine Vorgängerregel[79] des Befreiungstatbestands übertragen. Dafür spräche erstens der Verweis auf das SGB II, welches gerade die Leistungen zur Grundsicherung für *Arbeitssuchende* zusammenfasse.[80] Normen wie § 16e SGB II zeigen jedoch, dass im SGB II nicht nur Arbeitssuchende als Begünstigte zu finden sind. Die Befreiung kann demnach nicht nur für Leistungen an Arbeitnehmer gelten, weil der Gesetzgeber auf das SGB II verweist.

Das Hessische FG führt zusätzlich den ergänzenden Charakter der Befreiung von Leistungen nach dem SGB II als Folgeänderung zur Befreiung von Leistungen nach dem SGB III *an Arbeitnehmer* an.[81] Demnach sei die Einschränkung der Grundregel aus systematischer und teleologischer Sicht auch

---

75 In der Fassung des G. v. 25.7.2014, BGBl. I, 1266 (1279).

76 *Valta*, in: Brandis/Heuermann, EStG, § 3 Nr. 2, Rz. 7 (Stand: Dezember 2022).

77 *v. Beckerath*, in: K/S/M, EStG, § 3, Rz. B 2/97 (Stand: Mai 2021).

78 *Waltermann*, in: Sozialrecht, Rz. 520.

79 Die Befreiung der Leistungen zur Sicherung des Lebensunterhalts und zur Eingliederung in Arbeit nach dem SGB II war zunächst in § 3 Nr. 2b EStG geregelt und wurde erst 2014 durch das G v. 25.7.2014, BGBl I 2014, 1266 nach § 3 Nr. 2 lit. d) EStG übernommen.

80 Hessisches FG, Urteil v. 13.02.2013 – 4 K 1346/11, EFG 2013, 764 (765).

81 Hessisches FG, Urteil v. 13.02.2013 – 4 K 1346/11, EFG 2013, 764 (765).

auf die folgende Ergänzungsvorschrift anzuwenden.[82] Auch diese Argumente lassen keine Einschränkung des Empfängerkreises für die Steuerfreistellung zu. Jeder Befreiungstatbestand ist zunächst individuell anhand des Wortlautes auszulegen. Dem Wortlaut des § 3 Nr. 2 lit. d) EStG sowie dessen Vorgängerregeln sind keine Anhaltspunkte für eine Beschränkung auf Arbeitnehmer zu entnehmen; insbesondere der Verweis auf das SGB II stellt kein entsprechendes Indiz dar. Zusätzlich knüpft § 3 Nr. 2 lit. d) EStG mit dem SGB II gerade an ein anderes Leistungsgesetz im Vergleich zu § 3 Nr. 2 lit. a) EStG an. Hier ein künstliches Verhältnis von Grund- zu Ergänzungstatbestand herzustellen, ist verfehlt. Sollte der Gesetzgeber andere Vorstellungen haben, müssen sich diese im Gesetzeswortlaut abzeichnen. § 3 Nr. 2 lit. d) EStG befreit demnach auch Leistungen nach dem SGB II für Arbeitgeber.[83]

Der Tatbestand wirkt nach alldem nicht nur klarstellend, da Betriebseinnahmen vorliegen, wenn einem Arbeitgeber Betriebsausgaben ersetzt werden.[84] Die Folge, dass die Betriebsausgaben dann nach § 3c I EStG nicht mehr abgezogen werden dürfen, macht die zuvor konstitutive Wirkung der Steuerbefreiung nicht rückgängig. Zusätzlich können Leistungen nach dem SGB II auch zu steuerpflichtigen Einkünften führen, wenn andere Empfänger als Arbeitsgeber vorliegen. Die sog. aktiven Leistungen zur Eingliederung in Arbeit nach §§ 14 bis 18e SGB II umfassen z. B auch Leistungen, die auf den Erhalt der Erwerbsfähigkeit des Empfängers abzielen.[85] So kann es gem. § 16 I 2 Nr. 2 SGB II i. V. m. § 44 SGB III zum Ersatz von Kosten für die Arbeitskleidung eines sich anbahnenden Arbeitsverhältnisses kommen. Dies stellt den Ersatz von Werbungskosten dar, was beim Empfänger wiederum zu Einkünften aus nichtselbstständiger Arbeit gem. § 19 I Nr. 1 EStG führt.[86] Die Befreiung hat primär eine vereinfachende Wirkung. Es werden Bezüge von der Steuer freigestellt, denen ohnehin abzugsfähige Aufwendungen

---

82 Hessisches FG, Urteil v. 13.02.2013 – 4 K 1346/11, EFG 2013, 764 (765).

83 A.A.: Hessisches FG, Urteil v. 13.02.2013 – 4 K 1346/11, EFG 2013, 764 (765); *Bergkemper*, in: H/H/R, EStG, § 3 Nr. 2, Rz. 6 (Stand: April 2021); offen gelassen durch: BFH, Urteil v. 29.08.2017 – VIII R 17/13, BStBl II 2018, 408, Rz. 31.

84 Dies ergibt sich aus § 8 I 2 EStG, vgl. dazu: *Kister*, in: H/H/R, EStG, § 8, Rz. 51 (Stand: Februar 2021).

85 *Waltermann*, in: Sozialrecht, Rz. 520.

86 Dies ergibt sich aus § 8 I 2 EStG, vgl. dazu: *Kister*, in: H/H/R, EStG, § 8, Rz. 51 (Stand: Februar 2021).

in Form von Betriebsausgaben oder Werbungskosten in identischer Höhe gegenüberstehen.[87]

Auch die sog. passiven Leistungen zur Eingliederung in Arbeit gem. §§ 19 bis 34c SGB II könnten ohne die Befreiung zu steuerpflichtigen Einkünften führen. Das nach §§ 19 ff. SGB II gezahlte Bürgergeld zählt nicht zu den Einkünften gem. § 24 Nr. 1 lit. a) EStG i. V. m. § 19 I Nr. 1 EStG. Dafür fehlt es bereits an einem ursprünglichen Arbeitsverhältnis, für das kompensierende Lohnersatzleistungen vorliegen könnten. Bürgergeld wird gerade nach den allgemeinen Leistungsvoraussetzungen der §§ 7 ff. SGB II unabhängig von einer vorigen Beschäftigung des Empfängers gezahlt. Das Bürgergeld könnte von § 22 Nr. 1 S. 1 Hs. 1 EStG erfasst sein. Der Wortlaut setzt lediglich wiederkehrende Bezüge voraus, was bereits erfüllt ist, wenn Bezüge mit einer *gewissen Regelmäßigkeit* zufließen.[88] Bürgergeld fließt den Begünstigten monatlich zu und entspricht demnach grundsätzlich dem Wortlaut von § 22 Nr. 1 S. 1 Hs. 1 EStG. Allerdings soll der Tatbestand wegen des zu weiten Wortlautes anhand normativer Grundaussagen des § 2 I EStG einschränkend ausgelegt werden.[89] Für staatliche Transferleistungen zieht *P. Kirchhof* die Markteinkommenstheorie heran, um eine Besteuerung dieser Leistungen generell abzulehnen.[90] Darauf aufbauend wäre auch der weite Tatbestand von § 22 Nr. 1 S. 1 Hs. 1 EStG einschränkend so auszulegen, dass staatliche Transferleistungen wie das Bürgergeld nicht darunter zu fassen sind. Wegen der Freistellung des Bürgergeldes von der Einkommensteuer in § 3 Nr. 2 lit. d) EStG kommt dieser Auslegungsfrage ohnehin keine Relevanz zu. *Fischer* beschreibt die Wirkung von § 3 EStG auf § 22 EStG in anderem Zusammenhang aber gleichwohl auf diesen Fall übertragbar wie folgt: § 22 EStG verbleibt wegen zahlreicher Befreiungen in § 3 EStG kein

---

87 Zusätzlich besteht bei Einkünften gem. § 19 I Nr. 1 EStG ein Begünstigungseffekt und damit eine „echte Steuerbefreiung". Dieser besteht in der zusätzlich gewährten Freistellung des Werbungskostenpauschbetrag, wohingegen diese Möglichkeit für nicht begünstigte Arbeitnehmer entfällt, wenn die tatsächlichen Werbungskosten ebendiesen übersteigen, diesen Effekt für § 3 Nr. 12 EStG beschreibend, *v. Beckerath*, in: K/S/M, EStG, § 3, Rz. B 12/22 (Stand: August 2019).

88 *Nacke*, in: Brandis/Heuermann, EStG, § 22, Rz. 29, m.w.N. (Stand: Dezember 2022).

89 *Neudenberger/Wernsmann*, in: K/S/M, EStG, § 22, Rz. B 72, m.w.N. (Stand: November 2021).

90 *P. Kirchhof*, in: K/S/M, EStG, § 2, Rz. A 668 u. 673 (Stand: Mai 2002), siehe auch: *Mellinghoff*, StVj 1989, 130 (141).

relevanter Anwendungsbereich mehr.[91] Die Befreiung des Bürgergeldes verfolgt damit entweder den sinnvollen klarstellenden Zweck zur Beendigung der Diskussion um die vorgenannte Auslegung des § 22 Nr. 1 S. 1 Hs. 1 EStG oder wirkt insoweit systemimmanent konstitutiv. Für die betroffenen sonstigen Einkünfte muss also kein zusätzlicher Vereinfachungszweck gefunden werden. Soweit der Wirkungsbereich der Norm Gewinneinkünfte des Arbeitgebers oder Einkünfte aus nichtselbständiger Arbeit betrifft, bleibt es bei der erörterten vereinfachenden Wirkung.

II. Ersatz von Sonderausgaben

1. Beitragszahlungen der Künstlersozialkasse (§ 3 Nr. 57)

§ 3 Nr. 57 EStG[92] befreit Zahlungen der Künstlersozialkasse von der Einkommensteuer. Der Wortlaut der Befreiung erstreckt sich auf Zahlungen der Sozialkasse in zwei Alternativen. Erstens bezieht sich die Norm auf den Vorgang, dass die Sozialkasse Beiträge des Künstlers zu Sozialversicherungen direkt an einen Träger der Sozialversicherung bezahlt. Die zweite Alternative betrifft den Fall, dass die Sozialkasse die entsprechenden Beiträge an den Künstler zahlt und diese von dem Künstler an die Sozialversicherung weitergeleitet werden. Dieser zweiten Alternative kommt kaum praktische Bedeutung zu, da die Beiträge von der Künstlersozialkasse als Beitragsschuldner direkt an die Träger der Sozialversicherung zu zahlen sind.[93] Die Künstlersozialkasse hat nach § 169 Nr. 2 SGB VI die Beiträge zur Rentenversicherung und nach § 251 III SGB V die Beiträge zur Kranken- und Pflegeversicherung an die Träger der Sozialversicherung zu zahlen.[94] Direkt an den Künstler zahlt die Sozialkasse lediglich einen Beitragszuschuss nach den §§ 10, 10a KSVG in dem Ausnahmefall, dass dieser von der Krankenversicherungspflicht befreit ist und freiwillig in der gesetzlichen oder in der privaten Krankenversicherung versichert ist.[95]

---

[91] *Fischer*, in: Kirchhof/Seer, EStG, § 22, Rz. 9.
[92] In der Fassung des EStG v. 08.10.2009, BGBl. I, 3366 (3374 ff.).
[93] *Bergkemper*, in: H/H/R, EStG, § 3 Nr. 57, Rz. 2 (Stand: Oktober 2019).
[94] *v. Beckerath*, in: K/S/M, EStG, § 3, Rz. B 57/20 (Stand: Februar 2004).
[95] *v. Beckerath*, in: K/S/M, EStG, § 3, Rz. B 57/21 (Stand: Februar 2004).

Für den Regelfall, dass die Künstlersozialkasse direkt an die Träger der Sozialversicherung zahlt, wirkt § 3 Nr. 57 EStG rein klarstellend. Die Sozialkasse begleicht eine eigene Schuld und dem Künstler erwächst daraus keine steuerbare Einnahme, die ihm insbesondere nicht im Sinne des § 11 I EStG zufließt.[96] Künstler dürften ihren Gewinn im Wege der Einnahme-Überschuss-Rechnung gem. § 4 III EStG ermitteln, sodass das Zu- und Abflussprinzip nach § 11 EStG gilt. Im seltenen Fall der direkten Bezuschussung des Künstlers wäre der Zuschuss ohne die Befreiung als Einnahme aus selbständiger Arbeit (§ 18 I Nr. 1 EStG) zu erfassen. Zunächst fließt der Zuschuss dem Künstler zu. Dieser Zufluss ist auch betrieblich veranlasst, da die berufliche Eigenschaft als selbstständiger Künstler eine wesentliche Zuschussvoraussetzung nach §§ 10, 10a KSVG ist. Mithin besteht ein objektiver wirtschaftlicher Zusammenhang zwischen dem Zuschuss und der selbständigen Tätigkeit.[97]

Für den Zweck dieses konstitutiven Wirkungsbereichs der Befreiung ist zu erkennen, dass der zunächst steuerpflichtige Zuschuss im selben Veranlagungszeitraum als Sonderausgaben gem. § 10 I Nr. 2 lit. a) und Nr. 3 EStG steuerlich abzugsfähig ist. Der Befreiung kommt also eine vereinfachende Wirkung zu, da es sich bei dem Zuschuss sonst um einen „durchlaufenden Posten“ in der Steuererklärung des Künstlers handeln würde. In einigen Fällen wirkt die Norm allerdings wie beschrieben rein klarstellend. Wovon der Gesetzgeber bei Einführung der Norm ausging, ist offen, da er lediglich oberflächlich beschreibt, dass § 3 Nr. 57 EStG die Befreiung für entsprechende Zahlung klarstelle[98] und nicht zwischen den beiden Alternativen unterscheidet bzw. nicht zwischen den potenziell betroffenen Einkunftsarten differenziert.

2. Freiwillige Zuschüsse des Arbeitgebers zur Zukunftssicherung (§ 3 Nr. 62 S. 2)

§ 3 Nr. 62 S. 2 EStG befreit Zuschüsse, die der Arbeitgeber ohne gesetzliche Verpflichtung – also freiwillig – zu bestimmten Versicherungen des

96 *v. Beckerath*, in: K/S/M, EStG, § 3, Rz. B 57/4 (Stand: Februar 2004); die Norm gänzlich als klarstellend einstufend *Bergkemper*, in: H/H/R, EStG, § 3 Nr. 57, Rz. 2 (Stand: Oktober 2019).

97 Zu einem ähnlich gelagerten Zuschuss BFH, Urteil v. 15.02.1990 – IV R 13/89, BStBl. II 1990, 621 (622).

98 BT Drs. 8/4031, 5.

Arbeitnehmers leistet.[99] Im Wortlaut der Norm werden die Versicherungen aufgelistet, zu denen steuerfreie Zuschüsse in Betracht kommen. Steuerfrei sind Zuschüsse an die Lebensversicherung, die gesetzliche Rentenversicherung und an die öffentlich-rechtliche Versicherungs- oder Versorgungseinrichtung der Berufsgruppe des Arbeitnehmers. Als weitere Voraussetzung schreibt das Gesetz vor, dass der Arbeitnehmer von der Versicherungspflicht in der gesetzlichen Rentenversicherung befreit worden sein muss. „Befreit" bedeutet hier, dass der Arbeitnehmer auf Antrag und der darauffolgenden Entscheidung einer Behörde aus der Versicherungspflicht entlassen worden ist.[100] Die Steuerbefreiung soll hingegen nicht greifen, wenn der Arbeitnehmer kraft Gesetzes in der gesetzlichen Rentenversicherung versicherungsfrei ist.[101]

Satz 2 der Norm beschreibt die Umstände, unter denen die Zuschüsse geleistet werden müssen, ausdrücklich so, dass der Arbeitgeber diese „zu den Aufwendungen des Arbeitnehmers" leistet. Daraus ergibt sich, dass für den Arbeitnehmer eine eigene Beitragspflicht bestehen muss, die der Arbeitgeber bezuschusst.[102] Schuldrechtlich übernimmt der Arbeitgeber eine Verpflichtung des Arbeitnehmers im Sinne des abgekürzten Zahlungswegs. Der Arbeitgeber könnte dem Arbeitnehmer den Zuschuss auch als Teil des Arbeitslohns auszahlen und dieser verwendet diesen dann für die von § 3 Nr. 62 S. 2 EStG genannten Versicherungen. Die freiwillig geleisteten Zuschüsse wären also ohne die Befreiung steuerpflichtiger Arbeitslohn.[103] Dem Zuschuss kommt insbesondere auch Entlohnungscharakter zu, da die Zukunftssicherung des Arbeitnehmers in erster Linie in dessen Eigeninteresse liegt und damit ein ganz überwiegendes eigenbetriebliches Interesse des Arbeitgebers nicht in Betracht kommt.[104] § 3 Nr. 62 S. 2 EStG wirkt demnach konstitutiv im Bereich der Einkünfte aus nichtselbständiger Arbeit gem. § 19 I Nr. 1 EStG. Für den

---

99 *Tormöhlen*, in: Korn, EStG, § 3 Nr. 62, Rz. 23 (Stand: Januar 2023); *Bergkemper*, in: H/H/R, EStG, § 3 Nr. 62, Rz. 6 (Stand: Oktober 2019).

100 *Bergkemper*, in: H/H/R, EStG, § 3 Nr. 62, Rz. 6 (Stand: Oktober 2019); *v. Beckerath*, in: K/S/M, EStG, § 3, Rz. B 62/69 (Stand: März 2018).

101 BFH, Urteil v. 09.10.1992 – VI R 47/91, BStBl. II 1993, 169 (170).

102 BFH, Urteil v. 02.12.2014 – VIII R 40/11, BStBl. II 2016, 675 (680); *Niklaus*, in: K/K/R, EStG, § 3 Nr. 62, Rz. 96.

103 Mit derselben Begründung *v. Beckerath*, in: K/S/M, EStG, § 3, Rz. B 62/12 (Stand: März 2018); im Ergebnis ebenso *Bergkemper*, in: H/H/R, EStG, § 3 Nr. 62, Rz. 3 (Stand: Oktober 2019), m.w.N.

104 BFH, Urteil v. 07.05.2009 – VI R 8/07, BStBl. II 2010, 194 (197).

Zweck dieses konstitutiven Wirkungsbereichs ist der Zusammenhang mit Sonderausgaben der Arbeitnehmer zu erkennen: Würde man die Zuschüsse als steuerpflichtigen Arbeitslohn erfassen, stünde dem Arbeitnehmer im selben Veranlagungszeitraum ein Sonderausgabenabzug zu.[105] Durch die Befreiung wird also Erfassungs- bzw. Erklärungsaufwand in doppelter Hinsicht vermieden, was in erster Linie für eine vereinfachende Wirkung der Norm spricht.

3. Zuschüsse zur Krankenversicherung für Rentner (§ 3 Nr. 14)

§ 3 Nr. 14 EStG[106] befreit Zuschüsse eines Trägers der gesetzlichen Rentenversicherung zur Krankenversicherung eines Rentners sowie den Eigeneanteil der gesetzlichen Rentenversicherung an der Krankenversicherung eines Rentners. In der Folge ist zwischen Zuschuss und Eigenanteil der gesetzlichen Rentenversicherung zu unterscheiden. Der Zuschuss richtet sich insbesondere nach § 106 SGB VI und wird als eigene Leistung aus der gesetzlichen Rentenversicherung zusätzlich zur eigentlichen Rente gezahlt.[107] Leistungsberechtigt sind nur freiwillig gesetzlich oder privat krankenversicherte Rentner und der Zuschuss soll einen Nachteilsausgleich gegenüber den Rentnern bewirken, bei denen die Rentenversicherung die Hälfte des Beitrages zahlt.[108] Der hälftige Anteil wird von der Rentenversicherung gem. § 249a SGB V nur bei Pflichtkrankenversicherten übernommen und wird von der zweiten Alternative des § 3 Nr. 14 EStG von der Steuer befreit.

Der Zuschuss zählt zu den von § 22 Nr. 1 S. 3 lit. a) Doppelbuchst. aa) EStG erfassten anderen Leistungen. Als eigene Leistung der Rentenversicherung beruhen sie auf den Beiträgen, die der Steuerpflichtige in das Versorgungswerk bzw. die gesetzliche Rentenversicherung als Basisversorgung eingezahlt hat, was das wesentliche Merkmal der *anderen Leistungen* dieses Einkunftstatbestandes ist.[109] § 3 Nr. 14 Alt. 1 EStG wirkt demnach konstitutiv. Den eigenen Beitragsanteil zahlt die gesetzliche Versicherung hingegen wegen einer eigenen rechtlichen Verpflichtung gegenüber der Krankenversicherung.[110]

---

[105] *v. Beckerath*, in: K/S/M, EStG, § 3, Rz. B 62/12 (Stand: März 2018).
[106] In der Fassung des EStG v. 08.10.2009, BGBl. I, 3366 (3374 ff.).
[107] *Kolakowski*, in: Kreikebohm/Roßbach, SGB VI, § 106 Rz. 4.
[108] *Kolakowski*, in: Kreikebohm/Roßbach, SGB VI, § 106 Rz. 4.
[109] BFH, Urteil v. 31.08.2011 – X R 11/10, BStBl II 2012, 312 (313 f.).
[110] BT Drs. 19/4454, 35.

So zählen mehrere Kommentatoren diesen Teil nicht zu den steuerbaren Einkünften.[111] Jedenfalls würden ohne die Befreiung aber die Zuschüsse zu steuerbaren Bezügen nach § 22 Nr. 1 S. 3 lit. a) Doppelbuchst. aa) EStG führen. Ohne die Befreiung wären die so bezuschussten Beiträge spiegelbildlich als Sonderausgaben abzugsfähig. Der Befreiung kommt also eine vereinfachende Wirkung zu, da es sich sonst um einen „durchlaufenden Posten" der Steuererklärung handeln würde.[112]

4. Erstattung von Vorsorgeaufwendungen nach dem Arbeitsplatzschutzgesetz (§ 3 Nr. 47)

§ 3 Nr. 47 EStG befreit bestimmte Leistungen nach dem Arbeitsplatzschutzgesetzes (ArbPlSchG). Freigestellt werden Leistungen nach §§ 14a IV u. 14b ArbPlSchG. Dort sind Erstattungen von Beiträgen zu der Alters- und Hinterbliebenenversorgung vorgesehen, die ein wehrpflichtiger Arbeitnehmer ohne das Eintreten der Wehrpflicht aus eigenen Mitteln bestritten hätte.[113]

Ansprüche auf die befreiten Leistungen haben nur Arbeitnehmer, denen finanzielle Nachteile entstehen, weil eine ansonsten ausgeübte berufliche Tätigkeit wegen des Wehrdienstes wegfällt.[114] Folglich besteht ein wirtschaftlicher Zusammenhang zwischen einer (vor dem Wehrdienst ausgeübten) Erwerbstätigkeit und den Leistungen. Diese führen also auch im Lichte der Markteinkommenstheorie grundsätzlich zu steuerbaren Einkünften. Folgerichtig werden die befreiten Leistungen einhellig als erwirtschaftete wiederkehrende Bezüge den sonstigen Einkünften gem. § 22 Nr. 1 S. 1 Hs. 1 EStG zugeordnet.[115] Eine Zuordnung zu einer spezielleren Einkunftsart entfällt, da die Leistungen keinen Entschädigungscharakter im Sinne des § 24 Nr. 1 EStG

---

[111] *v. Beckerath*, in: K/S/M, EStG, § 3, Rz. B 14/12 (Stand: Mai 2009); *Bergkemper*, in: H/H/R, EStG, § 3 Nr. 14, Rz. 1 (Stand: Mai 2023); dem allgemein zustimmend auch: BFH, Urteil v. 19.05.2021 – X R 33/19, Rz. 81.

[112] BT Drs. 10/716, 12; kritisch bezüglich einer eintretenden Vereinfachung: *v. Beckerath*, in: K/S/M, EStG, § 3, Rz. B 14/19 (Stand: Mai 2009); siehe auch *Puhl*, DB 1984, 268 (269).

[113] BR Drs. 270/89, 14.

[114] BR Drs. 270/89, 14.

[115] Im Ergebnis ebenso: *Bergkemper*, in: H/H/R, EStG, § 3 Nr. 47, Rz. 1 (Stand: Oktober 2019); *Handzik*, in: L/B/P, EStG, § 3, Rz. 1790a (Stand August 2018).

für entgangene Einnahmen haben. Vielmehr werden eigene Beiträge des Steuerpflichtigen ersetzt.

Die so gesparten Beiträge für die Alters- und Hinterbliebenenversorgung könnte der Steuerpflichtige als Sonderausgaben gem. § 10 I Nr. 2 EStG abziehen, wenn die Erstattungsleistung als steuerpflichtig behandelt wird.[116] Durch die Freistellung der Erstattungsleistung bleibt dem Steuerpflichtigen also der Erklärungsaufwand für solch einen „durchlaufenden Posten" erspart. Allerdings sind die erstatteten Beiträge nach dem ArbPlSchG nicht vollumfänglich deckungsgleich mit den abzugsfähigen Ausgaben in § 10 I Nr. 2 EStG und die Ausgaben wären auch nur in den Grenzen des Höchstbetrages nach § 10 III EStG abzugsfähig.[117] § 3 Nr. 47 EStG begünstigt den Empfänger der Erstattungen damit über den reinen Vereinfachungsgedanken zum „durchlaufenden Posten" hinaus in Form einer Steuerbegünstigung. Da Wehrdienstleistende im Sinne des Gemeinwohls handeln, lassen sich für die echte Begünstigungswirkung Sozialzwecke anführen.[118] Überzeugender ist jedoch der Ansatz, auch die Begünstigung mit Vereinfachungszwecken zu rechtfertigen, da eine Besteuerung der erstatteten Bezüge bereits die Berechnung der Leistungsgewährung erheblich verkomplizieren würde.[119]

5. Zuschüsse zur Altersversorgung von Landwirten (§ 3 Nr. 17)

§ 3 Nr. 17 EStG[120] stellt Zuschüsse nach § 32 ALG von der Steuer frei. Gem. § 32 ALG erhalten rentenversicherungspflichtige Landwirte einen Zuschuss zum Aufbau ihrer Altersversorgung. Der Zuschuss soll einkommensschwache Landwirte finanziell entlasten und im Ergebnis eine sozial gerechtere Verteilung der Beitragslast zur Altersversorgung der Landwirte bewirken.[121] Der Zuschuss finanziert sich durch Steuermittel.[122]

Zu den Betriebseinnahmen eines Land- und Forstwirtes im Sinne des § 13 EStG zählen auch staatliche Förderleistungen, die im Rahmen des

---

[116] *v. Beckerath*, in: K/S/M, EStG, § 3, Rz. B 47/16 (Stand: Januar 2004).
[117] *v. Beckerath*, in: K/S/M, EStG, § 3, Rz. B 47/16 (Stand: Januar 2004).
[118] § 3 Nr. 47 in Gänze als Sozialzwecknorm einstufend z. B.: *Niklaus*, in: K/K/R, EStG, § 3 Nr. 47, Rz. 8.
[119] *v. Beckerath*, in: K/S/M, EStG, § 3, Rz. B 47/15 (Stand: Januar 2004).
[120] In der Fassung des EStG v. 08.10.2009, BGBl. I, 3366 (3374 ff.).
[121] *Koch*, in: Schlegel/Voelzke, ALG, § 32, Rz. 76 (Stand April 2023).
[122] BT Drs. 19/22931, 1.

land- und forstwirtschaftlichen Betriebes zufließen.[123] Der Zuschuss nach § 32 ALG ist an die persönliche Eigenschaft der Versicherungspflicht nach dem ALG geknüpft. Versicherungspflichtig sind nach § 1 II ALG insbesondere selbständig berufstätige Landwirte. Solche verwirklichen in aller Regel den Einkunftstatbestand des § 13 I Nr. 1 EStG. Der Anspruch auf den Zuschuss nach § 32 ALG ist demnach unmittelbar mit der Qualifikation als Inhaber eines Land- und Forstwirtschaftsbetriebs im Sinne des EStG verbunden. Wegen dieses Veranlassungszusammenhang ließe sich der Zuschuss als staatliche Förderleistung einstufen, die im Rahmen des land- und forstwirtschaftlichen Betriebes erzielt wird.

Die bezuschussten Beiträge sind in erster Linie Sonderausgaben des Landwirtes gem. § 10 I Nr. 2 EStG, wenn sie dessen eigene Altersversorgung betreffen.[124] Soweit der Zuschuss Sonderausgaben ersetzt, wirkt die Befreiung in erster Linie vereinfachend. Schließlich muss der Landwirt den Zuschuss nicht als Betriebseinnahme erklären und spart sich gleichzeitig den Erklärungsaufwand der Sonderaushaben in identischer Höhe. Darüber hinaus ist ein Sozialzweck der Norm zu erkennen. Die sozialpolitische Intention der Befreiung besteht darin, dass der Sozialzweck des Zuschusses nicht durch eine Besteuerung geschmälert werden soll.[125] Wegen der Eigenschaft des Zuschusses als „durchlaufender Posten“ in der Steuererklärung sind die vereinfachenden Zwecke aber eine zielgerichtetere Legitimation der Befreiung.

III. Reduzierung des Ermittlungsaufwands

1. Sachprämien zur Kundenbindung (§ 3 Nr. 38)

§ 3 Nr. 38 EStG[126] befreit Sachprämien, die zum Zwecke der Kundenbindung im allgemeinen Geschäftsverkehr gewährt werden. Der Empfänger muss die Sachprämie für die persönliche Inanspruchnahme von Dienstleistungen unentgeltlich erhalten. Die Befreiung gilt nur, soweit der Wert der Prämien 1.080 Euro im Kalenderjahr nicht übersteigt. Die Befreiung betrifft

---

[123] *Faber*, in: Beck'sches Steuer- und Bilanzrechtslexikon, Land- und Forstwirtschaft, Rz. 22 (Stand Januar 2023).

[124] *v. Beckerath*, in: K/S/M, EStG, § 3, Rz. B 17/14 (Stand: Januar 2002).

[125] *v. Beckerath*, in: K/S/M, EStG, § 3, Rz. B 17/19 (Stand: Januar 2002); *Bergkemper*, in: H/H/R, EStG, § 3 Nr. 17, Rz. 1 (Stand: August 2019).

[126] In der Fassung des G. v. 05.04.2011, BGBl. I, 554.

damit Bonus- bzw. Kundenbindungsprogramme, bei denen Unternehmen für die wiederholte Inanspruchnahme der von ihnen angebotenen Leistungen nachträglich Sachprämien ausschütten.[127] Die Befreiung ist bei ihrer Einführung als „lex Lufthansa“[128] kritisiert worden, da sie insbesondere auf die *Miles & More* Programme dieser Fluggesellschaft Anwendung findet.[129]

Gleichzeitig mit § 3 Nr. 38 EStG hat der Gesetzgeber in § 37a EStG[130] eine Vorschrift geschaffen, die eine pauschale Besteuerung der Sachprämien durch die leistenden Unternehmen ermöglicht. Folglich geht der Gesetzgeber von der Steuerbarkeit der Sachprämien aus, wenn diese den Betrag von 1.080 Euro übersteigen. Im Umkehrschluss wirkt § 3 Nr. 38 EStG konstitutiv für Prämien unter dem Wert von 1.080 Euro. *Hoffmann* arbeitet in diesem Zusammenhang mehrere Fallgruppen für Sachprämien heraus, die je nach Sachverhalt zu Gewinn- oder Überschusseinkunftsarten führen können.[131] Wenn beispielsweise ein bilanzierender Gewerbetreibender künftige Rabatte auf eine Dienstreise erhält, die er ursprünglich vollumfänglich bezahlt hat, hat er eine erfolgswirksame Forderung in Höhe der künftigen Rabatte einzubuchen.[132] Wenn ein Arbeitnehmer einen Rabatt über seinen Arbeitgeber für private Zwecke vermittelt bekommt, liegt darin wiederum Arbeitslohn mit Belohnungscharakter vor.[133] Der konstitutive Wirkungsbereich von § 3 Nr. 38 EStG erstreckt sich folglich auf mehrere Einkunftsarten.[134]

In der Gesetzesbegründung werden zunächst Wettbewerbsnachteile deutscher Unternehmen im internationalen Dienstleistungsgeschäft genannt, die durch die Befreiung vermieden würden.[135] Ob steuerliche Wettbewerbsnachteile im internationalen Vergleich eine Abweichung vom Leistungsfähigkeitsprinzip für spezielle Geschäftsmodelle rechtfertigen können, wird jedoch in Zweifel gezogen.[136] Statt mit nationalen Begünstigungen sollte dem internatio-

---

127 BT Drs. 13/5952, 32.
128 *Thomas*, DStR 1997, 305 (309).
129 *v. Beckerath*, in: K/S/M, EStG, § 3, Rz. B 38/21 (Stand: Februar 2005).
130 In der Fassung des G. v. 05.04.2011, BGBl. I, 554 (555).
131 *Hoffmann*, in: K/S/M, EStG, § 37a, Rz. A 12 ff. (Stand: April 2015).
132 *Hoffmann*, in: K/S/M, EStG, § 37a, Rz. A 14 (Stand: April 2015).
133 *Hoffmann*, in: K/S/M, EStG, § 37a, Rz. A 16 (Stand: April 2015).
134 Ebenso: *v. Beckerath*, in: K/S/M, EStG, § 3, Rz. B 38/8 ff. (Stand: Februar 2005).
135 BT Drs. 13/5952, 32.
136 So etwa: *v. Beckerath*, in: K/S/M, EStG, § 3, Rz. B 38/22 (Stand: Februar 2005).

nalen Steuerwettbewerb durch multinationale Abkommen begegnet werden. Die Verhinderung von Wettbewerbsnachteilen für deutsche Unternehmen sollte demnach nicht als legitimer Zweck für eine sachliche Steuerbefreiung herangezogen werden. Dies wäre darüber hinaus als unionsrechtswidrig einzustufen.[137] Des Weiteren sieht der Gesetzgeber einen vereinfachenden Befreiungszweck, da die steuerliche Erfassung der Prämien sehr aufwendig sei.[138] Dass die Befreiung für Prämien unter 1.080 Euro Ermittlungsaufwand reduziert, lässt sich nicht abstreiten. Die Reduzierung des Ermittlungsaufwands ließe sich aber auch durch eine einheitliche Anwendung der pauschalen Besteuerung aller Prämien nach § 37a EStG herbeiführen. Der vereinfachende Grundgedanke ließe sich damit wesentlich effektiver erreichen, wenn alternative Maßnahmen als die spezielle Steuerbefreiung eingesetzt werden. Es ist folglich anzuzweifeln, ob § 3 Nr. 38 EStG erforderlich ist, um den legitimen Zweck der Vereinfachung des Steuerverfahrens zu erreichen. Als Ausgangspunkt solcher Überlegungen kommt im Wesentlichen aber nur die vereinfachende Wirkung als Zweck der Befreiung in Betracht, was für die Zuordnung zu der entsprechenden Normengruppe ausschlaggebend ist.

2. Private Nutzung von betrieblichen Datenverarbeitungsgeräten (§ 3 Nr. 45)

§ 3 Nr. 45 EStG[139] befreit die Vorteile eines Arbeitnehmers, die sich aus der privaten Nutzung von betrieblichen Datenverarbeitungs- und Telekommunikationsgeräten ergeben. Die Befreiung erfasst insbesondere die Fälle, in denen ein Arbeitnehmer den betrieblichen Computer oder das leihweise überlassene Mobiltelefon für private Zwecke nutzt.[140] Im Laufe der Jahre hat der Gesetzgeber klargestellt, dass die Befreiung ebenfalls greifen soll, wenn Arbeitnehmer im privaten Haushalt betriebliche Softwareprogramme – wie ein Office-Paket von Microsoft – unentgeltlich privat nutzen.[141] Die zen-

---

[137] Zu § 3 EStG und Unionsrecht: *v. Beckerath*, in: K/S/M, EStG, § 3, Rz. A 852 ff. (Stand: Mai 2023).

[138] BT Drs. 13/5952, 32.

[139] Zuletzt geändert durch G. v. 22.12.2014, BGBl. I, 2417 (2422).

[140] BT Drs. 14/4626, 6.

[141] BT Drs. 17/8867, 12.

trale Voraussetzung der Begünstigung ist, dass das privat genutzte Gerät oder die privat genutzte Softwarehandelt zum Betrieb des Arbeitgebers gehört.[142]

Einkommensteuerrechtlich liegt in dem überlassenen Vorteil grundsätzlich steuerbarer Arbeitslohn vor. Aus wirtschaftlicher Sicht hat die Nutzungsüberlassung Entlohnungscharakter für die Arbeitnehmer. Ein überwiegendes Eigeninteresse des Arbeitgebers an der privaten Nutzung, welches gegen diese Annahme spräche, ist in diesen Konstellationen nicht auszumachen.[143] Vielmehr werben Arbeitgeber vermehrt aktiv mit entsprechenden privaten Nutzungsmöglichkeiten, die aus Sicht der Arbeitnehmer als attraktiver Bestandteil des Arbeitsplatzes eingestuft werden. Arbeitnehmer könnten auch ohne die private Nutzungsmöglichkeit genauso effektiv rein berufliche Arbeit in technik- bzw. internetbasierten Prozessen leisten.[144] § 3 Nr. 45 EStG wirkt folglich konstitutiv im Bereich der Einkünfte aus nichtselbständiger Arbeit nach § 19 I Nr. 1 EStG. Allerdings hat sich der Arbeitsmarkt hin zu flexiblen Arbeitszeitmodellen inklusive der vermehrten Nutzung des sog. Home-Office verändert. Im Rahmen dieser Entwicklung billigen Arbeitgeber die private Nutzung von betrieblichen Datenverarbeitungs- und Telekommunikationsgeräten zunehmend und wünschen dies unter Umständen sogar, weil damit eine erhöhte Erreichbarkeit des Arbeitnehmers einhergeht. In den Fällen, in denen bei dem Arbeitgeber solch ein überwiegendes Eigeninteresse vorliegt, würde also bereits kein Arbeitslohn vorliegen und die Befreiung würde nur klarstellend wirken.

Der Gesetzgeber hält die Befreiung indes aus Vereinfachungsgründen für gerechtfertigt. So beuge die Freistellung einen erheblichen lohnsteuerlichen Erfassungs- und Bewertungsaufwand vor.[145] Solch ein vereinfachender Effekt lässt sich – trotz der teils nur klarstellenden Wirkung – nicht abstreiten. Zu bezweifeln ist aber, ob diese auch die willkürlich beschränkte Reichweite der Norm auf Datenverarbeitung- und Telekommunikationsgeräte im Vergleich zu anderen Vorteilen legitimiert. Schließlich ergibt sich ein identischer Erfassungs- und Bewertungsaufwand z. B. bei der privaten Nutzung betrieblicher

[142] BT Drs. 14/4626, 6.
[143] Ebenso: *v. Beckerath*, in: K/S/M, EStG, § 3, Rz. B 45/8 (Stand: Juni 2015).
[144] Diesbezüglich a.A.: *Strohner/Albert*, DB 2000, 1535 (1538).
[145] BT Drs. 14/4626, 6; BT Drs. 17/8867, 12.

Kraftfahrzeuge.[146] Diese Differenzierung kann mittlerweile auch nicht mehr mit einer vom Gesetzgeber gewünschten vergrößerten „Akzeptanz des Internets“[147] gerechtfertigt werden. Die Differenzierung innerhalb der Vergleichsgruppe von Arbeitnehmern erscheint aus heutiger Sicht vielmehr willkürlich. Statt Vorteile freizustellen, von denen nicht alle Arbeitnehmer betroffen sind, könnten Bewertungs- und Aufteilungsprobleme zu allen Vorteilsgewährungen an Arbeitnehmer im Wege der Schätzung gelöst werden.[148] Schließlich führen Abgrenzungsprobleme zur Anwendung der speziellen Befreiung – wie z. B. für werkseitig eingebaute Navigationsgeräte – zu mehr Verwirrung als Vereinfachung.[149] Der ersparte Ermittlungsaufwand wird demnach durch komplexe Anwendungsfragen der Norm teils wieder konterkariert. Eine Ungleichbehandlung zwischen Arbeitnehmern und Selbstständigen lehnte der BFH indes mit der Argumentation ab, dass Selbstständige ihre private Nutzung von Computern mangels Kontrolle nicht in Grenzen halten müssten.[150] Die Kritik an § 3 Nr. 45 EStG zeigt, dass Befreiungen, die auf zu spezielle Fälle zugeschnitten sind, sowohl innerhalb der Gruppe der Arbeitnehmer sowie zwischen Arbeitnehmern und übrigen Steuerpflichtigen zu Ungleichbehandlungen führen können. Selbst wenn diese Ungleichbehandlungen nicht zu einer verfassungswidrigen Privilegierung führen, sollten Alternativen wie allgemeinere Befreiungspauschbeträge diskutiert werden, da diese zu einer flächendeckenderen Vereinfachungswirkung führen können.

3. Zahlungen an die Bundesagentur für Arbeit nach Anspruchsübergang (§ 3 Nr. 2 lit. b) Alt. 2)

§ 3 Nr. 2 lit. b) EStG[151] befreit das Insolvenzgeld (Alt. 1) sowie spätere Zahlungen an die BA infolge übergegangener Ansprüche (Alt. 2). Hier soll die zweite Befreiungsalternative in den Blick genommen werden. § 3 Nr. 2 lit. b) Alt. 2 EStG befreit Leistungen, die von Arbeitgebern an die BA erbracht werden und zuvor gem. §§ 169, 175 II SGB III vom Arbeitnehmer auf die BA übergegangen sind. Die §§ 169, 175 II SGB III sind Teil der Bestimmungen zum

[146] *v. Beckerath*, in: K/S/M, EStG, § 3, Rz. B 45/24 (Stand: Juni 2015).

[147] So aber noch der Gesetzgeber bei Einführung der Befreiung: BT Drs. 14/4626, 6.

[148] *Bergkemper*, FR 2004, 650 (655).

[149] *Bergkemper*, FR 2005, 893 (895).

[150] BFH, Urteil v. 21.06.2006 – XI R 50/05, BStBl. II 2006, 715 (717).

[151] In der Fassung des G. v. 25.7.2014, BGBl. I, 1266 (1279).

Schutz der Arbeitnehmer vor Zahlungsunfähigkeit des Arbeitgebers und gelten demnach im Falle sog. Insolvenzereignisse.[152] Insolvenzereignisse sind nach § 165 I 2 Nr. 1–3 SGB III beispielsweise die Eröffnung des Insolvenzverfahrens über das Vermögen des Arbeitgebers oder die Abweisung des Insolvenzantrages mangels Masse. Nach § 169 S. 1 SGB III geht der Lohnanspruch des Arbeitnehmers gegen den Arbeitgeber cessio legis auf die BA über, sobald der Antrag auf Insolvenzgeld gestellt wird. Grund für diesen Forderungsübergang ist, dass die BA im Insolvenzfall den zunächst ausfallenden Arbeitsentgeltanspruch der Arbeitnehmer durch das sog. Insolvenzgeld nach § 165 SGB III ersetzt.[153] Nach § 175 I u. II SGB III gehen auch die Ansprüche auf den Arbeitgeberanteil am Gesamtsozialversicherungsbeitrag auf die BA über.[154] Zusammenfassend ist die BA für zu zahlende Löhne in Vorleistung getreten und der Arbeitgeber begleicht diese Verbindlichkeit gegenüber der BA zu einem späteren Zeitpunkt. Die Verbindlichkeit des Arbeitgebers gegenüber der BA ist durch den gesetzlichen Übergang des Lohnanspruchs auf die BA entstanden.

Die Befreiungswirkung von § 3 Nr. 2 lit. b) Alt. 2 EStG erstreckt sich auf die späteren Zahlungen, die von dem Arbeitgeber an die BA geleistet werden.[155] Ohne den Forderungsübergang hätte der Arbeitgeber diese Zahlungen an die Arbeitnehmer bzw. für diese an die Sozialversicherung geleistet. Durch die beschriebenen Legalzessionen tritt nunmehr die BA als Gläubiger für diese Forderungen auf. Der ursprünglich dem Arbeitnehmer geschuldete Arbeitslohn hätte unstrittig zu den Einkünften aus nichtselbstständiger Arbeit gem. § 19 I Nr. 1 EStG gezählt. Als steuerpflichtige Einnahme aus § 19 I Nr. 1 EStG zählt zusätzlich der abzuführende Arbeitnehmeranteil zur Sozialversicherung.[156] Gesetzliche Forderungsübergänge lassen das Wesen der zugrunde liegenden Forderung unberührt.[157] Durch den Wechsel der Gläubigerstellung ändert sich also nichts an der rechtlichen Einordnung

---

[152] *Plössner*, in: BeckOK SozR, SGB III, § 165, vor Rz. 1 (Stand: Dezember 2022).
[153] *Kühl*, in: Brand, SGB III, § 165, Rz. 3.
[154] *Wehrhahn*, in: KassKomm, SGB III, § 2, Rz. 3 (Stand: Dezember 2017); *E. Schneider*, in: Schlegel/Voelzke, SGB III, § 175, Rz. 37 f. (Stand: Januar 2023).
[155] *Handzik*, in: L/B/P, EStG, § 3, Rz. 118h (Stand: Juni 2018).
[156] Siehe nur: BFH, Urteil v. 16.01.2007 – IX R 69/04, BStBl II 2007, 579 (581).
[157] *Urban*, DB 1989, 1438 (1440).

der untersuchten Bezüge als Arbeitslohn.[158] Auch der Gesetzgeber ging bei Einführung der Befreiung davon aus, dass die Zahlungen ohne gesetzliche Befreiung lohnsteuerpflichtig wären.[159] Demnach gelten die befreiten Zahlungen des Arbeitgebers an die BA weiterhin als Arbeitslohn und § 3 Nr. 2 lit. b) Alt. 2 EStG wirkt diesbezüglich als konstitutive Steuerbefreiung.

Der Gesetzgeber führt als Begründung für die Befreiung folgende Vereinfachungswirkung an. Die Zahlungen des Arbeitgebers an die BA erfolgen teils Jahre später, nachdem das Insolvenzverfahren abgeschlossen ist. Wegen dieses hohen Zeitabstandes zwischen Anspruchsentstehung und Tilgung sei nur schwer zu ermitteln, welche Arbeitsverhältnisse überhaupt von der späteren Zahlung betroffen sind und in welcher Höhe dies der Fall ist.[160] Dem ist zuzustimmen, da der Arbeitslohn auch nicht durch den zwischenzeitlichen Forderungsübergang (bei der BA) zufließt, sondern erst, wenn die tatsächliche Zahlung an die BA erfolgt.[161] Der Gesetzgeber hat demnach nachvollziehbaren Erwägungen bei der Begründung angeführt, um Ermittlungsaufwand zu reduzieren. Des Weiteren benennt der Gesetzgeber die Steuerpflicht der befreiten Bezüge, wenn keine Befreiung vorläge.[162] Der Gesetzgeber macht auf diese Weise erkennbar, dass er die einkommensteuerliche Bemessungsgrundlage bewusst beschneidet und kommt darauf aufbauend seiner Begründungspflicht nach, indem er rechtfertigende Vereinfachungsgründe für diesen Systembruch anführt.

§ 3 Nr. 2 lit. b) Alt. 2 EStG[163] befreit ebenfalls Zahlungen des Arbeitgebers an einen Sozialleistungsträger aufgrund des gesetzlichen Forderungsübergangs nach § 115 I SGB X, wenn ein Insolvenzereignis vorliegt. Hier liegt eine ähnliche Situation wie im zuvor behandelten Fall zu Grunde. Auch § 115 I SGB X sorgt cessio legis für einen Forderungsübergang, wenn ein Sozialleistungsträger in „Vorleistung" treten muss, weil der Arbeitgeber fällige Lohnansprüche nicht erfüllt.[164] Auf Rechtsfolgenseite geht der weiterhin

---

158 *Urban*, DB 1998, 2087 (2088); *v. Beckerath*, in: K/S/M, EStG, § 3, Rz. B 2/24 (Stand: Mai 2023).
159 BR Drs. 522/91, 50.
160 BR Drs. 522/91, 50.
161 *Urban*, DB 1989, 1438 (1440).
162 BR Drs. 522/91, 50.
163 In der Fassung des G. v. 25.7.2014, BGBl. I, 1266 (1279).
164 *v. Koppenfels-Spies*, in: BeckOK SozR, SGB X, § 115, Rz. 2 (Stand: Dezember 2022).

offene Bruttolohnanspruch des Arbeitnehmers auf den Leistungsträger bis zur Höhe der erbrachten Sozialleistung über.[165] Einkommensteuerrechtlich hat die ursprüngliche Leistungsbeziehung zwischen Arbeitgeber und Arbeitnehmer dazu geführt, dass der vom Arbeitgeber geschuldete Arbeitslohn zu den Einkünften aus nichtselbstständiger Arbeit gem. § 19 I Nr. 1 EStG zählt. Die spätere Legalzession führt nicht zu einer Veränderung des Rechtscharakters der ursprünglich geschuldeten Leistung.[166] Demnach liegen auch in späteren Leistungen des Arbeitgebers an einen Sozialleistungsträger Einkünfte aus nichtselbstständiger Arbeit gem. § 19 I Nr. 1 EStG vor. Passend dazu sind vergleichbare Fälle des Übergangs von Arbeitslohnforderungen nach § 115 I SGB X der Lohnsteuer unterworfen worden als § 3 Nr. 2 lit. b) Alt. 2 EStG diese Fälle noch nicht ausdrücklich erfasste.[167] Im Umkehrschluss wirkt der Befreiungstatbestand auch für diesen Anwendungsbereich konstitutiv im Bereich der Einkünfte aus nichtselbständiger Arbeit.

Zu einem Befreiungszweck hat sich der Gesetzgeber bei Einführung der Erweiterung des § 3 Nr. 2 lit. b) Alt. 2 EStG nicht geäußert. Der Fall sei in das Gesetz aufzunehmen gewesen, da die Finanzverwaltung die bis dahin geltende Fassung der Befreiung bereits entsprechend auf die beschriebenen Fälle des § 115 I SGB X anwende.[168] Dass sich der Gesetzgeber der gängigen Verwaltungspraxis anschließt, reicht als Darlegung gesetzgeberischer Motive jedoch nicht aus. Im Ergebnis wäre der Vereinfachungsgedanke des hier zunächst behandelten § 3 Nr. 2 lit. b) Alt. 2 EStG auf die neu etablierte Befreiung zu übertragen gewesen, denn auch die von § 115 I SGB X betroffenen Träger der Sozialleistungen können den Arbeitgeber erst Jahre nach dem Insolvenzereignis in Anspruch nehmen.[169] Die Zuordnung zu ursprünglichen Arbeitsverhältnissen sowie die genaue Höhe der Zuordnung lassen sich wegen des großen Zeitabstandes oft nicht mehr ermitteln. Auch die Erweiterung kann vor diesem Hintergrund nur aus Vereinfachungsgründen gerechtfertigt sein.

---

165 *Breitkreuz*, in: Diering/Timme/Stähler, SGB X, § 115, Rz. 16.

166 BFH, Urteil v. 16.03.1993 – XI R 52/88, BStBl II 1993, 507 (508 f.), zum vergleichbaren von § 3 Nr. 2 lit. b) Alt. 2 EStG erfassten Fall: *v. Beckerath*, in: K/S/M, EStG, § 3, Rz. B 2/24 (Stand: Mai 2021).

167 BFH, Urteil v. 16.03.1993 – XI R 52/88, BStBl II 1993, 507 (508 f.).

168 BR Drs. 184/14, 78; BT Drs. 18/1529, 64.

169 Dazu allgemein: *v. Beckerath*, in: K/S/M, EStG, § 3, Rz. B 2/8 (Stand: Mai 2023).

IV. Typisierung für den Betrieb von PV-Anlagen (§ 3 Nr. 72)

§ 3 Nr. 72 EStG[170] ist die einzige Vereinfachungszweckbefreiung in Form einer reinen Typisierung. Wie die folgende Untersuchen zeigen soll, besteht der vereinfachende Leitgedanke der Befreiung in einer typisierenden Liebhabereivermutung für eine gesamte Gewerbeform. Betroffen sind die Betreiber kleinerer Photovoltaikanlagen (PV-Anlagen). Im Zuge der Untersuchung soll u. a. hinterfragt werden, ob es sich bei der Befreiung um eine realitätsgerechte oder realitätsfremde Typisierung handelt. Letzteres würde die Einzelfallgerechtigkeit zu wenig berücksichtigen und wäre nach dem gleichheitsrechtlichen Verständnis als systemwidrig einzustufen. § 3 Nr. 72 EStG stellt Einnahmen aus dem Betrieb einer Photovoltaikanlage (PV-Anlage) steuerfrei. Die Spitzenleistung (maximale Nennleistung des Herstellers) einer PV-Anlage wird offiziell in der Maßeinheit Kilowattpeak beziffert.[171] Die Befreiung ist auf eine bestimmte Leistung in Kilowattpeak einer PV-Anlage je Gebäudeeinheit begrenzt.[172] Diese Grenze beträgt gem. § 3 Nr. 72 lit. a) EStG 30 Kilowattpeak für Anlagen, die auf, an oder in eigengenutzten oder vermieteten Einfamilienhäusern einschließlich Nebengebäuden oder nicht Wohnzwecken dienenden Gebäuden (z. B. Gewerbeimmobilie, Garagenhof) angebracht sind.[173] Nach § 3 Nr. 72 lit. b) EStG gilt für Anlagen auf sonstigen Gebäuden (vermietete Mehrfamilienhäuser und gemischt genutzte Gebäude mit Wohn- und Gewerbeeinheiten) eine Grenze von 15 Kilowattpeak.[174] Bei einer Leistung von 0,2 Kilowattpeak pro Quadratmeter[175] sind damit je nach Gebäudetyp Einnahmen aus Anlagen mit bis zu 150 bzw. 75 Quadratmetern Dachfläche voll steuerfrei. Zusätzlich gilt für alle Anlagen pro Steuerpflichtigen eine maximale Befreiungshöhe für eine Leistung von 100 Kilowattpeak[176], was als eine *persönliche* Begrenzung der Befreiung zu verstehen ist.[177] Mit dem Jahressteuergesetz 2024 soll die maximal

---

170 In der Fassung des G v. 16.12.2022, BGBl. I, 2294 (2295).

171 *v. Beckerath* in: Kirchhof/Seer, EStG, § 3, Rz. 212.

172 Siehe dazu: BR Drs. 457/22, 98 f.

173 BT Drs. 20/3879, 87; *Bergkemper*, in: H/H/R, EStG, § 3 Nr. 72, Rz. 6 (Stand: Mai 2023).

174 *Bergkemper*, in: H/H/R, EStG, § 3 Nr. 72, Rz. 6 (Stand: Mai 2023).

175 Hersteller von PV-Anlagen geben zwischen 4 und 6 m^2 benötigte Dachfläche für 1 Kilowattpeak an.

176 BT Drs. 20/3879, 87.

177 *v. Beckerath*, in: K/S/M, EStG, § 3, Rz. B 72/21 (Stand: Mai 2023); ob es sich um eine Freigrenze oder einen Freibetrag handelt, ist fraglich, dazu: *Schiffers/Seifert*, DStZ 2023,

zulässige Bruttoleistung der PV-Anlagen für alle Gebäudearten einheitlich auf 30 Kilowattpeak je Wohn- oder Gewerbeeinheit erhöht werden.[178]

Der von einer PV-Anlage erzeugte Strom wird gegen eine Einspeisevergütung nach dem EEG in das öffentliche Netz eingespeist.[179] Diese Einspeisevergütungen sind grundsätzlich als Erwerbseinnahme aus einem Gewerbetrieb im Sinne des § 15 I Nr. 1, II EStG zu qualifizieren.[180] Dieser Einordnung steht nicht entgegen, dass bei dieser Art von Gewerbebetrieben in Totalgewinnprognosen häufig Verluste vermutet werden[181] und diese als sog. Liebhaberei-Tätigkeiten nicht der Einkommensteuer unterliegen. Diese Vermutung bedeutet gerade nicht, dass Steuerpflichtige mit (kleineren) PV-Anlagen in keinem Fall Totalgewinne erzielen.[182] Daraus ergibt sich, dass § 3 Nr. 72 EStG mindestens in den Fällen, in denen mit einer kleineren PV-Anlage ein Totalgewinn erzielt wird, eine konstitutive Wirkung im Bereich der gewerblichen Einkünfte entfaltet.

Der Befreiungszweck für diesen konstitutiven Wirkungsbereich ist ein Reflex der erwähnten Liebhabereivermutung für den Betrieb kleiner PV-Anlagen. Der Gesetzgeber war zwar bemüht, einen anderen Vereinfachungszweck in den Vordergrund zu stellen, was aber nicht darüber hinwegtäuschen kann, dass sich in der Befreiung eine typisierte Annahme der Liebhaberei verbirgt. So ist in der Gesetzesbegründung in erster Linie vom Abbau bürokratischer Hürden, Steuervereinfachung für Steuerpflichtige sowie der Energiewende die Rede[183], während die Vermutung der mangelnden Gewinnerzielungsabsicht bei kleinen PV-Anlagen nur zusammenhangslos erwähnt wird, ohne dieses Motiv näher zu erläutern[184]. § 3 Nr. 72 EStG basiert jedoch grundlegend auf

---

122 (126); BMF, Schreiben v. 17.07.2023 – IV C 6 - S 2121/23/10001 :001, BStBl. I 2023 I, 1494 Rz. 13–17.

[178] BT Drs. 20/12780, 120.

[179] BGH, Urteil v. 09.10.2013 – VIII ZR 318/12, juris Rz. 21; *Dornheim*, in: Bordewin/Brandt, EStG, § 21, Rz. 101 „Photovoltaik" (Stand: November 2021).

[180] *Bergkemper*, in: H/H/R, EStG, § 3 Nr. 72, Rz. 3 (Stand: Mai 2023); *v. Beckerath*, in: K/S/M, EStG, § 3, Rz. B 72/4 (Stand: Mai 2023).

[181] Siehe dazu: BMF, Schreiben v. 29.10.2021 – IV C 6-S 2240/19/10006:006, BStBl. I 2021, 2202; BFH, Beschluss v. 16.11.2022 – X B 46/22; *v. Beckerath*, in: K/S/M, EStG, § 3, Rz. B 72/5 (Stand: Mai 2023).

[182] So ist auch das BMF zu verstehen, im Schreiben v. 29.10.2021 – IV C 6-S 2240/19/10006:006, BStBl. I 2021, 2202, Rz. 12.

[183] BT Drs. 20/3879, 87.

[184] BT Drs. 20/3879, 87.

dieser Vermutung, was die folgende systematische Einordnung zeigt: Solange die betroffenen PV-Anlagen tatsächlich als Liebhaberei-Tätigkeit einzustufen sind, steht die Befreiung im Einklang mit der Markteinkommenstheorie. Eine ohne Gewinnabsicht ausgeübte Tätigkeit stellt keine wirtschaftliche Betätigung am Markt im Sinne der Markteinkommenstheorie dar[185], sodass insoweit eine systemimmanente Befreiung vorliegt. Sobald die PV-Anlage jedoch einen Totalgewinn erwirtschaftet, liegt keine systemimmanente Befreiung mehr vor, sondern deren Betreiber wird die Möglichkeit genommen, Anlaufverluste geltend zu machen. Ab dem Zeitpunkt der Gewinnphasen werden diese Betreiber mit Totalgewinn hingegen privilegiert. Mit § 3 Nr. 72 EStG typisiert das Gesetz nun, dass Totalgewinne für den Betrieb kleiner PV-Anlagen nicht vorliegen. Der Gesetzgeber geht also von dem Regelfall der Liebhaberei aus und nimmt in Kauf atypische Ausnahmefälle für Anlaufverluste zu benachteiligen und für Gewinnphasen zu privilegieren. Diese typisierende Betrachtung hätte in der Gesetzesbegründung vorangestellt werden müssen, um darauf aufbauend den realitätsgerechten Maßstab für die Typisierung zu erläutern. Dass diese Typisierung im Ergebnis vereinfachen soll, steht – wie bei Typisierungen im Steuerrecht üblich – außer Frage. Auf die gewählte Weise umgeht der Gesetzgeber, zusätzlich darauf einzugehen, dass die Typisierung auch gewisse Benachteiligungen mit sich bringt. Steuerpflichtige, die zwar Anlaufverluste erzielen, aber objektiv die Chance auf eine Gewinnerzielung haben, wird die Möglichkeit genommen, dass sich die Verluste in der Anlaufphase wirtschaftlich in der einkommensteuerlichen Bemessungsgrundlage abbilden. Vor diesem Hintergrund geht auch *v. Beckerath* davon aus, dass die Steuerbefreiung nicht in allen Fällen vorteilhaft ist.[186] Folglich hätte in § 3 Nr. 72 EStG eine Härtefallregelung bzw. Escapeklausel geschaffen werden sollen, die Steuerpflichtigen den Nachweis der Gewinnerzielungsabsicht ermöglicht. So bestünde die Option, Anlaufverluste im Sinne des objektiven Nettoprinzips zu berücksichtigen. Bemerkenswerterweise war diese Möglichkeit nach der zuvor angewandten Billigkeitsregel der Verwaltung gegeben[187],

---

185 *Hey*, in: Tipke/Lang, Steuerrecht, Rz. 8.52.

186 *v. Beckerath*, in: K/S/M, EStG, § 3, Rz. B 72/5 (Stand: Mai 2023).

187 BMF, Schreiben v. 29.10.2021 – IV C 6-S 2240/19/10006:006, BStBl. I 2021, 2202, Rz. 12.

wovon der Gesetzgeber nun abgewichen ist.[188] Die Nichtübernahme dieser Klausel dürfte aber nicht zwingend geboten gewesen sein. Stattdessen spricht nichts dagegen, dass Steuerpflichtige weiterhin selbst entscheiden können, ob sie den Vereinfachungseffekt in Anspruch nehmen möchten oder ob sie die Abbildung ihrer Einkünfte nach dem objektiven Nettoprinzip bis zu der Grenze der Liebhaberei präferieren. Das bei Typisierungen bestehende Spannungsverhältnis zwischen Einzelfall- und Gesamtgerechtigkeit[189] wäre am besten gewahrt worden, wenn der Gesetzgeber empirische Daten vorgelegt hätte, die die typisierende Annahme der Liebhaberei für diese Gewerbeform stützen. Wegen der Intransparenz zum tatsächlichen Leitmotiv der Norm, kann eine Einordnung als systemkonform oder systemwidrig bisher nicht erfolgen. Es ist nicht eindeutig erkennbar, ob sich der Gesetzgeber bei der Typisierung an einem realitätsgerechten Leitbild oder einem atypischen Fall orientiert hat. Unabhängig davon lässt sich die vereinfachende Wirkung von § 3 Nr. 72 EStG auch in Frage stellen, wenn eine systemkonforme Typisierung angenommen wird. Die Finanzverwaltung wird mit der Prüfung der Voraussetzungen des § 3 Nr. 72 EStG nämlich einen ähnlich hohen Aufwand haben, wie den, den sie bisher mit der Überwachung der Totalgewinnprognose hatte. Dies indizieren die kleinschrittigen Prüfungsvorgaben des jüngsten BMF-Schreibens[190] zu der Befreiung. § 3 Nr. 72 EStG zeigt in erster Linie, dass die für vereinfachende Typisierungen geltenden verfassungsrechtlichen Vorgaben nur abschließend überprüft werden können, wenn der Gesetzgeber die Daten preisgibt, auf denen eine Typisierung beruht. Bisher ist für Nummer 72 nicht auszuschließen, dass es sich bei den Befreiungsgrenzen für „kleinere PV-Anlagen" um politisch gegriffene Größen handelt, die keine empirisch belegte Grundlage haben. Dies legt auch die Tatsache nahe, dass die Befreiungsvoraussetzung mit dem Jahressteuergesetz 2024 bereits kurz nach der Einführung der Befreiung angepasst werden sollen.[191]

---

[188] *Schiffers/Seifert*, DStZ 2023, 122 (123).

[189] Siehe dazu: *Seer*, BB 2021, 1433 (1435).

[190] BMF, Schreiben v. 17.07.2023 – IV C 6 - S 2121/23/10001 :001, BStBl. I 2023 I, 1494.

[191] Die maximal zulässige Bruttoleistung der PV-Anlagen für alle Gebäudearten einheitlich auf 30 Kilowattpeak je Wohn- oder Gewerbeeinheit erhöht werden, vgl. BT Drs. 20/12780, 120.

Befreiungszweck zeitlich überholt

I. Kinderzuschüsse aus der gesetzlichen Rentenversicherung (§ 3 Nr. 1 lit. b) Alt. 2)

§ 3 Nr. 1 lit. b) Alt. 2 EStG[1] stellt neben Sachleistungen auch Kinderzuschüsse aus den gesetzlichen Rentenversicherungen von der Steuer frei. Insoweit liegt eine Steuerbefreiung vor, die wegen Zeitablauf zwecklos geworden ist. Kinderzuschüsse aus der gesetzlichen Rentenversicherung werden nämlich seit Oktober 2011 nicht mehr gezahlt[2], was folgerichtigerweise dazu führte, die sozialrechtliche Anspruchsgrundlage auf Kinderzuschüsse in Form des § 270 SGB VI aufzuheben.[3] Soweit eine von der Besteuerung freizustellende Leistung nicht mehr existiert, wird auch der Befreiungstatbestand zwecklos. So ist *Handziks* Forderung zuzustimmen, den Tatbestand des § 3 Nr. 1 lit. b) EStG um die Kinderzuschüsse zu kürzen.[4]

II. Sonderunterstützung für im Familienhaushalt beschäftigte Frauen (§ 3 Nr. 1 lit. d) Var. 3)

Der Wortlaut des § 3 Nr. 1 lit d) EStG[5] umfasst nach wie vor die Sonderunterstützung für im Familienhaushalt beschäftigte Frauen. Ursprünglich sah § 12 MuSchG eine Sonderunterstützung für schwangere Hausangestellte als Kompensation für einen geringeren Kündigungsschutz vor, der für diesen

---

1 In der Fassung des EStG v. 08.10.2009, BGBl. I, 3366 (3374 ff.).

2 BR Drs. 117/16, 52.

3 Durch das sechste G. zur Änderung des SGB IV v. 11.11.2016, BGBl. I 2016, 2500

4 *Handzik*, in: L/B/P, EStG, § 3, Rz. 42 (Stand: Juni 2018).

5 In der Fassung des EStG v. 08.10.2009, BGBl. I, 3366 (3374 ff.).

Personenkreis galt.[6] Durch das Gesetz zur Änderung des Mutterschutzrechtes[7] wurde im Dezember 1996 der Kündigungsschutz für schwangere Haushaltsangestellte dem üblichen Standard angepasst, sodass der entsprechende Sonderzuschuss für diesen Personenkreis als gegenstandslos aufgehoben wurde.[8] Der Gesetzestext ist demnach seit Ende 1996 veraltet und zeitnah anzupassen. Die Befreiungsnorm ist insoweit zwecklos geworden.

III. Zuschuss zum Arbeitsentgelt nach SGB III (§ 3 Nr. 2 lit. a) Var. 4)

Der Tatbestand des § 3 Nr. 2 lit. a) EStG[9] befreit in der vierten Variante den Zuschuss zum Arbeitsentgelt. Diese vierte Variante ist zwecklos geworden bzw. steht kurz vor der Zwecklosigkeit. Rechtsgrundlage für den Zuschuss zum Arbeitsentgelt waren die §§ 417 SGB III a. F. u. 421j SGB III a. F.; diese sind jeweils zum 01.04.2012 aufgehoben worden.[10] Der Anspruch auf Zahlung des Zuschusses besteht also nur noch, wenn er vor der Aufhebung entstanden ist. Die 2011 ausgelaufenen sachlichen Voraussetzungen waren speziell und die anspruchsberechtigte Person musste zusätzlich das 45. bzw. 50. Lebensjahr vollendet haben. Die Zahl der gegenwärtig noch gezahlten Zuschüsse gem. §§ 417 SGB III a. F. u. 421j SGB III a. F. kann demnach nur noch gering sein.

Der Befreiungstatbestand ist folglich zwecklos geworden bzw. die Zwecklosigkeit steht unmittelbar bevor. Der Gesetzgeber sollte zunächst die Zahl noch gezahlter Zuschüsse ermitteln. Sobald keine Zuschüsse mehr gezahlt werden, ist im Wortlaut des § 3 Nr. 2 lit. a) EStG die Formulierung „der Zuschuss zum Arbeitsentgelt“ zu entfernen. Für den aktuell wesentlich praxisrelevanteren Eingliederungszuschuss ist der Wortlaut ebenfalls nicht beizubehalten. Ein Rechtsanspruch auf einen Eingliederungszuschuss besteht nicht; bei der Gewährung handelt es sich um Ermessensleistungen.[11] Die übrigen von § 3 Nr. 2 lit. a) EStG erfassten Bezüge setzen alle eine

---

6 BT Drs. 13/6110, 11 f.

7 G. v. 20.12.1996, BGBl. I 1996, 2110.

8 BT Drs. 13/6110, 12.

9 In der Fassung des G. v. 25.7.2014, BGBl. I, 1266 (1279).

10 BGBl. I 2011, 2854 (2915).

11 Richtlinie der Bundesagentur für Arbeit „Eingliederungszuschuss“ (Stand: Juli 2021).

Rechtsgrundlage voraus. Somit kann der Eingliederungszuschuss bei gebotener restriktiver Auslegung der Norm[12] weder unter „Zuschuss zum Arbeitsentgelt" noch unter den Auffangtatbestand „übrigen Leistungen nach dem Dritten Buch Sozialgesetzbuch" gefasst werden.

IV. Aufgelder auf Darlehen der Lastenausgleichsbank (§ 3 Nr. 18)

§ 3 Nr. 18 EStG[13] befreit das Aufgeld auf Darlehen, die der Lastenausgleichsbank zugunsten des Ausgleichsfonds (§ 5 LAG) gewährt wurden. Zusätzlich muss das Darlehen im Jahr der Hingabe nach § 7f EStG[14] als Betriebsausgabe abzugsfähig gewesen sein. Wenn ein Darlehen kraft Gesetzes eine Betriebsausgabe für den Gläubiger ist, sind Aufgeld und Tilgungsbeträge als Betriebseinnahme desselben zu bewerten. Entsprechende Aufgelder wären also ohne die Befreiung als Betriebseinnahmen für Gläubiger mit Gewinneinkünften zu behandeln.[15] Die Befreiung war mit dem Ziel des Lastenausgleichs begründet, der gem. § 1 LAG Schäden und Verluste der Kriegs- und Nachkriegszeit abgelten sollte.[16] Die Sozialzweckbefreiung betrifft nur Darlehen, die vor 1955 gewährt worden sein müssen.[17] Unter dem Gesichtspunkt der Gesetzesvereinfachung wäre es Aufgabe des Gesetzgebers zu prüfen, ob der Norm dementsprechend noch eine Bedeutung zukommt. Solch eine Überprüfung würde zur Bedeutungslosigkeit der Norm führen, da Darlehen im vorgenannten Sinne offensichtlich keine praktische Bedeutung mehr haben, was wiederum die Aufhebung des zwecklos gewordenen Befreiungstatbestandes begründet.[18]

---

12 *Bergkemper*, in: H/H/R, EStG, § 3 Nr. 2, Rz. 2 (Stand: April 2021).
13 In der Fassung des EStG v. 08.10.2009, BGBl. I, 3366 (3374 ff.).
14 In der Fassung des G. v. 15.9.1953, BGBl. I, 1355.
15 *Bergkemper*, in: H/H/R, EStG, § 3 Nr. 18, Rz. 1 (Stand: August 2019).
16 *v. Beckerath*, in: K/S/M, EStG, § 3, Rz. B 18/10 (Stand: Januar 2002).
17 *v. Beckerath*, in: K/S/M, EStG, § 3, Rz. B 18/5 (Stand: Januar 2002).
18 *Bergkemper*, FR 1996, 509 (512); *Handzik*, in: L/B/P, EStG, § 3, Rz. 801 (Stand: August 2018); *Ross*, in: Frotscher/Geurts, EStG, § 3 Nr. 18, Rz. 1 (Stand: April 2016); *Hillmoth*, in: Lippross/Seibel, EStG, § 3 Nr. 18 EStG, Rz. 1 (Stand: Dezember 2018).

V. Grundbetrag der Produktionsaufgaberente (§ 3 Nr. 27)

§ 3 Nr. 27 EStG[19] stellt den Grundbetrag der Produktionsaufgaberente und das Ausgleichsgeld nach dem Gesetz zur Förderung der Einstellung der landwirtschaftlichen Erwerbstätigkeit (FELEG) bis zum Höchstbetrag von 18.407 Euro von der Einkommensteuer frei. Das FELEG soll älteren Landwirten das Ausscheiden aus dem Erwerbsleben erleichtern und sieht dafür u. a. Maßnahmen wie die Produktionsaufgaberente sowie das Ausgleichsgeld vor, die dem Ausscheidenden ein angemessenes Einkommen sichern sollen.[20] Gem. § 20 FELEG sind die Regelungen nur noch anzuwenden, wenn die Voraussetzungen für den Anspruch erstmals vor dem 01.01.1997 vorgelegen haben. Der Grundbetrag der Produktionsaufgaberente wird nach § 7 III FELEG längstens bis zur Zahlung des normalen Altersgeldes nach Vollendung des 65. Lebensjahres gewährt. Dasselbe gilt gem. § 11 II FELEG für das Ausgleichsgeld. Für die Anspruchsberechtigung musste wiederum spätestens im Jahr 1996 gem. § 1 I FELEG mindestens das 53. Lebensjahr vollendet gewesen sein. Somit werden die von § 3 Nr. 27 EStG befreiten Leistungen allenfalls bis zum Veranlagungszeitraum 2008 gewährt.[21] Der Befreiungstatbestand hat demnach mittlerweile keinen praktischen Anwendungsbereich mehr, ist zwecklos geworden und sollte gestrichen werden. Vor dem Hintergrund der verfassungsrechtlichen Bedenken und entsprechenden Reformversuchen[22] ist das Auslaufen begrüßenswert.[23]

VI. Zinsen aus Ansprüchen für deutsche Auslandsbonds (§ 3 Nr. 54)

§ 3 Nr. 54 EStG[24] stellt Zinsen aus Entschädigungsansprüchen für deutsche Auslandsbonds von der Steuer frei. Gem. § 1 I AuslWBG[25] i. V. m. Anlage 1 zum AuslWBG handelt es sich bei den betroffenen Auslandsbonds

---

19 In der Fassung des EStG v. 08.10.2009, BGBl. I, 3366 (3374 ff.).

20 BR Drs. 366/88, 1 f.

21 *Bergkemper*, in: H/H/R, EStG, § 3 Nr. 27, Rz. 5 (Stand: August 2019).

22 Siehe nur BT Drs. 14/23, 4 u. 168.

23 *v. Beckerath*, in: K/S/M, EStG, § 3, Rz. B 27/22 (Stand: September 2002).

24 In der Fassung des EStG v. 08.10.2009, BGBl. I, 3366 (3374 ff.).

25 Bereinigungsgesetz für deutsche Auslandsbonds v. 25.08.1952, BGBl. I, 553.

um Schuldverschreibungen des deutschen Reiches oder Körperschaften, deren Anteile dem deutschen Reich gehörten. In zeitlicher Hinsicht handelt es sich um Schuldverschreibungen, die vor 1945 ausgegeben wurden.[26] Im Auftrag des Nationalsozialistischen Regimes stellten die Institutionen des Deutschen Reiches bereits ab dem Jahr 1935 nach und nach Zahlungen auf solche Schuldverschreibungen ein.[27] Nach Beendigung des zweiten Weltkrieges einigten sich die betroffenen Staaten in den §§ 52 bis 54 AuslWBG auf eine Entschädigungslösung für Schuldverschreibungen, aus denen keine Leistungen mehr beansprucht werden konnte. Teil der Entschädigung waren die Kapitalrückzahlungen und Zinsen, die in der ursprünglichen Schuldverschreibung vorgesehen waren. Der Befreiungstatbestand in § 3 Nr. 54 EStG bezog sich auf den Entschädigungsanteil, der der ursprünglichen Zinshöhe entsprach.[28] Da es sich bei diesem Anteil der Entschädigung um Einkünfte im Sinne des § 20 I Nr. 7 EStG gehandelt hätte, wirkte die Befreiung konstitutiv im Bereich der Einkünfte aus Kapitalvermögen.[29] Heute hat die Befreiung keine praktische Bedeutung mehr, da die betroffenen Entschädigungen seit Anfang der 90er Jahre nicht mehr gezahlt werden.[30] Folgerichtig sieht *Bergkemper* keine Berechtigung mehr, die Norm im Gesetz zu behalten.[31] Bei der Aufhebung des § 3a EStG a. F.[32], der in einem sachlichen Zusammenhang zu § 3 Nr. 54 EStG stand, hat der Gesetzgeber den Zeitablauf der betroffenen Sachverhalte selbst erkannt[33], aber bisher offensichtlich nicht auf § 3 Nr. 54 EStG übertragen.

---

26 *Bergkemper*, in: H/H/R, EStG, § 3 Nr. 54, Rz. 2 (Stand: Oktober 2019).

27 *Glasemann*, Deutschlands Auslandsanleihen, 20–22.

28 *v. Beckerath*, in: K/S/M, EStG, § 3, Rz. B 54/16 (Stand: Februar 2004).

29 *v. Beckerath*, in: K/S/M, EStG, § 3, Rz. B 54/16 (Stand: Februar 2004); *Handzik*, in: L/B/P, EStG, § 3, Rz. 1980a (Stand August 2018).

30 Von keiner praktischen Bedeutung wegen Zeitablaufs gehen ebenfalls aus *Handzik*, in: L/B/P, EStG, § 3, Rz. 1980a (Stand August 2018); *Valta*, in: Brandis/Heuermann, EStG, § 3 Nr. 54, Rz. 1 (Stand: November 2020); *Tormöhlen*, in: Korn, EStG, § 3 Nr. 54, Rz. 1 (Stand: August 2006).

31 *Bergkemper*, in: H/H/R, EStG, § 3 Nr. 54, Rz. 1 (Stand: Oktober 2019); ähnlich: *v. Beckerath*, in: K/S/M, EStG, § 3, Rz. B 54/8 (Stand: Februar 2004).

32 Aufgehoben durch G. v. 25.02.1992, BGBl. I 1992, 297 (299).

33 BR Drs. 522/91, 52.

VII. Zuschläge für Kindererziehungszeiten (§ 3 Nr. 67 lit. d)

§ 3 Nr. 67 lit. d) EStG erweitert die Steuerbefreiung für Elterngeld auf Zuschläge für Kindererziehungszeiten, die nach dem BeamtVG und SVG geleistet werden. Bei diesen Zuschlägen handelt es sich um einen Teil der Beamtenpensionen.[34] Die Beamtenpension zählt unstrittig zu den sog. Ruhegehältern, die § 19 I Nr. 2 EStG den Einkünften aus nichtselbständiger Arbeit zurechnet. Im Zuge des Rentenurteils[35] hat sich der Gesetzgeber zu Recht dazu aufgefordert gesehen, diese steuerliche Privilegierung für die Pension im Vergleich zu der nicht begünstigten gesetzlichen Rente aufzuheben.[36] Die Befreiung greift demnach nicht mehr für Zuschläge nach dem BeamtVG oder SVG, die für ein nach dem 31.12.2014 geborenes Kind gewährt werden.[37] Die Befreiung läuft demnach folgerichtigerweise aus. Es lässt sich darüber hinaus kein Befreiungszweck finden, der die vorige Besserstellung der Pension gegenüber der gesetzlichen Rente legitimieren könnte.[38] Mithin ist die Norm auch hinsichtlich ihres noch praxisrelevanten Wirkungsbereichs für Zuschläge, die vor 2015 geborene Kinder betreffen, verfassungsrechtlich zu bezweifeln.

---

34 BT Drs. 18/3017, 41 f.

35 BVerfG, Urteil v. 06.03.2002 – 2 BvL 17/99, BVerfGE 105, 73.

36 BT Drs. 18/3017, 41 f.

37 BT Drs. 18/3017, 42.

38 Insofern ebenfalls kritisch: *Ross*, in: Frotscher/Geurts, EStG, § 3 Nr. 67, Rz. 4a (Stand: Juni 2021); *Handzik*, in: L/B/P, EStG, § 3, Rz. 2440d (Stand August 2018).

Befreiungszweck seit Einführung nicht ersichtlich

I. Bestimmte Rentenabfindungen (§ 3 Nr. 3 lit. a)

§ 3 Nr. 3 lit. a) EStG[1] befreit bestimmte Rentenabfindungen. Dafür verweist der Tatbestand auf die entsprechenden leistungsrechtlichen Tatbestände. Befreit werden die Rentenabfindungen nach § 107 SGB VI, § 21 BeamtVG, § 9 I Nr. 3 AltGG oder entsprechendem Landesrecht und nach § 43 SVG (ab 2025: § 59 SVG)[2] i. V. m. § 21 BeamtVG. Es handelt sich um eine enumerative Auflistung von Abfindungsbeträgen einer Witwen- oder Witwerrente wegen Wiederheirat der berechtigten Person.[3] Solch eine Abfindung hat den Zweck, die wegen der Wiederheirat wegfallende Witwen- oder Witwerrente auszugleichen.[4]

Die gesetzliche Rentenversicherung, die die Abfindung gem. § 107 SGB VI erbringt, wird in § 22 Nr. 1 S. 3 lit. a) Doppelbuchst. aa) EStG als leistende Institution genannt. Da es sich bei der Witwenrente um eine Leistung in der Auszahlungsphase handelt, wird diese zu den „anderen Leistungen" des § 22 Nr. 1 S. 3 lit. a) Doppelbuchst. aa) EStG zu zählen sein.[5] Soweit eine Abfindung hingegen auf einer beamtenrechtlichen Anspruchsgrundlage beruht, liegen Einkünfte aus nichtselbstständiger Arbeit aus früheren

1 Zuletzt geändert durch G v. 12.12.2019, BGBl. I, 2451 (2455).
2 Künftige Änderung vorgenommen durch G. v. 20.08.2021, BGBl. I 2021, 3932.
3 BT Drs. 16/3368, 16.
4 *Kuszynski*, in: BeckOK SozR, SGB VI, § 107, Rz. 2 (Stand: März 2023).
5 *v. Beckerath*, in: K/S/M, EStG, § 3, Rz. B 3/7, m.w.N. (Stand: Mai 2021).

Dienstleistungen gem. § 19 I Nr. 2 EStG vor.[6] § 3 Nr. 3 lit. a) EStG wirkt somit konstitutiv.

Der BFH machte 2012 eine besondere soziale Schutzbedürftigkeit der Personen, die die Abfindungen erhalten, als Grund für die Befreiung aus.[7] Solch ein sozialpolitischer Hintergrund sei für den Gesetzgeber gar ein ausreichender Grund, die Steuerfreiheit nur auf bestimmte Leistungen zu beschränken.[8] Diese apodiktischen Feststellungen des BFH überzeugen nicht. Im Gegenteil besteht für Witwen bzw. Witwer, die eine beschriebene Abfindung erhalten, keine derartige soziale Schutzbedürftigkeit. Zu der zuvor bezogenen Witwen- bzw. Witwerrente ergibt sich eine steuerliche Mehrbelastung schließlich nur durch die Zusammenballung der ausgezahlten Einnahmen.[9] Diesem Effekt könnte im bestehenden System wesentlich zielgerichteter durch eine Tarifermäßigung entgegenwirkt werden als durch eine sachliche Steuerfreistellung; zumal die Abfindungen die wirtschaftliche Leistungsfähigkeit der Empfänger ungemindert erhöht.[10] So ist *Bergkempers* Ergebnis[11] zuzustimmen, dass kein Befreiungszweck ersichtlich ist, der die von § 3 Nr. 3 lit. a) EStG ausgehenden Ungleichbehandlungen rechtfertigen könnte. Im Ergebnis handelt es sich also mangels Befreiungszweck und trotz der konstitutiven Wirkung um eine zwecklose Befreiung.

II. Leistungen aus berufsständischen Versorgungseinrichtungen (§ 3 Nr. 3 lit. c)

§ 3 Nr. 3 lit. c) EStG[12] befreit Leistungen aus berufsständischen Versorgungseinrichtungen, die den Leistungen nach § 3 Nr. 3 lit. a) und b) EStG entsprechen. § 22 Nr. 1 S. 3 lit. a) Doppelbuchst. aa) EStG erfasst als auszahlende Stelle auch die berufsständischen Versorgungseinrichtungen. Unter berufsständischen Versorgungseinrichtungen sind Pflichtmitgliedschaften in der

6 *v. Beckerath*, in: K/S/M, EStG, § 3, Rz. B 3/7 (Stand: Mai 2021); *Bergkemper*, in: H/H/R, EStG, § 3 Nr. 3, Rz. 1 (Stand: April 2020).
7 BFH, Beschluss v. 14.08.2012 – IX B 45/12, juris Rz. 5.
8 BFH, Beschluss v. 14.08.2012 – IX B 45/12, juris Rz. 5.
9 *v. Beckerath*, in: K/S/M, EStG, § 3, Rz. B 3/11 (Stand: Mai 2021).
10 *v. Beckerath*, in: K/S/M, EStG, § 3, Rz. B 3/11 (Stand: Mai 2021).
11 *Bergkemper*, in: H/H/R, EStG, § 3 Nr. 3, Rz. 1 (Stand: April 2020).
12 In der Fassung des EStG v. 08.10.2009, BGBl. I, 3366 (3374 ff.).

Altersversorgung für freie Berufe zu verstehen.[13] Wenn im Zuge der Altersversorgung für freie Berufe eine Abfindung geleistet wird, wäre diese grundsätzlich gem. § 22 Nr. 1 S. 3 lit. a) Doppelbuchst. aa) EStG steuerpflichtig. Soweit die Abfindung mit einer solchen vergleichbar ist, die eine verwitwete Person wegen Wiederheirat aus der gesetzlichen Rentenversicherung oder wegen beamtenrechtlicher Vorschriften erhält, stellt § 3 Nr. 3 lit. c) EStG die Abfindung mithin konstitutiv von der Steuer frei.

Die Einführung des Tatbestandes hat der Gesetzgeber aus Gleichbehandlungsgründen vorgenommen.[14] Dies beschreibt das Verhältnis zur ursprünglich auf Abfindungen aus der gesetzlichen Rentenversicherung limitierten Befreiung. Darüberhinausgehend wäre das Verhältnis der neuen Fassung des Befreiungstatbestandes zu den übrigen Abfindungen zu erläutern gewesen, die nicht befreit werden. Dies unterbleibt jedoch, sodass das Fehlen des Befreiungszwecks von § 3 Nr. 3 lit. a) EStG auf § 3 Nr. 3 lit. c) EStG übertragen werden kann.

III. Kapitalabfindungen an ehemalige Beamte sowie Soldaten (§ 3 Nr. 3 lit. d)

§ 3 Nr. 3 lit. d) EStG[15] befreit Kapitalabfindungen und Ausgleichszahlungen an ehemalige Beamte sowie Soldaten und entsprechende landesrechtliche Leistungen.[16] Gem. § 19 I Nr. 2 EStG gehören Bezüge und Vorteile aus früheren Dienstleistungen zu den Einkünften aus nichtselbstständiger Arbeit. Der Bezug muss weiterhin eine Gegenleistung für die frühere Arbeitsleistung und damit ein Ausfluss des Dienstverhältnisses darstellen.[17] Davon abzugrenzen sind durch Beitragsleistungen erworbene Rentenrechte.[18] Bestimmte Beamte erhalten gem. § 48 BeamtVG einen finanziellen Ausgleich für den Fall, dass sie vor Vollendung des 67. Lebensjahres wegen des Erreichens berufsspezifischer Altersgrenzen in den Ruhestand treten. Die vorzeitigen Pensionierungen erfolgen wegen besonderer Belastungen des jeweiligen

---

13 *Bergkemper*, in: H/H/R, EStG, § 3 Nr. 3, Rz. 4 (Stand: April 2020).
14 BT Drs. 16/3368, 16.
15 In der Fassung des EStG v. 08.10.2009, BGBl. I, 3366 (3374 ff.).
16 BT Drs. 16/3368, 16.
17 *Eisgruber*, in: Kirchhof/Seer, EStG, § 19, Rz. 74.
18 Vgl. nur: BFH, Urteil v. 23.11.2016 – X R 39/14, HFR 2017, 598 f.

Aufgabenfeldes. Der Ausgleich nach § 48 BeamtVG weist demnach eine enge Verknüpfung zur früheren Tätigkeit des ausgleichsberechtigten Beamten auf. Passend dazu zählt § 2 Nr. 6 BeamtVG den Ausgleich bei besonderen Altersgrenzen zu den Versorgungsbezügen. Zu Versorgungsbezügen zählen auch die von § 19 I Nr. 2 ausdrücklich erfassten Ruhegehälter.[19] Mithin führt der Ausgleich nach § 48 BeamtVG zu Einkünften aus nichtselbstständiger Arbeit gem. § 19 I Nr. 2 EStG. Dasselbe gilt für entsprechende Ausgleichszahlungen nach § 38 SVG, die vorzeitig in den Ruhestand getretenen Soldaten – ebenfalls wegen berufsspezifischer Belastungen – gewährt werden. Nach den §§ 28 bis 35 SVG besteht für Soldaten im Ruhestand außerdem die Möglichkeit, eine Kapitalabfindung zu beantragen, die teilweise an die Stelle ihres regulären Ruhegehalts tritt.[20] Das durch die Abfindung ersetzte Ruhegehalt zählte bereits gem. § 19 I Nr. 2 EStG zu den Einkünften aus nichtselbstständiger Arbeit.[21] Folgerichtig zählt dann ebenfalls die diese ersetzende Kapitalabfindung zu den Einkünften aus nichtselbstständiger Arbeit gem. § 19 I Nr. 2 EStG. Die Befreiungsnorm § 3 Nr. 3 lit. d) EStG wirkt folglich konstitutiv. Wie bereits zu § 3 Nr. 3 lit. a) EStG ausgeführt, lässt sich jedoch kein rechtfertigender Zweck für den beschränkten Kreis der Begünstigten erkennen. Folglich ist auch für den Tatbestand § 3 Nr. 3 lit. d) EStG kein Befreiungszweck ersichtlich.

IV. Leistungen an Soldaten, Polizisten usw. (§ 3 Nr. 4)

§ 3 Nr. 4 EStG[22] befreit unterschiedliche, im Tatbestand genannte Sach- und Geldbezüge an Angehörige der Bundeswehr, diverser Polizeibehörden, des Zolls und der Berufsfeuerwehr von der Einkommensteuer. Dem begünstigten Personenkreis gehören lediglich Beamte oder Angestellte an, die in einem Dienstverhältnis zu der entsprechenden Behörde stehen. Mithin kommen nur Einkünfte aus § 19 I Nr. 1 EStG in Frage. Damit die Befreiung konstitutiv wirkt, müssten die befreiten Sach- und Geldbezüge also dem Begriff des

---

19 Dies ergibt sich bereits aus dem Wortlaut von § 19 II 2 Nr. 1 EStG.
20 *v. Beckerath*, in: K/S/M, EStG, § 3, Rz. B 3/33 (Stand: Mai 2021).
21 Ebenso: *Tormöhlen*, in: Korn, EStG, § 3 Nr. 3, Rz. 2.1.
22 Zuletzt geändert durch G v. 25.7.2014, BGBl. I, 1266 (1280).

Arbeitslohns unterfallen.[23] Ein entscheidender Abgrenzungsmaßstab für das Vorliegen von Arbeitslohn ist, ob ein ausreichender Veranlassungszusammenhang zwischen dem zufließenden Bezug und der geleisteten Arbeitskraft des Arbeitnehmers ist.[24] Solch ein Zusammenhang ist stets zu verneinen, wenn ein Bezug ganz überwiegend im Eigeninteresse des Arbeitgebers gewährt wird.[25] Demnach ist für die von § 3 Nr. 4 EStG befreiten Bezüge abzugrenzen, ob diese ganz überwiegend im Eigeninteresse des Arbeitgebers gewährt werden oder nicht.[26] Darauf aufbauend lässt sich feststellen, in welchem Umfang die Befreiung konstitutiv oder klarstellend wirkt.

Zunächst nennt § 3 Nr. 4 lit. a) EStG überlassene Dienstkleidung als steuerbefreiten Bezug. Unentgeltlich überlassene Dienst- bzw. Arbeitskleidung wird im Eigeninteresse des Arbeitgebers gewährt, wenn es sich dabei um typische Berufskleidung handelt.[27] Da überlassene Dienstkleidung für die Beamten und Angestellten der genannten Behörden sowohl typische Berufskleidung als auch bürgerliche Kleidung (z. B. verpflichtend zu tragende zivile Sportkleidung[28]) umfasst, stellt § 3 Nr. 4 lit. a) EStG die Bezüge insoweit teilweise konstitutiv und teilweise klarstellend von der Steuer frei.[29] Dieser Rechtsgedanke lässt sich auf die von § 3 Nr. 4 lit. b) EStG befreiten Einkleidungsbeihilfen und Abnutzungsentschädigungen für Dienstkleidung übertragen. Auch hier ist die Wirkung nur konstitutiv, sofern der Kleiderzuschuss zum Erwerb oder wegen der Abnutzung bürgerlicher Kleidung erbracht wird.[30] Die von § 3 Nr. 4 lit. c) EStG befreite Verpflegung und Verpflegungszuschüsse stellen dann Arbeitslohn dar, wenn diese nicht im Einsatz gewährt werden. Im Einsatz gewährte Verpflegung wird nämlich ganz überwiegend im Eigeninteresse des Arbeitgebers geleistet.[31] Demnach teilt sich auch die Wirkung von

---

23 *v. Beckerath*, in: K/S/M, EStG, § 3, Rz. B 4/20 ff. (Stand: Mai 2015); *Bergkemper*, in: H/H/R, EStG, § 3 Nr. 4, Rz. 3 (Stand: April 2019).

24 *Pflüger*, in: H/H/R, EStG, § 19, Rz. 150, m.w.N. (Stand: August 2018).

25 Dazu eingehend: *Schneider*, FR 2015, 791.

26 Von diesem Ansatz ebenfalls ausgehend: *v. Beckerath*, in: K/S/M, EStG, § 3, Rz. B 4/20 ff. (Stand: Mai 2015); *Bergkemper*, in: H/H/R, EStG, § 3 Nr. 4, Rz. 3 (Stand: April 2019).

27 FG Düsseldorf, Urteil v. 12.12.2000 – 17 K 4509/95 H (L), m. Anm. *Valentin*, EFG 2001, 362.

28 *Baumdicker*, DStR 1987, 286 (287).

29 *Koether*, Steuerbefreiungen von Einnahmen aus nichtselbständiger Arbeit, 30.

30 *v. Beckerath*, in: K/S/M, EStG, § 3, Rz. B 4/22, m.w.N. (Stand: Mai 2015).

31 *Bergkemper*, in: H/H/R, EStG, § 3 Nr. 4, Rz. 3 (Stand: April 2019).

§ 3 Nr. 4 lit. c) EStG in einen konstitutiven und einen klarstellenden Bereich auf. Zuletzt befreit § 3 Nr. 4 lit. d) EStG sog. Heilfürsorge. Diesbezüglich ist zu differenzieren, ob die Heilfürsorge an den Arbeitnehmer selbst oder dessen Angehörige erbracht wird. Die Gesundheit der Einsatzkräfte steht wegen der Körperlichkeit ihrer beruflichen Tätigkeit im überwiegenden Eigeninteresse des Arbeitgebers, während für die Angehörigen die Vorteilsgewährung für den Arbeitnehmer überwiegt.[32] Für die § 3 Nr. 4 lit. d) EStG hat also ebenfalls nur eine partiell konstitutive Rechtsfolge.

Unter der Annahme, dass es dem Gesetzgeber primär auf die konstitutive Wirkung ankommt, ist nach dem Befreiungszweck zu fragen. *Bergkemper* macht in diesem Zusammenhang darauf aufmerksam, dass kein Sozialzweck ersichtlich ist, der die Begünstigung des genannten Personenkreises gegenüber anderen Arbeitnehmern rechtfertigen könnte.[33] *V. Beckerath* stellt darüber hinaus fest, dass Vereinfachungszwecke in jeder erdenklichen Form fehlen.[34] Im Ergebnis ist kein sachlicher Grund für die von der Befreiung ausgehende Ungleichbehandlung ersichtlich. Mit anderen Worten ist sie zwecklos.

---

32 *Koether*, Steuerbefreiungen von Einnahmen aus nichtselbständiger Arbeit, 44 f.

33 *Bergkemper*, in: H/H/R, EStG, § 3 Nr. 4, Rz. 3 (Stand: April 2019).

34 *v. Beckerath*, in: K/S/M, EStG, § 3, Rz. B 4/31, 32 u. 35 (Stand: Mai 2015).

Zusammenfassung der Ergebnisse und rechtspolitisches Postulat

Das Zusammenführen der Befreiungstatbestände des § 3 EStG in eine systematische Ordnung hat in erster Linie gezeigt, dass die Struktur des bisherigen § 3 EStG keiner Sachgesetzlichkeit folgt und das Setzen neuer Tatbestände letztlich willkürlich erfolgt. Dies erschwert sowohl das Verständnis der einzelnen Befreiungstatbestände als auch den Überblick über den gesamten Befreiungskatalog. Deshalb sollte der Gesetzgeber den bisherigen Befreiungskatalog durch die folgenden Normentwürfe ersetzen, die einer systematischen Ordnung folgen.

§ 3 Systemimmanente Befreiungen

(1) Fiskalzweckbefreiungen

Zur Verwirklichung des Leistungsfähigkeitsprinzip sind steuerfrei

1. zur Vermeidung einer Doppelbesteuerung
   a) Bezüge von Diplomaten und Konsulatsangehörigen
      entsprechender Normtext der Nr. 29
   b) Beiträge des Arbeitgebers zur umlagefinanzierten Altersvorsorge
      entsprechender Normtext der Nr. 56
   c) Beiträge des Arbeitgebers zu einer kapitalgedeckten Altersversorgung
      entsprechender Normtext der Nr. 63
   d) Teileinkünfteverfahren
      entsprechender Normtext der Nr. 40
2. zur Befreiung des Kaufkraftausgleichs
   entsprechender Normtext der Nr. 64

(2) Befreiungen im Sinne der Markteinkommenstheorie

Zur Verwirklichung der Markteinkommenstheorie sind steuerfrei

1. Zuwendungen aus Mitteln des Bundespräsidenten
   entsprechender Normtext der Nr. 20

2. Hilfen zur politischen oder strafrechtlichen Rehabilitierung
   entsprechender Normtext der Nr. 23
3. Kindergeld
   entsprechender Normtext der Nr. 24
4. Leistungen für die Kindererziehung
   entsprechender Normtext der Nr. 67 lit. c)
5. Hilfen nach dem Anti-D-Hilfegesetz
   entsprechender Normtext der Nr. 68
6. Hilfen nach dem HIV-Hilfegesetz
   entsprechender Normtext der Nr. 69

§ 4 Klarstellende Befreiungen

(1) Klarstellungen zum Belohnungscharakter von Arbeitslohn

Die folgenden Bezüge haben keinen Belohnungscharakter, sodass keine Einnahmen aus einer nichtselbständigen Tätigkeit vorliegen.

1. Weiterbildungsleistungen des Arbeitgebers
   entsprechender Normtext der Nr. 19
2. Unentgeltliche oder verbilligte Sammelbeförderung
   entsprechender Normtext der Nr. 32
3. Durchlaufende Gelder sowie Auslagenersatz
   entsprechender Normtext der Nr. 50
4. Sicherungsbeiträge des Arbeitgebers
   entsprechender Normtext der § 3 Nr. 63a
5. Übertragung von Versorgungsverpflichtungen auf einen Pensionsfonds
   entsprechender Normtext der Nr. 66

(2) Klarstellungen zum Zufluss von Arbeitslohn

Die folgenden Bezüge führen zu keinem Zufluss beim Arbeitnehmer, sodass sie noch nicht als Einnahme aus einer nichtselbständigen Tätigkeit zu erfassen sind.

1. Übertragung von Wertguthaben
   entsprechender Normtext der Nr. 53
2. Übertragung von Versorgungsanwartschaften
   entsprechender Normtext der Nr. 55
3. Übertragung von Anrechten bei interner Teilung
   entsprechender Normtext der Nr. 55a
4. Übertragung von Anrechten bei externer Teilung
   entsprechender Normtext der Nr. 55b
5. Übertragung von Altersvorsorgevermögen
   entsprechender Normtext der Nr. 55c
6. Übertragung von Anrechten auf Basisrente
   entsprechender Normtext der Nr. 55d
7. Übertragung von Altersvorsorgeanrechten wegen zwischenstaatl. Abkommen
   entsprechender Normtext der Nr. 55e

8. Pflichtbeiträge des Arbeitgebers zur Zukunftssicherung
   entsprechender Normtext der Nr. 62 S. 1
9. Insolvenzsicherung in der betrieblichen Altersvorsorge
   entsprechender Normtext der Nr. 65

(3) Klarstellung zu „anderen Leistungen" der gesetzl. Rentenversicherung
Die folgenden Bezüge unterfallen nicht dem Begriff der „anderen Leistungen" aus der gesetzlichen Rentenversicherung im Sinne des § 22 Nr. 1 S. 3 lit. a) Doppelbuchst. aa).
entsprechender Normtext der Nr. 1 lit. b) Alt. 1

(4) Klarstellung zum Mutterschaftsgeld an nicht gesetzlich Versicherte
entsprechender Normtext der Nr. 1 lit. d) Var. 2

(5) Klarstellung zu Rückerstattungen von Versicherungsbeiträgen
entsprechender Normtext der Nr. 3 lit. b)

(6) Klarstellendes lex generalis
entsprechender Normtext der Nr. 2 lit. e)

§ 5 Sozialzweckbefreiungen

(1) Nettobetrachtung sozialer Leistungen
Die folgenden Bezüge sind steuerfrei, um die sozialpolitische Gewährung der befreiten Leistung zu unterstützen. Der Leistende soll sich bei der Bemessung der Leistungshöhe daran orientieren können, was dem Bezieher zur Verfügung stehen soll.

1. Insolvenzgeld
   entsprechender Normtext der Nr. 2 lit. b) Alt. 1
2. Elterngeld
   entsprechender Normtext der Nr. 67 lit. a) u. b)
3. Gründungszuschuss
   entsprechender Normtext der Nr. 2 lit. a) Var. 4
4. Mutterschaftsgeld an gesetzlich Versicherte
   entsprechender Normtext der Nr. 1 lit. d) Var. 1
5. Zuschuss zum Mutterschaftsgeld
   entsprechender Normtext der Nr. 1 lit. d) Var. 4
6. Leistungen der Kranken- und Pflegeversicherung
   entsprechender Normtext der Nr. 1 lit. a) Alt. 1
7. Arbeitslosen- sowie Teilarbeitslosengeld
   entsprechender Normtext der Nr. 2 lit. a) Var. 1 u. 2
8. Kurzarbeitergeld
   entsprechender Normtext der Nr. 2 lit. a) Var. 3
9. Übergangsgeld nach dem SGB III
   entsprechender Normtext der Nr. 2 lit. a) Var. 5
10. Übergangsgeld nach dem SGB VI
    entsprechender Normtext der Nr. 1 lit. c)

11. Leistungen aus der gesetzlichen Unfallversicherung
entsprechender Normtext der Nr. 1 lit. a) Alt. 2
12. Wehr-, Zivil- und Freiwilligendienst
entsprechender Normtext der Nr. 5
13. Versorgungsbezüge an Wehr- oder Zivildienstleistende
entsprechender Normtext der Nr. 6
14. Leistungen nach dem Unterhaltssicherungsgesetz
entsprechender Normtext der Nr. 48
15. Beihilfen nach dem Soldatenversorgungsgesetz
entsprechender Normtext der Nr. 2 lit. c)
16. Staatliche Entschädigungen für Enteignungen
entsprechender Normtext der Nr. 7
17. Wiedergutmachung von nationalsozialistischem Unrecht
entsprechender Normtext der Nr. 8
18. Renten an Verfolgte
entsprechender Normtext der Nr. 8a
19. Rentenzuschlag bei geringen Einkommen
entsprechender Normtext der Nr. 14a
20. Ehrensold für Künstler
entsprechender Normtext der Nr. 43
21. Entschädigungen nach dem Infektionsschutzgesetz
entsprechender Normtext der Nr. 25
22. Bezüge wegen Hilfsbedürftigkeit aus öffentlichen Mitteln
entsprechender Normtext der Nr. 11
23. Fulbright-Stipendien
entsprechender Normtext der Nr. 42
24. Stipendien aus öffentlichen Mitteln
entsprechender Normtext der Nr. 44
25. Leistungen an Entwicklungshelfer
entsprechender Normtext der Nr. 61
26. Wohnraumfürsorge
entsprechender Normtext der Nr. 58
27. Weitere Wohnraumförderungen
entsprechender Normtext der Nr. 59

(2) Lenkungsnormen

Die folgenden Befreiungen weichen gezielt von der Besteuerung nach der wirtschaftlichen Leistungsfähigkeit ab, um das Verhalten der Steuerpflichtigen in eine gemeinwohlfördernde Richtung zu lenken.

1. Wirtschaftspolitische Lenkung

Zur wirtschaftspolitischen Lenkung sind steuerfrei

a) Mitarbeiterkapitalbeteiligungen
entsprechender Normtext der Nr. 39

b) INVEST-Zuschuss
entsprechender Normtext der Nr. 71

c) Corona-Sonderleistungen
entsprechender Normtext der Nr. 11a

d) Pandemiebedingte Zuschüsse zum Kurzarbeitergeld
entsprechender Normtext der Nr. 28a

e) Carried Interest
entsprechender Normtext der Nr. 40a

f) Veräußerungen an REITs
entsprechender Normtext der Nr. 70

g) Sonderleistung zum Inflationsausgleich
entsprechender Normtext der Nr. 11c

2. Umwelt- und gesundheitspolitische Lenkung

Zur umwelt- und gesundheitspolitischen Lenkung sind steuerfrei

a) Jobticket
entsprechender Normtext der Nr. 15

b) Überlassung eines betrieblichen Fahrrads
entsprechender Normtext der Nr. 37

c) Förderung der Elektromobilität
entsprechender Normtext der Nr. 46

d) Anpassungsgelder für Stilllegungen von Kohlekraftwerken
entsprechender Normtext der Nr. 60

e) Einnahmen für Pflegemaßnahmen
entsprechender Normtext der Nr. 36

f) Einnahmen einer Gastfamilie für die Betreuung behinderter Menschen
entsprechender Normtext der Nr. 10

g) Corona-Prämien an Pflegekräfte
entsprechender Normtext der Nr. 11b

3. Arbeitsmarktpolitische Lenkung

Zur arbeitsmarktpolitischen Lenkung sind steuerfrei

a) Förderung der Altersteilzeit
entsprechender Normtext der Nr. 28

b) Trinkgelder
entsprechender Normtext der Nr. 51

c) Gesundheitsförderung von Arbeitnehmern
entsprechender Normtext der Nr. 34

d) Arbeitgeberleistung zur Betreuung in Kindergärten
entsprechender Normtext der Nr. 33

e) Weitere Arbeitgeberleistung zur Kinderbetreuung
entsprechender Normtext der Nr. 34a

4. Gemeinnützige Lenkung
Zur gemeinnützigen Lenkung sind steuerfrei
  a) Übungsleiterpauschale
     entsprechender Normtext der Nr. 26
  b) Nebenberufliche gemeinnützige Tätigkeiten
     entsprechender Normtext der Nr. 26a
  c) Erstattungen an Kindertagespfleger
     entsprechender Normtext der Nr. 9

§ 6 Vereinfachungszweckbefreiungen

(1) Ersatz von Erwerbsaufwendungen
Die folgenden Erwerbseinnahmen sind steuerfrei, soweit diesen steuerlich zu berücksichtigende Erwerbsaufwendungen in identischer Höhe gegenüberstehen.
1. Aufwandsentschädigung aus öffentlichen Kassen
   entsprechender Normtext der Nr. 12
2. Reise- und Umzugskostenvergütungen aus öffentlichen Kassen
   entsprechender Normtext der Nr. 13
3. Rechtsgrundverweis v. a. auf Nr. 12 u. 13
   entsprechender Normtext der Nr. 35
4. Reise- und Umzugskostenvergütungen in der Privatwirtschaft
   entsprechender Normtext der Nr. 16
5. Aufwandspauschalen im Ehrenamt
   entsprechender Normtext der Nr. 26b
6. Werkzeuggeld
   entsprechender Normtext der Nr. 30
7. Überlassung von Berufskleidung
   entsprechender Normtext der Nr. 31
8. Werbungskostenersatz nach dem SGB III
   entsprechender Normtext der Nr. 2 lit. a) Var. 7
9. Kostenersatz nach dem SGB II
entsprechender Normtext der Nr. 2 lit. d)

(2) Ersatz von Sonderausgaben
Die folgenden Zuschüsse, Beiträge und Erstattungen sind steuerfrei, soweit sie sich auf steuerlich zu berücksichtigende Sonderausgaben des Empfängers beziehen.
1. Beitragszahlungen der Künstlersozialkasse
   entsprechender Normtext der Nr. 57
2. Freiwillige Zuschüsse des Arbeitgebers zur Zukunftssicherung
   entsprechender Normtext der Nr. 62 S. 2
3. Zuschüsse zur Krankenversicherung für Rentner
   entsprechender Normtext der Nr. 14
4. Erstattung von Vorsorgeaufwendungen nach dem Arbeitsplatzschutzgesetz
   entsprechender Normtext der Nr. 47
5. Zuschüsse zur Altersversorgung von Landwirten
   entsprechender Normtext der Nr. 17

(3) Reduzierung des Ermittlungsaufwands
Die folgenden Bezüge sind steuerfrei, um unverhältnismäßigen Ermittlungsaufwand für geringfügige Bezugsquellen zu vermeiden.

1. Sachprämien zur Kundenbindung
   entsprechender Normtext der Nr. 38
2. Private Nutzung von betrieblichen Datenverarbeitungsgeräten
   entsprechender Normtext der Nr. 45
3. Zahlungen an die Bundesagentur für Arbeit nach Anspruchsübergang
   entsprechender Normtext der Nr. 2 lit. b) Alt. 2

(4) Typisierung für den Betrieb von PV-Anlagen
Die folgende Befreiung geht typisierend davon aus, dass der Betrieb kleiner PV-Anlagen ohne Gewinnerzielungsabsicht erfolgt. Steuerfrei sind
entsprechender Normtext der Nr. 72

Dieser „neue“, aus vier Paragrafen bestehende, Befreiungskatalog sollte in einem zweiten Schritt auf weiteren Kürzungen untersucht werden. Dabei sind die systemimmanenten Normen beizubehalten, die die einkommensteuerliche Bemessungsgrundlage folgerichtig im Sinne des Leistungsfähigkeitsprinzips beschneiden. Die Betrachtung von § 3 Nr. 40 EStG hat allerdings gezeigt, dass Befreiungen einer leistungsfähigkeitsgerechten Grundidee folgen können, aber ihre konkrete Ausgestaltung kritisch zu bewerten ist. Im Sinne der Besteuerungsgleichheit wirken grundsätzlich auch solche Befreiungen, die zu weit gefasste Grundtatbestände im Sinne der Markteinkommenstheorie begrenzen. Wesentlich zu weit gefasst ist der Grundtatbestand der sonstigen Einkünfte in Form der wiederkehrenden Bezüge nach § 22 Nr. 1 S. 1 Hs. 1 EStG. Die Markteinkommenstheorie könnte alternativ in den Wortlaut des § 22 Nr. 1 S. 1 Hs. 1 EStG aufgenommen werden, was die Notwendigkeit von entsprechenden Befreiungen vorbeugen würde. Die Einzelbetrachtung der klarstellenden Normen hat gezeigt, dass diese häufig im Sinne der Rechtssicherheit wirken und folglich ebenfalls beizubehalten sind, soweit sie einen Streit um die Steuerbarkeit des befreiten Bezugs beenden.

Eine besondere Rolle nehmen Vereinfachungszweckbefreiungen ein, da diese im Sinne der Gesamtgerechtigkeit wirken können, obwohl die Vereinfachung teils zulasten der Einzelfallgerechtigkeit geht. Typisierungen beispielsweise nehmen eine Stellung zwischen systemkonform und systemwidrig ein, je nachdem, ob die Typisierung einen typischen Fall realitätsgerecht abbildet oder nicht. Die Betrachtung von § 3 Nr. 72 EStG hat gezeigt, dass dort eher politisch gegriffene als empirisch belegte Größen abgebildet werden. Neben den Besonderheiten für Typisierungen, kommt es für die Daseinsberechtigung jeder Vereinfachungsbefreiungen entscheidend darauf an, ob die tatsächlichen Rechtsfolgen noch der ursprünglichen Vereinfachungsidee entsprechen. Im Zuge der systematischen Ordnung wurden die einzelnen Vereinfachungszweckbefreiungen zwar keiner vollumfänglichen verfassungsrechtlichen Prüfung unterzogen. Entsprechende Bedenken haben sich aber dann abgezeichnet, wenn sich der gewünschte Vereinfachungseffekt auf zu spezielle Fälle konzentriert. Sowohl innerhalb der Gruppe der Arbeitnehmer als auch zwischen Arbeitnehmern und übrigen Steuerpflichtigen kann es wegen des zu speziellen Anwendungsbereichs zu Ungleichbehandlungen kommen, die schwierig zu rechtfertigen sind. Und selbst wenn diese Ungleichbehandlungen nicht zu einer verfassungswidrigen Privilegierung führen würden, sollten vereinfachende Alternativen wie allgemeinere Befreiungspauschbeträge diskutiert werden, die zu einer flächendeckenderen Vereinfachungswirkung führen könnten und zweitens Ungleichbehandlungen durch zu spezielle Begünstigungen vorbeugen. Im Veranlagungsverfahren könnte des Weiteren auch ohne Befreiungstatbestand in geeigneten Fällen auf das Instrument der Schätzung zurückgegriffen werden, wenn einem erheblichen Ermittlungsaufwand eine geringfügig ergiebige Bezugsquelle gegenübersteht. Die Normen, die Aufwendungsersatz freistellen und diese, die Zuschüsse etc. zu Sonderausgaben freistellen, sind indes als eine Fallgruppe der Vereinfachungszweckbefreiungen zu verstehen, die vollumfänglich über eine Generalklausel abgedeckt werden könnten. Bisher werden diese Fallgruppen durch eine Vielzahl von Tatbeständen im Gesetz abgebildet, die auf Einzelfälle zugeschnitten sind. Dieses Vorgehen sorgt für Komplexität und begünstigt jeweils einen speziell ausgewählten Personenkreis. Sowohl die Komplexität als auch etwaige Ungleichbehandlungen werden reduziert, wenn die Fallgruppen zwei geordneten Generalklauseln abgebildet werden, die den folgenden Wortlaut haben könnten:

Erwerbseinnahmen sind steuerfrei, wenn den befreiten Erwerbseinnahmen steuerlich zu berücksichtigende Erwerbsaufwendungen in identischer Höhe gegenüberstehen.

Zuschüsse, Beiträge und Erstattungen sind steuerfrei, soweit sie sich auf steuerlich zu berücksichtigende Sonderausgaben des Empfängers beziehen.

Auch zwischen den Befreiungen der Nummern 11, 42 und 44 lässt eine Parallele erkennen.[1] Während die Nummern 42 und 44 Leistungen aus Stipendien befreien, bezieht sich Nummer 11 auch auf Leistungen in Form von Ausbildungsbeihilfen, die wegen der Hilfsbedürftigkeit der Empfänger geleistet werden.[2] *Bergkemper* hält Nummer 42 in dieser Beziehung als spezielleren Tatbestand für vorranging anwendbar und kommt für das Verhältnis von Nummer 11 zu 44 zu dem Ergebnis, dass diese nebeneinander anwendbar sind.[3] Statt drei Tatbestände im Befreiungstatbestand zu erhalten, die sich teilweise überschneiden, sollte eine einheitliche Norm entworfen werden. Ein weiteres Beispiel von Befreiungen mit identischen Wertungen, sind die Nummern 26, 26a und 26b.

Für die meisten Sozialzwecknormen ist der Entwurf einer Generalklausel indes nicht möglich. Der Tatbestand einer verhaltenslenkenden oder die Leistungsgewährung unterstützenden Norm ist an die individuellen Umstände einer Fördermaßnahme geknüpft und kann nicht in generalisierende Sätze gegossen werden. Das Nachvollziehen von Lenkungszwecken einer Norm wurde erstens dadurch erschwert, dass der Gesetzgeber in vielen Fällen seiner Begründungspflicht nicht oder nicht ausreichend nachgekommen ist. Wenn das gewünschte Verhalten nicht klar benannt ist, kann auch dessen tatsächlicher Eintritt nicht überprüft werden. Dieser Mangel der gesetzgeberischen Begründungspflicht lässt sich auf Befreiungen übertragen, die mutmaßlich die eigentliche Leistungsgewährung unterstützen sollen. Soweit die sozialen Motive der Leistungsgewährung auch auf die steuerliche Freistellung der Leistung abfarben sollen, muss dies seitens des Steuergesetzgebers benannt werden. Nur so werden die Ungleichbehandlungen für nicht begünstigte Steuerpflichtige sichtbar. Bereits im Gesetzgebungsprozess sind Gründe zu nennen, die entsprechende Begünstigungen rechtfertigen können. Dies gilt besonders für Normen, in denen sich unterschiedliche Wertungen überschneiden. Diese stehen sinnbildlich für die Komplexität des Befreiungskataloges. So greift die vereinfachende Wirkung einer Norm mitunter nur partiell bzw. gilt nicht für alle erfassten Fälle einer Befreiung. Der übrige

1 *v. Beckerath*, in: K/S/M, EStG, § 3, Rz. B 42/3 (Stand: September 2003).

2 Deswegen einen sachlichen Zusammenhang zwischen Nummer 11 u. 44 erkennt auch: *Hüttemann*, Gemeinnützigkeitsrecht und Spendenrecht, Rz. 9.63.

3 *Bergkemper*, in: H/H/R, EStG, § 3 Nr. 44, Rz. 1 (Stand: November 2023).

Wirkungsbereich einer solchen Norm stellte sich häufig als systemwidrig und damit als separat rechtfertigungsbedürftige Steuervergünstigung dar. Für die Vorbereitung auf verfassungsrechtliche Einzelprüfungen solcher Normen, ist es als wichtige Weichenstellung anzusehen, dass die unterschiedlichen Wertungen im Zuge der Einzelbetrachtung vollständig benannt wurden. So kann die vorige Zuordnung als Nebeneffekt auf die verfassungsrechtliche Prüfung einzelner Befreiungstatbestände vorbereiten. Unabhängig von dem Ausgang solcher Einzelprüfungen haben überschneidende Anwendungsbereiche von einzelnen Befreiungsnormen Verwirrung gestiftet. Diesbezüglich wäre es als systematischer Teilerfolg zu bewerten, wenn der Gesetzgeber die hier ermittelte Reihenfolge der Tatbestände inklusive Begründung der Befreiungen übernimmt. So ergibt sich eine Schablone für potenzielle Kürzungen bzw. die Einführung von weiteren Sozialzweckbefreiungen, wenn der Gesetzgeber diese für notwendig erachtet. Dabei ist zu beachten, dass Sozialzweckbefreiungen als systemwidrige Normen besonders rechtfertigungsbedürftig sind.

Literaturverzeichnis

Altfelder, Stefan: Beitrag oder Leistung? - Orientierungshilfe für Personengesellschafter im Dickicht aktueller Vorschriften zu Umsatzsteuer, Private-Equity-Fonds und Halbeinkünfteverfahren, FR 2005, S. 6–20.

Arbeitsgemeinschaft für betriebliche Altersversorgung e. V. (Hrsg.): Handbuch der betrieblichen Altersversorgung – Teil I, 88. Lieferung (Dezember 2023), Heidelberg (zitiert: *Bearbeiter*, in: Handbuch der betrieblichen Altersversorgung Teil I, Rz. … [Stand: …])

Babrowski, Udo: Die Steuerbefreiung als Rechtsform der Subvention, Dissertation, Tübingen 1976 (zitiert: *Babrowski,* Die Steuerbefreiung als Rechtsform der Subvention).

Baumdicker, Gotthard: Werbungskosten der Soldaten, DStR 1987, S. 286–290.

Becker, Joachim: Einkommensbesteuerung staatlicher Leistungen? – Grundsatzfragen anläßlich der Debatte zur Besteuerung von „Telekom-Treueaktien", FR 2001, S. 231–240.

Beck'scher Online-Kommentar Arbeitsrecht, hrsg. v. Christian Rolfs u. a., 70. Edition (Dezember 2023), München (zitiert: *Bearbeiter*, in: BeckOK ArbR, Gesetz, § …, Rz. … [Stand: …]).

Beck'scher Online-Kommentar Infektionsschutzrecht, hrsg. v. Christian Eckart und Michael Winkelmüller, 18. Edition (Oktober 2023), München (zitiert: *Bearbeiter*, in: BeckOK InfektionsschutzR, Gesetz, § …, Rz. … [Stand: …]).

Beck'scher Online-Kommentar Sozialrecht, hrsg. v. Christian Rolfs u. a., 71. Edition (Dezember 2023), München (zitiert: *Bearbeiter*, in: BeckOK SozR, Gesetz, § …, Rz. … [Stand: …]).

Beck'sches Steuer- und Bilanzrechtslexikon, hrsg. v. Matthias Alber u. a., 65. Edition (Dezember 2023), München (zitiert: *Bearbeiter*, in: Beck'sches Steuer- und Bilanzrechtslexikon, Rz. … [Stand: …]).

Behrens, Stefan: Besteuerung des Carried Interest nach dem Halbeinkünfteverfahren - Anmerkungen zum Gesetz zur Förderung von Wagniskapital, FR 2004, S. 1211–1219.

Bergkemper, Winfried: § 3 EStG - Ein Waisenkind der Steuergesetzgebung, Ein Beitrag zur juristischen Qualität des Befreiungskatalogs und zu verfassungsrechtlich zweifelhaften Befreiungsvorschriften, FR 1996, S. 509–513.

Bergkemper, Winfried: Anmerkung zum BFH-Urteil vom 09.10.1996 – XI R 35/96, FR 1997, S. 60–62.
Bergkemper, Winfried: Zur Verfassungsmäßigkeit der Steuerbefreiung von Aufwandsentschädigungen - Anmerkungen zum Beschluß des BVerfG v. 11.11.1998 – 1 BvL 10/95, FR 1999, S. 517–519.
Bergkemper, Winfried: Anmerkung zum BFH-Urteil vom 19.02.2004 – VI R 135/01, FR 2004, S. 650–655.
Bergkemper, Winfried: Anmerkung zum BFH-Urteil vom 16.02.2005 – VI R 37/04, FR 2005, S. 893–895.
Bergkemper, Winfried: Anmerkung zum BFH-Urteil vom 14.09.2005 – VI R 32/04, HFR 2005, S. 1166–1169.
Bergkemper, Winfried: Lohnzuwendungen im Bereich der betrieblichen Altersvorsorge, FR 2011, S. 1043–1051.
Bergkemper, Winfried: Anmerkung zum BFH-Urteil vom 14.11.2012 – VI R 56/11, FR 2013, S. 472–475.
Bilgery, Wolfgang: Die steuerliche Vergünstigungsnorm im Lichte der Theorie vom Stufenaufbau des Steuertatbestandes, Dissertation, Tübingen 1988 (zitiert: *Bilgery*, Die steuerrechtliche Vergünstigungsnorm).
Birk, Dieter: Das Leistungsfähigkeitsprinzip als Maßstab der Steuernormen, Habilitation, Köln 1983 (zitiert: *Birk*, Das Leistungsfähigkeitsprinzip).
Birk, Dieter/Hohaus, Benedikt: Umlagen und Sonderzahlungen im Bereich der Zusatzversorgung und deren lohnsteuerliche Behandlung, FR 2003, S. 441–447.
Blomeyer, Wolfgang/Rolfs, Christian/Otto, Klaus: Betriebsrentengesetz, Kommentar, hrsg. v. Christian Rolfs u. a., 8. Aufl., München 2022 (zitiert: *Bearbeiter*, in: B/R/O, Gesetz, § …, Rz. …).
Bordewin, Arno/Brandt, Jürgen: Einkommensteuergesetz, Kommentar, hrsg. v. Jürgen Brandt und Walter Bode, 457. Lieferung (November 2023), Heidelberg (zitiert: *Bearbeiter*, in: Bordewin/Brandt, EStG, § …, Rz. … [Stand: …]).
Brand, Jürgen: SGB III, Sozialgesetzbuch, Arbeitsförderung, Kommentar, 9. Aufl., München 2021 (zitiert: *Bearbeiter*, in: Brand, SGB III, § …, Rz. …).
Brandis, Peter/Heuermann, Bernd: Ertragsteuerrecht, Kommentar Ordner 1 (§§ 1–8 EStG), Ordner 2 (§§ 9–25 EStG), 169. Lieferung (November 2023), München (zitiert: *Bearbeiter*, in: Brandis/Heuermann, Gesetz, § …, Rz. … [Stand: …]).
Breinersdorfer, Stefan: Praktische Aspekte des neuen Mitarbeiterkapitalbeteiligungsgesetzes, DStR 2009, S. 453–458.
Brose, Wiebke/Weth, Stephan/Volk, Anette: Mutterschutzgesetz und Bundeselterngeld- und Elternzeitgesetz, Kommentar, 9. Aufl., München 2020 (zitiert: *Bearbeiter*, in: Brose/Weth/Volk, Gesetz, § …, Rz. …).
Buge, Ronald: Besteuerung des Carried Interest bei gewerblichen Private Equity Fonds - Zugleich Anmerkung zum Urteil des BFH v. 11.12.2018 – VIII R 11/16, Ubg 2019, S. 432–439.

Bundesministerium der Finanzen (Hrsg.): Thesen der Einkommensteuer-Kommission zur Steuerfreistellung des Existenzminimums ab 1996 und zur Reform der Einkommensteuer, Schriftenreihe des Bundesministeriums für Finanzen, Heft 55, Bonn 1995 (zitiert: Schriftenreihe des BMF, Heft 55).

Bundesministerium der Finanzen (Hrsg.): Reform der Einkommensbesteuerung – Vorschläge der Steuerreformkommission – vom 22. Januar 1997 „Petersberger Steuervorschläge", Schriftenreihe des Bundesministeriums für Finanzen, Heft 61, Bonn 1997 (zitiert: Schriftenreihe des BMF, Heft 61).

Burmeister, Gabriele: Begriff und Funktion des Steuergutes im Steuerrecht - Zur Bedeutung der Steuergüter für eine inner- und interstaatliche sachgerechte Steuerordnung, StuW 1993, S. 221–230.

Bydlinski, Franz: Juristische Methodenlehre und Rechtsbegriff, 2. Aufl., Wien/ New York 1991 (zitiert: *Bydlinski*, Juristische Methodenlehre und Rechtsbegriff).

Canaris, Claus-Wilhelm: Systemdenken und Systembegriff in der Jurisprudenz - entwickelt am Beispiel des deutschen Privatrechts, Habilitation, Berlin 1969 (zitiert: *Canaris*, Systemdenken und Systembegriff in der Jurisprudenz).

Carl, Dieter: Aufwandsentschädigungen aus öffentlichen Kassen im Einkommensteuerrecht, FR 1991, S. 125–130.

Cölln, Tobias von: Erneut: Die steuerliche Behandlung von INVEST-Zuschüssen für Wagniskapital - Die Neuerungen des INVEST-Zuschusses 2.0, DStR 2017, S. 1185–1192.

Crezelius, Georg: Systeminkonsequenzen und Rückausnahmen, FR 2009, S. 881–890.

Dahl, Gerhard: Unscharfe Konturen beim ausufernden lohnsteuerfreien Auslagenersatz - Zum jüngsten Instrumentenreparaturen-Fall des BFH, BB 2006, S. 2273–2279.

Daube, Wolfgang: Anmerkung zum BFH-Urteil vom 16.01.1998 – VI R 5/96, FR 1998, S. 424–427.

Desens, Marc: Verfassungsrechtliche Rahmenbedingungen und ertragsteuerrechtliche Grundprinzipien von Umstrukturierungen, in: Deutsche Steuerjuristische Gesellschaft, Band 43, Umstrukturierung und Steuerrecht, hrsg. v. Joachim Hennrichs, Köln 2020, S. 73–143 (zitiert: *Desens*, in: DStJG 43 [2020]).

Dettmeier, Michael/Gemmel, Heiko/Kaiser, Sascha: Die Einführung des deutschen REIT - Eine erste steuerliche Analyse des REIT-Gesetzes, BB 2007, S. 1191–1198.

Diering, Björn/Timme, Hinnerk/Stähler, Thomas: SGB X - Sozialverwaltungsverfahren und Sozialdatenschutz, Kommentar, 6. Aufl., Baden-Baden 2023 (zitiert: *Bearbeiter*, in: Diering/Timme/Stähler, SGB X, § …, Rz. …).

Dürr, Christiane: Der Betriebsausgabenabzug im Rahmen des § 3 Nr. 26 EStG - ein Verstoß gegen das objektive Nettoprinzip? (§ 3 Nr. 26 EStG), FR 2016, S. 849–851.

Ebner, Markus: Anmerkung zum BFH-Urteil vom 10.10.2017 – X R 3/17, HFR 2018, S. 442–444.

von Einem, Hans-Jörg: Das Kindererziehungsleistungsgesetz, NJW 1987, S. 3100–3103.

Erfurter Kommentar zum Arbeitsrecht, hrsg. v. Rudi Müller-Glöge u. a., 23. Aufl., München 2023 (zitiert: *Bearbeiter*, in: ErfK zum Arbeitsrecht, Gesetz, § …, Rz. …).

Figge, Gustav: Sozialversicherungs-Handbuch – Beitragsrecht, bearbeitet v. Norbert Minn und Stefan Sieben, 134. Lieferung (Oktober 2023), Köln (zitiert: *Bearbeiter*, in: Figge, Sozialversicherungs-Handbuch, Rz. … [Stand: …]).

Frotscher, Gerrit/Geurts, Matthias: Einkommensteuergesetz, Kommentar, 238. Lieferung (2023), Freiburg (zitiert: *Bearbeiter*, in: Frotscher/Geurts, EStG, § …, Rz. … [Stand: …]).

Fuisting, Bernhard: Die preußischen direkten Steuern, 7. Aufl., Berlin 1907 (zitiert: *Fuisting*, Die direkten Steuern).

Gerhardt, Jens: Infektionsschutzgesetz, Kommentar, 6. Aufl., München 2022 (zitiert: *Gerhardt*, IfSG, § …, Rz. …).

Geserich, Stephan: LSt-Update 2018/2019: Gesetzliche Neuregelungen - Arbeitnehmermöglichkeiten zur Einsparung und Erstattung von LSt, DB 2019, S. 509–514.

Glasemann, Hans-Georg: Deutschlands Auslandsanleihen 1924–1945 - Rückzahlungen nach der Wiedervereinigung von 1990, Wiesbaden 1993 (zitiert: *Glasemann*, Deutschlands Auslandsanleihen).

Görbing (ohne Vornamen): Änderung der Vorschriften über steuerfreie Einnahmen, DStZ 1957, S. 243–244.

Groeger, Axel: Arbeitsrecht im Öffentlichen Dienst, 3. Aufl., Köln 2020 (zitiert: *Bearbeiter*, in: Groeger, Arbeitsrecht im Öffentlichen Dienst, Rz. …).

Hauck, Karl/Noftz, Wolfgang: Sozialgesetzbuch, Kommentar, Band 3 (SGB III), hrsg. v. Thomas Voelzke, 6. Lieferung, Berlin 2023, Band 6 (SGB VI), hrsg. v. Wolfgang Fichte, 4. Lieferung, Berlin 2023, Gesamtwert hrsg. v. Dagmar Oppermann, (zitiert: *Bearbeiter*, in: Hauck/Noftz, Gesetz, § …, Rz. … [Stand: …]).

Hensel, Albert: Steuerrecht, 3. Auflage, Berlin 1933 (zitiert: *Hensel*, Steuerrecht).

Herrmann, Carl/Heuer, Gerhard/Raupach, Arndt: Einkommen- und Körperschaftsteuergesetz, Band I (Einf. zum EStG, Rechtsentwicklung u. §§ 1-3c), Band IV (§§ 8–14a EStG), Band V (§§ 15–18 EStG), Band VI (§§ 19–32d EStG), hrsg. v. Johanna Hey, Martin Klein und Michael Wendt, 321. Lieferung (Oktober 2023), Köln (zitiert: *Bearbeiter*, in: H/H/R, EStG, § …, Rz. … [Stand: …]).

Heidner, Sarah: Vorschrift des § 21 Abs. 2 EStG als Beispiel für den gesetzgeberischen Typisierungsspielraum im Steuerrecht, DStZ 2021, S. 454–464.

Hey, Johanna: Abbau von Direktsubventionen und Steuervergünstigungen - verfassungsrechtliche terra incognita, StuW 1998, S. 298–316.

Hey, Johanna: Steuergesetzgebungslehre, StuW 2019, S. 3–21.

Hey, Johanna: Der Gleichheitssatz im Steuerrecht – BVerfG vom 19.11.2019 zu den Aufwendungen der Erstausbildung: Für die Zuordnung gemischter Aufwendungen gilt das bloße Willkürverbot, FR 2020, S. 578–586.

Hey, Johanna: Evaluierung von Normen – Möglichkeiten und Grenzen, FR 2021, S. 293–300.

Höfling, Wolfram: Verfassungsfragen einer ökologischen Steuerreform, StuW 1992, S. 242–251.

Hüttemann, Rainer: Gemeinnützigkeitsrecht und Spendenrecht, 5. Aufl., Köln 2021 (zitiert: *Hüttemann*, Gemeinnützigkeitsrecht und Spendenrecht).

Jochum, Heike: Wissens- und Willenselemente des Steuertatbestandes, in: 100 Jahre Steuerrechtsprechung in Deutschland 1918-2018 - Festschrift für den Bundesfinanzhof, hrsg. v. Klaus-Dieter Drüen, Johanna Hey und Rudolf Mellinghoff, Köln 2018, S. 341–360 (zitiert: *Jochum*, in: FS BFH).

Kanzler, Hans-Joachim: Pflegeleistungen, Sittenpflicht und Steuerfreiheit - Zur Auslegung einer neuen Steuerbefreiung, FR 1996, S. 189–197.

Kasseler Kommentar Sozialversicherungsrecht, hrsg. v. Anne Körner u. a., 118. Lieferung (März 2022), München (zitiert: *Bearbeiter*, in: KassKomm, Gesetz, § …, Rz. … [Stand: …]).

Kessler, Wolfgang/Spengel, Christoph: Checkliste potenziell EU-rechtswidriger Normen des deutschen direkten Steuerrechts – Update 2018, DB 2018, Beilage 1 zu Heft 5.

Kießling, Andrea: Infektionsschutzgesetz, Kommentar, 3. Aufl., München 2022 (zitiert: *Bearbeiter*, in: Kießling, IfSG, § …, Rz. …).

Kirchhof, Gregor/Kulosa, Egmont/Ratschow, Eckart: Einkommensteuergesetz, Kommentar, Band 1, München 2020 (zitiert: *Bearbeiter*, in: K/K/R, EStG, § …, Rz. …).

Kirchhof, Paul: Einkommensteuergesetzbuch – Ein Vorschlag zur Reform der Einkommen- und Körperschaftsteuer, Heidelberg 2004 (zitiert: *P. Kirchhof*, Einkommensteuergesetzbuch).

Kirchhof, Paul: Bundessteuergesetzbuch – Ein Reformentwurf zur Erneuerung des Steuerrechts, Heidelberg 2011 (zitiert: *P. Kirchhof*, Bundessteuergesetzbuch).

Kirchhof, Paul: Klaus Tipke: Steuergerechtigkeit, StuW 2021, S. 190–198.

Kirchhof, Paul/Seer, Roman: Einkommensteuergesetz, Kommentar, 23. Auflage, Köln 2024 (zitiert: *Bearbeiter*, in: Kirchhof/Seer, EStG, § … Rz. …).

Kirchhof, Paul/Söhn, Hartmut/Mellinghoff, Rudolf: Einkommensteuergesetz, Band 2 (§§ 1a–2b), Band 3 (§ 3), Band 13 (§§ 18–20), Band 14 (§§ 21–28), Band 16 (§§ 35–43a), hrsg. v. Paul Kirchhof, Rudolf Mellinghoff und Hanno Kube, 340. Lieferung (November 2023), Heidelberg (zitiert: *Bearbeiter*, in: K/S/M, EStG, § …, Rz. … [Stand: …]).

Knickrehm, Sabine/Roßbach, Gundula/Waltermann, Raimund: Kommentar zum Sozialrecht, 8. Aufl., München 2023 (zitiert: *Bearbeiter*, in: Knickrehm/Roßbach/Waltermann, Gesetz, § …, Rz. …).

Knobbe-Keuk, Brigitte: Die Einkommensteuerpflicht gewerkschaftlicher Streikunterstützungen, DB 1992, Beilage 6 zu Heft 17.

Kommission zur Reform der Unternehmensbesteuerung eingesetzt vom Bundesminister der Finanzen: Brühler Empfehlungen zur Reform der Unternehmensbesteuerung, FR 1999, S. 580–586.

Korn, Klaus: Einkommensteuergesetz, Kommentar, hrsg. v. Klaus Korn, Rudolf Stahl und Martin Strahl, 148. Lieferung (September 2023), Bonn (zitiert: *Bearbeiter*, in: Korn, EStG, § …, Rz. … [Stand: …]).

Koether, Jürgen: Die Steuerbefreiungen von Einnahmen aus nichtselbständiger Arbeit: eine systematische Untersuchung unter besonderer Berücksichtigung des Verfassungs- und Arbeitsrechts, Dissertation, Köln 1972 (zitiert: *Koether:* Steuerbefreiungen von Einnahmen aus nichtselbständiger Arbeit).

Kovermann, Jost: Zehn Jahre REITG: Eine Misserfolgsgeschichte, AG 2018, S. 22–26.

Krauskopf, Dieter: Soziale Krankenversicherung, Pflegeversicherung, Kommentar, Band 1 (SGB I, SGB IV, §§ 1–26 SGB V), hrsg. v. Regine Wagner und Stefan Knittel, 119. Lieferung (Juni 2023), München (zitiert: *Bearbeiter*, in: Krauskopf, SGB …, § …, Rz. … [Stand: …]).

Kreikebohm, Ralf/Roßbach, Gundula: SGB VI, Kommentar, 6. Aufl., München 2021 (zitiert: *Bearbeiter*, in: Kreikebohm/Roßbach, SGB VI, § …, Rz. …).

Kruse, Heinrich Wilhelm: Zur Einkommensteuerpflicht gewerkschaftlicher Streikunterstützungen und Aussperrungsunterstützungen, StuW 1981, S. 15–22.

Kube, Hanno: Finanzgewalt in der Kompetenzordnung, Habilitation, Tübingen 2004 (zitiert: *Kube*, Kompetenzordnung).

Kühnberger, Manfred: Der G-REIT: eine Misserfolgsgeschichte – Ein Versuch der Erklärung mit Corporate-Governance-Merkmalen, DStR 2018, S. 1832–1838.

Kußmaul, Heinz/Kloster, Florian: Maßnahmen zur steuerlichen Förderung der Elektromobilität, BB 2016, S. 1817–1822.

Lang, Joachim: Systematisierung der Steuervergünstigungen - Ein Beitrag zur Lehre vom Steuertatbestand, Dissertation, Berlin 1974 (zitiert: *Lang*, Systematisierung der Steuervergünstigungen).

Lang, Joachim: Das Einkommensteuergesetz 1975 - Gewinn an Steuergerechtigkeit und Steuervereinfachung?, StuW 1974, S. 293–318.

Lang, Joachim: Die Bemessungsgrundlage der Einkommensteuer – Rechtssystematische Grundlagen steuerlicher Leistungsfähigkeit im deutschen Einkommensteuerrecht, Habilitation, Köln 1981 (zitiert: *Lang*, Die Bemessungsgrundlage der Einkommensteuer).

Lang, Joachim u. a.: Kölner Entwurf eines Einkommensteuergesetzes, Köln 2005 (zitiert: *Lang u. a.*, Kölner Entwurf eines Einkommensteuergesetzes).

Larenz, Karl: Methodenlehre der Rechtswissenschaft, 6. Aufl., Berlin 1991 (zitiert: *Larenz*, Methodenlehre der Rechtswissenschaft).

Lehner, Moris: Einkommensteuerrecht und Sozialhilferecht - Bausteine zu einem Verfassungsrecht des sozialen Steuerstaates, Habilitation, Tübingen 1993 (zitiert: *Lehner*, Einkommensteuerrecht und Sozialhilferecht).

Lippross, Otto-Gerd /Seibel, Wolfgang: Basiskommentar Steuerrecht, Band III (§§ 1–24b EStG), 140. Lieferung (Oktober 2023), Köln (zitiert: *Bearbeiter*, in: Lippross/Seibel, EStG, § …, Rz. …, [Stand: …]).

Littmann, Eberhard/Bitz, Horst/Pust, Hartmut: Das Einkommensteuerrecht – Kommentar zum Einkommensteuerrecht, Band 1 (§§ 1–3c EStG), hrsg. v. Horst Bitz und Hartmut Pust, 168. Lieferung (Oktober 2023), Stuttgart (zitiert: *Bearbeiter*, in: L/B/P, EStG, § …, Rz. … [Stand: …]).

Lunk, Stefan/Hackethal, Philip: Die Aufstockung des Kurzarbeitergeldes - Praxisprobleme bei Umsetzung der Anhebung des KUG durch das Sozialschutz-Paket II, NZA 2020, S. 837–840.

Mellinghoff, Rudolf: Maßstäbe für eine Neuordnung des deutschen Einkommensteuerrechts, StVj 1989, S. 130–150.

Moes, Christoph: Die Steuerfreiheit des Existenzminimums vor dem Bundesverfassungsgericht: eine ökonomische, steuersystematische und grundrechtsdogmatische Kritik des subjektiven Nettoprinzips, Dissertation, Baden-Baden 2011 (zitiert: *Moes*, Die Steuerfreiheit des Existenzminimums vor dem BVerfG).

Münchener Kommentar zum BGB, Band 9, hrsg. v. Jürgen Säcker u. a., 9. Aufl., München 2022 (zitiert: *Bearbeiter*, in: Münchener Kommentar zum BGB, Gesetz, § …, Rz. …).

Nacke, Alois: Die einkommensteuerlichen Änderungen durch das Jahressteuergesetz 2009, DB 2008, S. 2792–2800.

Nieland, Hubert: Zuschüsse im Einkommensteuerrecht - Teil II -, DStZ 1986, S. 216–221.

Niermann, Walter: Alterseinkünftegesetz - Die steuerlichen Änderungen in der betrieblichen Altersversorgung, DB 2004, S. 1449–1460.

Offerhaus, Klaus: Steuerliche Vorteile bei vorzeitiger (Teil-) Beendigung eines Dienstverhältnisses, FR 1989, S. 138–139.

Ortwald, Dominik: Steuererklärungspflicht und Verfahrensleistungsfähigkeit – Eine Untersuchung im Steuerverfahren und Steuerstrafverfahren unter besonderer Berücksichtigung der Digitalisierung des Besteuerungsverfahrens, Dissertation, Berlin 2021 (zitiert: *Ortwald*, Steuererklärungspflicht und Verfahrensleistungsfähigkeit).

Paintner, Thomas: Das Beitreibungsrichtlinie-Umsetzungsgesetz und das Dritte Gesetz zur Änderung des Umsatzsteuergesetzes im Überblick, DStR 2012, S. 105–116.

Passarge, Malte: Contractual Trust Agreements als Instrumente zur Insolvenzsicherung von Pensionsverpflichtungen, Wertguthaben aus Altersteilzeit und von Arbeitszeitkonten, NZI 2006, S. 20–24.

Paus, Bernhard: Der Entlastungsbetrag für Alleinerziehende - Betragsmäßig bescheidene Entlastung bei unverhältnismäßig vielen Auslegungsfragen, EStB 2014, S. 100–105.

Pelka, Jürgen: Rechtsanwendung und Rechtsetzung durch Verwaltungsvorschriften zum Einkommensteuerrecht und zum Bewertungsrecht, in: Deutsche Steuerjuristische Gesellschaft, Band 5, Grenzen der Rechtsfortbildung durch Rechtsprechung und Verwaltungsvorschriften im Steuerrecht, hrsg. v. Klaus Tipke, Köln 1982, S. 209–239 (zitiert: *Pelka*, in: DStJG 5 [1982]).

Pezzer, Heinz-Jürgen: Die Besteuerung des Anteilseigners, in: Deutsche Steuerjuristische Gesellschaft, Band 25, Perspektiven der Unternehmensbesteuerung, hrsg. v. Siegbert Seeger, Köln 2002, S. 37–57 (zitiert: *Pezzer*, in: DStJG 25 [2002]).

Puhl, Erhard: Steuerbefreiung der Zuschüsse zu den Aufwendungen für die Krankenversicherung (§ 3 Nr 14 EStG) durch das Steuerentlastungsgesetz 1984, DB 1984, S. 268–269.

Portner, Rosemarie: Steuerliche Behandlung von Zeitwertkonten-Modellen - BMF-Schreiben vom 17.6.2009, DStR 2009, S. 1838–1841.

Ranke, Friedbert/Pepping, Georg: Mutterschutz - Elterngeld - Elternzeit, Handkommentar, 6. Aufl., Baden-Baden 2022 (zitiert: *Bearbeiter*, in: HK, Gesetz, § ..., Rz. ...).

Richter, Heinz: Aufwandsentschädigungen für nebenberufliche Übungsleiter, Ausbilder, Erzieher und vergleichbar Tätige, FR 1980, S. 425–429.

Rittweger, Stephan/Petri, Ulrich/Schweikert, Franz-Josef: Altersteilzeit, Kommentar, 2. Aufl., München 2002 (zitiert: *Bearbeiter*, in: Rittweger/Petri/Schweikert, Gesetz, § ..., Rz. ...).

Roggemann, Herwig: Das Mitarbeiterkapitalbeteiligungsgesetz von 2009 - Eine rechtspolitische Kritik, ZRP 2011, S. 49–52.

Ruppe, Hans Georg: Die Ausnahmebestimmungen des Einkommensteuergesetzes. Probleme der Rechtsanwendung und Rechtsfortbildung bei den „Steuerbegünstigungen" der österreichischen Einkommensteuer, Habilitation, Wien 1971 (zitiert: *Ruppe*, Die Ausnahmebestimmungen).

Sangs André/Eibenstein Henrik: Infektionsschutzgesetz, Kommentar, München 2022 (zitiert: *Bearbeiter*, in: Sangs/Eibenstein, IfSG, § ..., Rz. ...).

Schaub, Günter: Die Altersteilzeitarbeit, BB 1989, S. 1751–1754.

Schaumburg, Harald: Internationales Steuerrecht, 5 Aufl., Köln 2023 (zitiert: *Bearbeiter*, in: Schaumburg, Internationales Steuerrecht, Rz. ...).

Schemmel, Lothar: Zur Aufnahme des Leistungsfähigkeitsprinzips und anderer Grenzen für den Steuerstaat in das Grundgesetz, StuW 1995, S. 39–57.

Schiffers, Joachim/Seifert, Michael: Steuerbefreiung nach § 3 Nr. 72 EStG für Einnahmen/Entnahmen im Zusammenhang mit dem Betrieb von Photovoltaikanlagen, DStZ 2023, S. 122–136.

Schlegel, Rainer/Voelzke, Thomas: Juris PraxisKommentar, Band 3 (SGB III), hrsg. v. Jens M. Schubert, 3. Aufl. Band 8 (SGB VIII), hrsg. v. Ernst-Wilhelm Luthe und Gabriele Nellissen, 3. Aufl., Band 14 (Besonderer Teil), hrsg. v. Franka Lau und Thomas Voelzke, 1. Aufl., Saarbrücken (zitiert: *Bearbeiter*, in: in: Schlegel/Voelzke, Gesetz, § ..., Rz. ...).

Schmidt, Ludwig: Einkommensteuergesetz, Kommentar, hrsg. v. Heinrich Weber-Grellet, 42. Aufl., München 2023 (zitiert: Bearbeiter, in: Schmidt, EStG, § ..., Rz. ...).

Schneider, Stefan: Einige Bemerkungen zum Thema Arbeitnehmerbesteuerung anlässlich der Berliner Steuergespräche am 18.6.2015, FR 2015, S. 791–794.

Schön, Wolfgang: Besteuerungsgleichheit und Subventionsgleichheit, in: Steuerrecht im Rechtsstaat - Festschrift für Wolfgang Spindler, hrsg. v. Rudolf Mellinghoff, Wolfgang Schön und Hermann-Ullrich Viskorf, Köln 2011, S. 189–202 (zitiert: *Schön*, in: FS Spindler).

Seeger, Siegbert: Lohnsteuerpflicht von Umlage- und Gegenwertzahlungen an Zusatzversorgungseinrichtungen?, DB 2005, S. 1588–1590.

Seer, Roman: Unternehmenssteuerreform – Verfassungsrechtliche Aspekte, in: Steuerberater-Jahrbuch 2000/01, hrsg. v. Norbert Herzig, Manfred Günkel und Ursula Niemann, Köln 2001, S. 15–30 (zitiert: *Seer*, in: StbJb 2000/01).

Seer, Roman: BB-Forum: Einkommensteuerreform - Flat Tax oder Dual Income Tax?, BB 2004, S. 2272–2278.

Seer, Roman: Die Besteuerung der GmbH im Spiegel der Zeit, GmbHR 2009, S. 1036–1047.

Seer, Roman: Der sog. Sanierungserlass vom 27.3.2003 als Rechtsgrundlage für Maßnahmen aus sachlichen Billigkeitsgründen, FR 2010, S. 306–311.

Seer, Roman: Steuersystematik, Steuervereinfachung und Steuerchaos - Zur Wirkung von Steuervergünstigungen am Beispiel der Erbschaft- und Schenkungsteuer, Ubg 2012, S. 376–382.

Seer, Roman: Steuervollzug, in: Strukturreform der deutschen Ertragsteuern - Bericht über die Arbeit und Entwürfe der Kommission „Steuergesetzbuch" der Stiftung Marktwirtschaft, hrsg. v. Joachim Lang und Michael Eilfort, München 2013, S. 181–193 (zitiert: *Seer*, in: Strukturreform der deutschen Ertragsteuern).

Seer, Roman: Insolvenz, Sanierung und Ertragsteuern - verfassungs- und europarechtliche Überlegungen, FR 2014, S. 721–731.

Seer, Roman: Steuervereinfachung - Postulat des Rechts, BB 2021, S. 1433–1439.

Spoerr, Wolfgang/Hollands, Martin/Jacob, Friedhelm: Verfassungsrechtliche Rechtfertigung steuerrechtlicher Sonderregelungen zur transparenten Besteuerung von REITs, DStR 2007, S. 49–54.

Sterzinger, Christian: Steuerliche Behandlung von Zeitwertkonten, BB 2012, S. 2728–2734.

Stöckler, Manfred/Karst, Michael: Steuerrecht der betrieblichen Altersversorgung - mit arbeitsrechtlicher Grundlegung, 52. Lieferung (Oktober 2023), Köln (zitiert: *Bearbeiter*, in: Stöckler/Karst, Steuerrecht der betrieblichen Altersversorgung, Rz. … [Stand: …]).

Strohner, Klaus/Albert, Uwe: Überwiegend eigenbetriebliches Interesse contra Arbeitslohn am Beispiel der Telefon- und Internetnutzung durch Arbeitnehmer im Betrieb - Zugleich grundsätzliche Anmerkung zum BMF-Schreiben vom 24.5.2000 IV C 5 – S 2336 -13/00-, DB 2000, S. 1535–1538.

Tegelkamp, Martin/Krüger, Christiane: Der Fiskus und das Ehrenamt, ZErb 2011,:S. 125–132.

Thomas, Michael-Ingo: Lohnsteuerfreier Aufwendungsersatz durch den Arbeitgeber, in: Steuerberater-Jahrbuch 1990/91, hrsg. v. Norbert Herzig, Rudolf Curtius-Hartung und Ursula Niemann, Köln 1991, S. 183–220 (zitiert: *Thomas*, in: StbJb 1990/91).

Thomas, Michael-Ingo: Die Besteuerung von Sachprämien aus Kundenanbindungsprogrammen - eine gesetzgeberische Glanzleistung?, DStR 1997, S. 305–309.

Tillmanns, Christoph/Mutschler Bernd: Mutterschutzgesetz, Bundeselterngeld- und Elternzeitgesetz, Praxiskommentar, 3. Aufl., Freiburg 2021 (zitiert: *Bearbeiter*, in: Tillmanns/Mutschler, Gesetz, § …, Rz. …).

Tipke, Klaus: Steuerrecht - Chaos, Konglomerat oder System?, StuW 1971, S. 2–17.

Tipke, Klaus: Bezüge und Abzüge im Steuerrecht - Ein kritischer Beitrag zum Aufbau und zur Terminologie des Einkommensteuergesetzes, StuW 1980, S. 1–11.

Tipke, Klaus: Die Steuerrechtsordnung, Band I, 2. Aufl., Köln 2000, Band II, 2. Aufl., Köln 2003, Band III, 2. Aufl., Köln 2012, (zitiert: *Tipke*, Steuerrechtsordnung, Bd. …).

Tipke, Klaus: Ein Ende dem Einkommensteuerwirrwarr!?, – Rechtsreform statt Stimmenfangpolitik, Köln 2006 (zitiert: *Tipke*, Ein Ende dem Einkommensteuerwirrwarr!?).

Tipke, Klaus/Kruse, Heinrich Wilhelm: Abgabenordnung/Finanzgerichtsordnung, Kommentar, Band I (§§ 1–68 AO), hrsg. v. Roman Seer u. a., 168. Lieferung (November 2023), Köln (zitiert: *Bearbeiter,* in: Tipke/Kruse, AO, § …, Rz. … [Stand: …]).

Tipke, Klaus/Lang, Joachim: Steuerrecht, 25. Aufl., bearbeitet v. Roman Seer u. a., Köln 2024 (zitiert: *Bearbeiter,* in: Tipke/Lang, Steuerrecht, Rz. …).

Traxel, Wolfgang: Die Freibeträge des Einkommensteuergesetzes: Eine systematische Untersuchung unter Gerechtigkeitsaspekten, Dissertation, Frankfurt am Main 1986 (zitiert: *Traxel*, Die Freibeträge des Einkommensteuergesetzes).

Urban, Johannes: Die Besteuerung des Arbeitslohns bei gesetzlichem Forderungsübergang auf Sozialleistungsträger, DB 1989, S. 1438–1442.

Urban, Johannes: Konkursausfallgeld, Insolvenzgeld und Lohnsteuer - Zugleich Anmerkung zum BAG-Urteil vom 11.2.1998 5 AZR 159/97, DB 1998, S. 2087–2091.

Valentin, Achim: Anmerkung zum FG-Urteil vom 12.12.2000 – 17 K 4509/95 H (L), EFG 2001, S. 362–365.

Vogel, Klaus: Die Abschichtung von Rechtsfolgen im Steuerrecht, StuW 1977, S. 97–121.

Waigel, Theodor: Die Erarbeitung der Petersberger Steuervorschläge durch die Steuerreform-Kommission, in: Steuerrechtsprechung, Steuergesetz, Steuerreform - Festschrift für Klaus Offerhaus, hrsg. v. Paul Kirchhof, Wolfgang Jakob und Albert Beermann, Köln 1999, S. 983–994 (zitiert: *Waigel*, in: FS Offerhaus).

Waltermann, Raimund/Schmidt, Benjamin/Chandna-Hoppe, Katja: Sozialrecht, 15. Aufl., Heidelberg 2022 (zitiert: *Bearbeiter,* in: Sozialrecht, Rz. …).

Wernsmann, Rainer: Die verfassungsrechtliche Rechtfertigung der Abzugsfähigkeit von Vorsorgeaufwendungen - Zugleich zum Unterschied zwischen existenznotwendigem und indisponiblem Einkommen, StuW 1998, S. 317–333.

Wüllenkemper, Dirk: Rückfluß von Aufwendungen im Einkommensteuerrecht, Dissertation, Köln 1987 (zitiert: *Wüllenkemper*, Rückfluß von Aufwendungen im EStR).

Zugmaier, Oliver: Pflegeversicherung - Sind Geldleistungen von Pflegebedürftigen an Pflegepersonen einkommensteuerpflichtig?, DStR 1995, S. 872–874.

FSC
www.fsc.org
MIX
Papier | Fördert gute Waldnutzung
FSC® C083411

Kolibri 360 GmbH
Ferdinand-Jühlke-Straße 7
99095 Erfurt, Deutschland
produktsicherheit@kolibri360.de

Druck:
CPI Druckdienstleistungen GmbH
im Auftrag der
Kolibri 360 GmbH
Ferdinand-Jühlke-Str. 7
99095 Erfurt